圖像編年史 3

GREAT QING TIMES

大清時報

西元一六二六年～一六八三年

黃榮郎 文／圖

國家圖書館出版品預行編目（CIP）資料

大清時報．首部曲，八旗建國
（西元一六二六年－一六八三年）　/ 黃榮郎
　文．圖 . -- 初版 . -- 臺北市：遠流，2014.08
　面；　　公分 . --（圖像編年史；3）
　ISBN 978-957-32-7462-9（平裝）

1. 清史 2. 通俗史話

627　　　　　　　　　　　　　　　　103013605

圖像編年史 3

大清時報──首部曲‧八旗建國 （西元一六二六年～一六八三年）
GREAT QING TIMES

文‧圖　　　黃榮郎
主　編　　　游奇惠
責任編輯　　陳穗錚
版面構成　　丘銳致
企　畫　　　叢昌瑜

發行人　　　王榮文
出版發行　　遠流出版事業股份有限公司
地　址　　　台北市 100 南昌路 2 段 81 號 6 樓
電　話　　　（02）2392-6899
傳　真　　　（02）2392-6658
郵政劃撥　　0189456-1

法律顧問　　董安丹律師
著作權顧問　蕭雄淋律師

2014 年 8 月 1 日　初版一刷
行政院新聞局局版臺業字第 1295 號
售價新臺幣 350 元

Ylib 遠流博識網 http://www.ylib.com　E-mail: ylib@ylib.com

序

之前一次回鄉下祭祖的機會裡，我在家族宗祠中發現清朝時由福建渡海來臺的先祖名字，他是我爺爺的爺爺的爺爺（說實在的，我這不肖子孫竟有點記不清楚到底是隔了幾個爺爺），這是我第一次感覺到歷史離我是這麼的近，而清朝人的血竟然還在我的身體裡隨著脈搏不停的流動著。清朝，就是這麼一個既陌生又熟悉的朝代。朋友中，有人在高科技公司上班，但他幾代以前的阿公卻是清朝的王爺；有人打扮充滿時尚感，但小時候曾見過纏著小腳的祖母；也有人住在高樓豪宅中，而祖厝卻是百年前留下來的傳統建築。我們或許說不出宋代、明代的古人和我們有什麼關係，但清代的殘影卻或多或少與我們糾葛難分。

這個時代，在明朝的暗黑統治之下，自認華夏正統的漢人再次將大好的江山讓給了入侵的異族；這個時代，在愛新覺羅氏的指揮下，一艘亙古大船開創了傲視全球的康乾盛世；這個時代，在西方科技與武力的叩門聲中，沉睡已久的文化巨龍受到前所未有的衝擊；這個時代，在新思潮的興起之下，傳襲了二千多年的帝王政體迅速崩潰瓦解。這是一個充滿矛盾與衝突，兼具榮光與哀歌的新舊交替時代，中國歷史的長河彷彿在清代成為一個終點，匯入了國際化的大洋之中。《大清時報》的出版，便是試著在與歷史對話的過程之中，去傳遞過往的記憶，去追溯大清帝國的真實樣貌。

相較於我在編寫「圖像編年史」系列的上一部作品《戰國新聞》時，為了蒐集足夠史料而遇到的許多難題，這次的困難之處卻完全反過來。由於清代離我們較近，遺留下來的資料可說是有如瀚海一般，實錄、傳記、行狀、地方志、筆記，以及學界的專書論文可說是多到令人窒息的地步。如何刪減裁切，讓讀者能看得精彩又不至於昏頭轉向，反倒成了《大清時報》最困難的工程。最後，我決定將清朝二百多年的歷史事件，分成「首部曲・八旗建國」、「二部曲・開創盛世」、「三部曲・帝國哀歌」三部分來呈現。雖然清朝的歷史應該追溯到西元一五八三年努爾哈赤以十三副遺甲起兵開始，但由於創業初期時間拉得較長，為免影響讀者在看新聞時的緊湊感，我把這一部分留在之後寫明代歷史的時候再補進來。所以在「首部曲・八旗建國」中，將由西元一六二六年努爾哈赤的最終戰役開始寫起，一直到西元一六八三年康熙統一臺灣做為結束。

在這將近六十年的時間裡，共分成「後金崛起　獨尊天聰」、「稱霸遼東　大清建國」、「江山易主　皇叔攝政」、「剿滅南明　權臣凌主」、「平定三藩　天下一統」等五個部分。在將近十八萬字的內文、三百多張我自己依新聞需求所畫的插圖、四百多則新聞的呈現之下，再演遼東爭霸、明亡清興的驚險過程，揭露皇太極內固皇權、外併天下的秘辛，重現闖王李自成覆滅大明、吳三桂引清兵入關的場景，窺探攝政王多爾袞、順治帝福臨兩人之間的恩仇，鄙視南明諸王苟延殘喘、互扯後腿的鬧劇，見識鄭成功驅逐荷蘭人、據臺抗清的豪壯，以及康熙智擒鰲拜、平三藩收臺灣，少年英雄一統天下的干雲氣勢。在相關新聞出現的版面，也同時收錄了如「八旗制度」、「紅夷大砲」、「九千歲魏忠賢」、「皇太極的女人們」、「頂戴」、「順治帝與董鄂妃」、「禁軍侍衛」……等多篇的特別報導。書中出現的職官名稱及地名，也都標

註了等同現代常見的稱呼，以幫助讀者更容易的了解其意義。為了方便查考及索引，本書的最後也依年代製作了「新聞標題索引」，可以快速且輕鬆的找到想要搜尋的歷史事件。

本書中年代的記法仍然維持「圖像編年史」系列，以容易辨識的西元紀年為主，但若有涉及月、日的部分，為了與古籍相符，仍採用傳統史書中陰曆的標註，以免讀者產生混淆，此點若有造成不便之處，還請讀者見諒。在各代皇帝名字後面的廟號，其實是要等到人死了之後才會給的，只是為了方便讀者在熟悉的傳統印象與本書角色之間切換，才特別以括號註記。另外，順帶一提的是，清初的髮辮並不像清宮劇人物那樣瀟灑有個性，其實只留了大約一個銅錢的大小，綁起來的辮子有點像老鼠尾巴那樣。但因為那樣子實在是過於滑稽，醜到連我自己也畫不下去，為免英雄人物的形象在讀者眼前幻滅，所以還是美化了一下（皇太極的部分我也幫他減重了不少……），要提醒各位讀者們不要弄混了。

或許有些人會覺得歷史總是在講一些老掉牙的東西和故事，對生活上沒有什麼幫助，不如看些勵志、理財、健康、美食，或是科技方面的書比較實用。其實我年輕時也這麼認為，但一直到出社會之後才發現，做事是本分，做人才是關鍵。技術性的東西你可以憑著自己不斷的努力而充實，但人與人之間的互動卻必須藉著一次又一次的碰撞，才能從中獲得成長的機會。有許多時候在你吃了同事或老闆的悶虧之後，你才會恍然大悟；有很多時候在你說了句不對的話，或做了一些錯誤的決策之後，才會感到悔恨莫及。但其實這些事情，歷史上已經重複出現過很多次了，它就像是一面明鏡，反映出人類不斷重複的行為模式。當你把歷史故事轉化為智慧的時候，你就會發現它是最實用的一門課程。畢業之後，以前所學微積分什麼的科目，幾乎沒有

在生活上派上用場。而寫作過程中大量接觸到的歷史故事，卻讓我更能洞悉事情的發展脈絡，更能做出正確的判斷與適當的反應。千萬不要以為你我和古人有什麼不同，拿掉智慧型手機，抽掉生活上的高科技用品之後，我們的思考模式並沒有兩樣。所謂鑑古知今，藉由古人的經驗，讓你有了預知未來的能力。而人生的勝負，往往都只取決於幾個重要的抉擇點，以及一念之間的差異不是嗎？

　　《大清時報　首部曲‧八旗建國》是我在「圖像編年史」系列中，繼《三國時報》、《戰國新聞》之後的第三本創作，除了嘔心瀝血的文字與插圖之外，還包含了無盡的感謝。謝謝遠流出版公司游主編、美編以及所有前輩們，在編輯與出版的過程中給予的指導及幫助。謝謝遠在巴黎的太太及小孩，每天透過 skype 給我支持。更謝謝讀者朋友們的支持，就算你只是把書放在廁所中在某個重要的時候才看，我都要謝謝您願意分出一些些的時間，來和我一起遨遊歷史的大河。雖然您目前可能不在我臉書的朋友名單中，但我心中永遠有您的一席之地，謝謝。

目錄

序

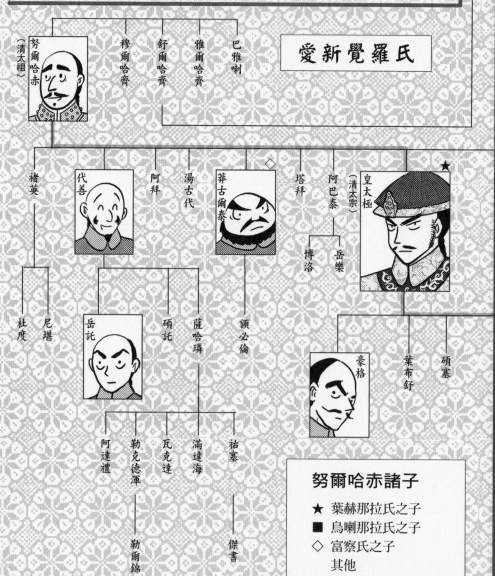

大清皇族世系表

愛新覺羅氏

努爾哈赤（清太祖）

巴雅喇　雅爾哈齊　舒爾哈齊　穆爾哈齊

褚英　代善　阿拜　湯古代　莽古爾泰　塔拜　阿巴泰　皇太極（清太宗）

杜度　尼堪　岳託　碩託　薩哈璘　額必倫　博洛　岳樂

豪格　葉布舒　碩塞

阿達禮　勒克德渾　瓦克達　滿達海　祐塞

勒爾錦　傑書

努爾哈赤諸子

★ 葉赫那拉氏之子
■ 烏喇那拉氏之子
◇ 富察氏之子
　其他

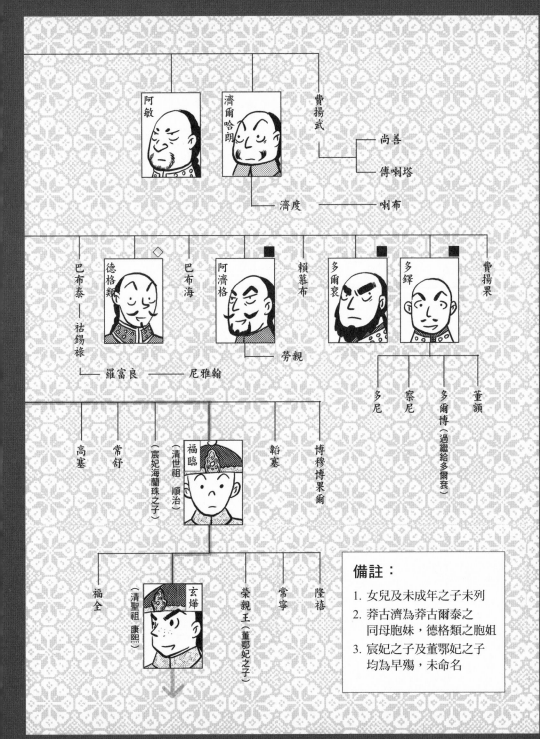

備註：

1. 女兒及未成年之子未列
2. 莽古濟為莽古爾泰之同母胞妹，德格類之胞姐
3. 宸妃之子及董鄂妃之子均為早殤，未命名

大清　重要登場人物

 莽古濟　 范文程　 宸妃　 莊妃　 湯若望　 董鄂妃　

洪承疇　 孔有德　 張存仁　 祖可法　 玉林琇　 佟養性　 南懷仁　 索尼　

吳良輔　 張懸錫　 麻勒吉　 朱國治　 李國英　 明珠　 索額圖　

鰲拜　 蘇克薩哈　 遏必隆　 施琅　 莫洛　 圖海　 茆溪森　 靳輔　 姚啟聖　

于成龍　 梁化鳳　巴海　楊光先　蘇納海　萬正色　

靖南王　平西王　平南王

耿仲明

耿繼茂

耿精忠　耿昭忠　耿聚忠

吳三桂

吳應熊　吳應麒

吳世霖　吳世璠

孫延齡　王輔臣　馬寶

尚可喜

尚之信　尚之孝

大順　大西　其他

李自成　牛金星

張獻忠　孫可望

林丹汗　劉香

劉體純　劉宗敏

李定國　劉文秀

高迎祥　羅汝才

大明皇族世系表

鄭氏重要登場人物

鄭芝龍

├ 鄭成功

│ ├ 田川七左衛門（過繼日本）

│ ├ 鄭渡

│ ├ 鄭恩

│ └ 鄭蔭
│   ...

├ 鄭芝虎

├ 鄭鴻逵

└ 鄭芝豹

鄭經

├ 鄭聰

├ 鄭明

├ 鄭睿

└ 鄭智
    ...

鄭克壓

鄭克塽

└ 鄭克舉

陳永華

鄭泰

馮錫範

劉國軒

何斌

明重要登場人物

 苗祚士

 楊嗣昌

熊文燦

孫傳庭

 吳阿衡

 高起潛

賀人龍

陳新甲

周延儒

史可法

 李建泰

 馬士英

 黃道周

 何騰蛟

 蘇觀生

 瞿式耜

圖像編年史 3

GREAT QING
TIMES

大清時報

西元一六二六年～一六八三年

第 一 章

後金崛起　獨尊天聰

（西元一六二六年～一六三二年）

大汗，人都走光了，還留下很多東西呢…

哇！連BMW的鑰匙也都還留著

大明遼東經略高第盡撤關外防線，物資、土地全歸後金努爾哈赤所有

大明經略盡撤關外防線　努爾哈赤進襲寧遠孤城

自一六二二年八月，明大學士（皇帝高級秘書官）孫承宗督師遼東以來，大膽起用袁崇煥等人，修復寧遠（遼寧境內）等大城九座、堡四十五座，並練兵十一萬、拓地四百里、屯田五千頃，使得遼東情勢為之一變，令後金天命汗愛新覺羅・努爾哈赤（清太祖）也不敢輕舉妄動。但是到了一六二五年，孫承宗因為黨爭下台之後，換上兵部尚書（國防部長）高第經略遼東，情勢便又急遽逆轉。高第抵達山海關（河北、遼寧交界）後，便下令放棄關外所有的城堡，盡撤錦州、右屯衛、大凌河，及寧前等地戍軍。將所有軍械火藥及糧秣全數移入關內，放棄已經恢復的關外四百里的土地。雖然寧前（寧遠前屯衛）兵備副使（中階軍事官員）袁崇煥具揭力爭，

但高第仍然執意要撤錦州、右屯、大凌河三城以及寧前守軍。袁崇煥回覆說：「我身為寧前道（寧前軍區指揮官），當與寧前共存亡。如果還是要盡撤寧前守軍的話，我寧前道必不入關，寧可獨臥孤城，以擋賊虜。」高第只好下令其餘的軍民百姓，放棄糧食十餘萬石，盡皆退入關內。由於這次的不戰而退，已使得軍隊士氣低迷，而途中過多的死傷，也令人民氣憤難當。許多的物資來不及撤離或銷毀，最後都歸後金所有。山海關（河北、遼寧交界）之外，只留下袁崇煥，以一萬餘名的兵力，孤守寧遠城。已經蟄伏四年的努爾哈赤，終於等到最佳的時機，於今年（一六二六年）元月十四日親統十三萬大軍，揮軍向寧遠城直逼而來。

【專題報導】努爾哈赤的崛起與戰績

◆一五八三年　努爾哈赤（清太祖）之祖覺昌安、父塔克世，在明遼東總兵官（遼東軍軍長）李成梁攻破古勒寨（遼寧境內）時被明軍誤殺。時年二十五歲的努爾哈赤不久後以「兵百人，甲十三副」起兵復仇，追殺導致其父祖身亡的尼堪外蘭，攻克圖倫城（遼寧境內）。隨後受明敕書三十道、馬三十匹，承襲建州左衛指揮使（建州左衛司令官）之職。

◆一五八四年　努爾哈赤在統一蘇克素滸河部之後，率領五百名士兵攻擊董鄂部主阿海的駐地齊吉答城。

◆一五八五年　以四人擊敗征哲陳部八百人之眾。

◆一五八六年　攻陷渾河部的鵝爾渾城，擒斬害死父祖的仇人尼堪外蘭。

◆一五八七年　努爾哈赤在費阿拉（遼寧境內）構築三座城，並設置衙門，做為集團軍的第一個根據地。

◆一五八八年　攻克完顏城，統一蘇克素滸、渾河、董鄂、哲陳、完顏等建州女真五部。

◆一五八九年　受明敕封為建州左衛都督僉事。

◆一五九三年　於古勒山大敗葉赫九部三萬聯軍。

◆一五九五年　明以保塞有功封努爾哈赤為「龍虎將軍」。

◆一五九九年　統兵征哈達。

◆一六〇一年　趁哈達大饑時，吞滅哈達。

◆一六〇三年　將根據地由費阿拉遷往赫圖阿拉（遼寧境內），並向外自稱為「建州等處地方國王」。

◆一六〇六年　喀爾喀蒙古貝勒向努爾哈赤獻上「昆都侖（恭敬）汗」的稱號。

◆一六〇七年　敗烏拉、征渥集、滅輝發。

◆一六一三年　滅烏拉、征葉赫。

◆一六一六年　於赫圖阿拉稱「天命撫育列國英明汗」，創建後金國。

◆一六一八年　以「七大恨」告天，正式向大明帝國宣戰。奪下撫順（遼寧境內）、破清河城、掠會安堡。

◆一六一九年　在薩爾滸大勝明軍，從此明、金戰守易位，明軍轉攻為守，後金轉守為攻，隨後攻破瀋陽、踏陷鐵嶺。滅葉赫，統一女真各部，並與喀爾喀蒙古等五部誓盟攻明。

◆一六二一年　占領遼東的中心首府遼陽（遼寧境內），並決意遷都於此，改名「東京」。

◆一六二二年　奪西平堡，入占廣寧。

◆一六二五年　三月，決議遷都瀋陽（遼寧境內）。

八旗軍入侵在即　袁崇煥警戒備戰

孤軍駐守寧遠（遼寧境內）的袁崇煥聽聞後金天命汗努爾哈赤（清太祖）領兵來襲的警訊之後，立刻加強守備，準備迎接這一場即將到來的慘烈戰役。他首先向全軍將士宣示了誓死守城的決心以激勵士氣，並下令由總兵（軍長）滿桂協調督導全城軍務並負責防守東面，副將左輔、朱梅分守西面及北面，參將祖大壽則鎮守南面。同時將最新式、明軍還未在實戰中使用過的十一門「紅夷大砲」，史無前例的安置在城上，並備妥彈藥、加強演訓。最後下令堅壁清野，將城外所有可用物資及百姓都撤入城中，並燒毀城外遺留下的房舍與物品，以免被敵軍所利用。鑑於努爾哈赤善於利用間諜賺開城門的戰法，袁崇煥下令嚴格搜捕奸細，並由非軍職人員組成巡防隊，在各街道路口盤查行動可疑者。又將百姓編組成後勤民防，負責搬運物資並為守城軍士供給飲食。至於其直屬長官高第則是聞警喪膽，不但龜縮在山海關（河北、遼寧交界）之內擁兵不救，還下令各路援軍退回駐地，讓袁崇煥陷入孤立無援，兵力懸殊的不利境地。一般預估，領兵作戰未曾嘗過敗績的努爾哈赤，憑藉著優勢武力，應該可以在極短時間內拿下寧遠城，直接兵挑山海關（河北、遼寧交界）。

面對未曾嘗過敗績的努爾哈赤，孤軍駐守寧遠的袁崇煥警戒備戰，毫無所懼

【專題報導】一六一九年的薩爾滸戰役

一六一八年清河（遼寧境內）失守後，大明帝國將巡撫（軍區司令）李維翰削職為民，全面重新布局，派兵部侍郎（國防部次長）楊鎬為遼東經略（遼東軍區最高指揮官），周永春為遼東巡撫（遼東軍區司令）。並從各地加派遼餉，即每畝地加徵三釐五毫，共徵得兩百餘萬兩以應軍需。同時行文朝鮮要求出兵，合力征討，並調集國內各地部隊星夜馳援。一六一九年二月二十一日，遼東經略楊鎬在遼陽（遼寧境內）演武場，宣布軍令十四款，以分進合擊的策略，將十幾

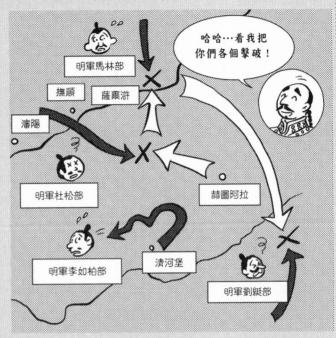

萬的兵馬分軍四路征討努爾哈赤（清太祖）。但明軍尚未出動，軍期及部署卻早已被努爾哈赤所探知，於是便採取集中兵力、各個擊破的戰法。三月一日，努爾哈赤集中兵力，在薩爾滸截擊並全殲躁進突出的杜松西路軍二萬餘人。第二天，又以優勢兵力全力進擊在薩爾滸西北三十餘里的馬林北路軍。明軍主將馬林布下的牛頭陣被衝破後，竟策馬逃回開原（遼寧境內），造成副將以下兩萬餘名兵士全軍覆沒。三月四日，努爾哈赤將目標轉向由明軍及朝鮮盟軍組成的二萬名劉綎東路兵團。努爾哈赤派已歸降的漢人假裝成杜松的兵卒，賺騙還不知道西、北二路軍皆已盡沒的劉綎，說明軍已獲大勝，請前來會師。劉綎為免杜松獨立大功，便下令兵馬在重巒狹隘中單列急進，結果被事先已埋伏的皇太極與阿敏所領的八旗精兵所殲滅。代善則率領數萬鐵騎踏破劉綎餘部及朝鮮兵團，明監軍（政治監督官）喬一琦投崖自盡，朝鮮軍的都元帥姜弘立、副元帥金景瑞投降。經略楊鎬得知三路大軍相繼慘敗後，急令李如柏統領的南路軍回師。原本就懦弱怯戰的李如柏，因為出發的比別人晚，走得也比別人慢，所以一直到接獲退兵的命令時，仍尚未與後金軍交手半次，便倉皇驚恐的落荒而逃。此次戰役，明軍將領及官員共有三百一十多人死亡，陣亡兵士四萬五千八百七十餘人，損失馬、駝計二萬八千六百餘匹。軍事分析家表示，薩爾滸一戰，已使得明、金戰守易位，明軍轉攻為守，後金轉守為攻，使得潘遼地區從此暴露於八旗兵鋒之下。

寧遠開戰！！
後金以官位誘降　明軍用火砲回應

後金天命汗努爾哈赤（清太祖）大軍在元月十八日西渡遼河之後，因明軍關外各城堡早已在遼東經略（遼東軍區最高指揮官）高第的命令下撤防，所以八旗兵便如入無人之境般，直撲孤城寧遠（遼寧境內）。二十三日，努爾哈赤大軍開抵寧遠城北，在離城五里外設營安寨，並遣放被俘的漢人入城，想要以高官厚祿誘降守軍。但是袁崇煥不但以書信嚴辭拒絕，並用實際行動來做出宣示。一聲轟隆巨響，由寧遠城上紅夷大砲所發射的砲彈已經擊中了金軍大營，瞬間造成數百人的死亡。努爾哈赤向來知道明軍的火器厲害，卻沒料到這新式的紅夷大砲不但射得既遠又準，連殺傷力都十分驚人。於是立刻把大營遷移至城西較遠處，並下令組裝攻城器械，準備於次日攻城。

【專題報導】後金的八旗制度

根據女真人的傳統，之前族人進行狩獵時，每人各出箭一枝，十人中立一統領，稱為牛彔（大箭）額真（主），即大箭主。狩獵時由牛彔額真屬九人而行，各照方向，不許錯亂。一六〇一年時，努爾哈赤改以三百人為一牛彔，每牛彔設額真（佐領）一名，並分置黃、白、紅、藍四旗，成為八旗之雛形。一六一五年努爾哈赤征服女真諸部之後，每五牛彔設一甲喇額真（參領），五甲喇設一固山額真（旗指揮官，都統），每一固山額真左右設兩梅勒額真（副旗主、副都統）。並添置鑲色四旗（黃、白、藍旗鑲紅邊，紅旗鑲白邊），共有正黃、鑲黃、正白、鑲白、正紅、鑲紅、正藍、鑲藍八旗，分由固山額真統領。其中努爾哈赤為八旗之最高統帥，並親領兩黃旗。次子代善領兩紅旗，五子莽古爾泰領正藍旗，姪阿敏領鑲藍旗，八子皇太極領正白旗，長孫杜度領鑲白旗。八旗各級額真，既是軍事長官，也是行政長官，出則統領軍隊，入則管理旗民。編入八旗的人戶，則稱為旗人。

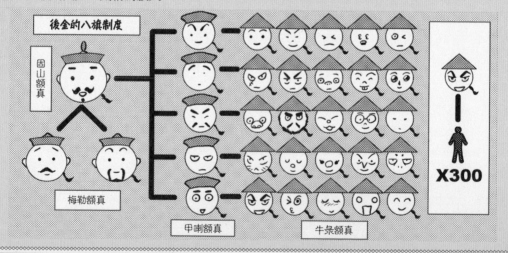

冒死鑿城八旗急攻　大砲火石明軍堅守
─ 寧遠攻防雙方拚死力戰 ─

元月二十四日，天才剛亮，精銳的八旗兵團便在一片冰封嚴寒之中，推著大型的攻城器具，集中兵力強攻寧遠城（遼寧境內）的西南角。明軍西南兩面守將左輔及祖大壽，則是神情緊繃的率領部下迎敵。戰事由架設在城上的紅夷大砲揭開序曲，在震耳欲聾的砲火轟擊之下，被擊中的士兵立時血肉模糊、哀嚎不止。而那些幸運、沒被擊中的八旗部隊則奮勇往前推進，將一波波數以萬計的箭簇齊射城上。城上守軍一面以懸牌擋箭，一面以火銃、矢石還擊不斷逼近的攻城部隊。金軍雖然攻得猛烈，但明軍更是頑強抵抗，造成攻方傷亡慘重。這時努爾哈赤又下令全軍移攻南面，同時找到守軍火力較薄弱之處，頂著楯車冒死鑿城。儘管明軍從城上不斷的擲石射箭、丟擲火油，都阻止不了後金軍前仆後繼的瘋狂攻城。八旗軍腳下踩著自己人的屍體，頭上冒著守軍的亂石利箭，終於在城牆鑿開了三、四處兩丈餘高的大洞。明軍主將袁崇煥雖然負傷，卻仍親率兵士拚盡全力，把摻了火藥燃油的棉被、木柴加以綑縛，或以鐵鍊垂下，或直接連同火把、火球向下丟擲，以火勢來阻截攻勢，將攻城的楯牌焚燬，並擊斃鑿城的士兵。雖然金軍喪命在城下的屍體已經堆積如山，但驍勇的八旗部隊卻不見絲毫的猶豫退卻，

目前雙方戰得驚天動地，難分勝負！！

明金雙方的軍隊在寧遠城進行激烈攻防

仍是不顧一切的向前湧進。同樣的，城上的明軍部隊也是頑強抵抗，就算是頭上防禦的懸牌上已經插滿了八旗兵射來的箭簇，但仍用盡各種可行的方法，拚死的阻止金兵進攻。因為，攻守雙方都知道，洞已鑿開、兵已臨城，城破與不破之間，只在誰可以堅持下去。根據戰地記者所見，雙方已從清晨戰至深夜，戰況激烈，直至截稿為止，勝負仍未見分曉。

寧遠城明軍紅夷大砲建功 覺華島後金跨冰燬糧獲勝

在歷時兩天卯盡全力的攻城戰中，八旗軍因為始終無法避過紅夷大砲的重擊，而遭受到極為慘重的傷害。到了二十五日，後金所有的攻城器械都已在激烈攻防中被破壞怠盡，另外還有二名軍官及五百名士兵在戰場上陣亡。努爾哈赤（清太祖）只好被迫放棄攻城，下令將大軍撤退到寧遠城（遼寧境內）西南五里的龍宮寺紮營。第二天，努爾哈赤改變戰略，只留下少數部隊繼續攻城，然後下令主力的騎

大明及後金各勝一回，分別在寧遠城及覺華島獲得勝利

兵部隊突襲明軍的海上囤糧重地——覺華島。雖然負責守衛覺華島的大明官軍，早就在結了冰的海面上鑿出了一道長達十五里的冰壕。但是在攝氏零下三十度的寒冬中，就算覺華島的明軍士兵凍壞了手指、夜以繼日拚命挖鑿，但剛挖好的冰壕卻很快的又恢復了原狀。於是八旗鐵騎在天寒地凍中踏過冰海進犯，一下子就把明軍的屯糧燒得一乾二淨。而且駐守覺華島的主要兵力是大明的水軍部隊，根本就不是後金騎兵的對手，雖然經過頑強抵抗，但最終也無法逃脫被殲滅的命運。努爾哈赤雖然在攻打寧遠城的時候被袁崇煥所挫，但卻在覺華島上漂亮的扳回一城，將島上守軍七千餘人及百姓七千餘人全都殺戮殆盡，還焚毀了明軍八萬餘石的糧草及兩千餘艘的船隻。軍事分析家指出，常勝的努爾哈赤這次之所以未能拿下寧遠城，最主要是由於輕敵，想以刀槍弓箭對抗明軍新式的紅夷大砲所致。而相反的，寧遠守將袁崇煥則是將士用命，先有效的遏止了努爾哈赤慣用的奸細戰法，又能避免與八旗鐵騎進行不利的野戰，同時能將新式的紅夷大砲安裝在城上，以發揮最大的戰力，才能在最不利的條件之下，成功的保住寧遠，打了自一六一八年撫順失陷以來的首次勝仗。此外，有傳言指出，努爾哈赤在這次的寧遠戰役中被砲火所擊斃，但經過本報記者的深入追查，已經證實此說純為謠傳，不過後金國並未對於努爾哈赤是否在此役中負傷做出任何說明。

【軍事科技】紅夷大砲

所謂的「紅夷大砲」指的就是一六二〇年至一六二六年間，大明政府由蠔境（澳門，廣東境內）向佛朗機（葡萄牙）先後購買的三十門新式西洋大砲。因是西洋紅毛夷人所造，故稱為紅夷大砲。這三十門新式的紅夷大砲中，其中有十一門被安置在山海關（河北、遼寧交界）防線，抵禦後金的進襲。雖然原本明朝軍隊相較於後金騎兵，本來就以火砲見長，而部署於廣寧前線的各式傳統火砲更有數萬門之多。但由於射程短、不易瞄準，加上裝填速度緩慢，往往擺在陣前的火砲才射了一發，後金騎兵便已破陣而入，所以在實戰上所能發揮的功效並不大。但是新式的紅夷大砲砲身長、彈道低伸，所以具有打得遠、瞄得準、威力強的優點。加上袁崇煥採用專家的建議，史無前例的將砲車裝在城上，不但更增加了射程及力道，也發揮了以城護砲的作用，讓敵人陷於強大砲火的威脅之下。

袁崇煥建功升巡撫
魏忠賢姪子也封侯

大明帝國在取得寧遠大勝後，便將立下大功的袁崇煥升為遼東巡撫（遼東軍區司令），同時把擁兵不救的高第免職，另派王之臣取代其遼東經略（遼東軍區最高指揮官）的位置。但是，最令輿論所非議的是，與此役毫無相干的大太監魏忠賢姪子魏良卿，竟也因解寧遠之圍有功，而晉封為肅寧伯。其實，自權宦魏忠賢專擅朝政後，便不停的扶植自己的親信坐上高位，像這次新任的遼東經略王之臣，便也是被稱為「閹黨」的一份子。而在三月初的時候，皇帝更不顧朝中大臣的反對，將完全不懂軍事的內宮太監任命為各邊鎮要地的監軍（政治監督官）。而真正如孫承宗等謀畫防務有功的大臣，則因為被歸類為與魏忠賢的死敵「東林黨」，而接連遭到罷黜迫害。看來，大明帝國的邊防軍務，如果再繼續照這樣子惡搞下去，用不了多久便會有如爛糊牆籬一般，搖搖欲墜而不堪一擊了。

【話題人物】九千歲魏忠賢

大明帝國當朝權宦魏忠賢，原名魏四，北直隸肅寧（河北境內）人。年少時家境貧困又不學無術，成日混跡街頭，最後因沉迷於酒色賭博而欠下大筆賭債，只好自行閹割後入宮充當宦官，隨後改名為李進忠。之後憑著高明的交際手腕，很快便在宮內的宦官群中建立了良好的人脈關係，又與當時皇長孫朱由校的奶媽客氏勾搭，因而得到服侍朱由校的機會。他對這位皇長孫極盡諂媚之能事，又誘其宴遊嬉樂，甚得其歡心。一六二〇年，十六歲的朱由校繼位為帝（明熹宗），目不識字的李進忠改名為魏忠賢，出掌司禮監（主管皇帝文書、印璽等的內廷宦官機構，為內廷十二監中最高權力機關）秉筆太監（司禮監之次長，負責各部大臣奏章、票擬意見呈送皇帝，及皇帝批示發還之責。魏忠賢時期，權力高過司禮監首長掌印太監）並提督東廠（東緝事廠，為皇帝直屬之特務情治單位）。因朱由校喜愛木工又技藝一流，魏忠賢就常常趁其手握斧鋸全神貫注時，拿重要的國事奏章請皇帝批示。對國事原本就沒有太大興趣的朱由校不堪其擾，為了不想再被打斷木藝創作，便要魏忠賢自己看著辦，從此魏忠賢便逐漸的把持了朝政。掌握了重權的魏忠賢開始吸收並扶植黨羽，連文武重臣都成為其手下「五虎」、「五彪」、「十狗」、「十孩兒」、「四十孫」之輩。一時之間，權傾朝野，與其敵對的「東林黨人」更是一一被加以整肅。官員們為了迎奉他，還尊稱魏忠賢為僅次於皇帝「萬歲」之下的「九千歲」、甚至「九千九百歲爺爺」。

努爾哈赤受挫再起　兵分八路重創蒙古

就在明朝完全無視於覺華島的慘敗，而舉國上下沉浸在多年未見的勝利氛圍時，引恨退兵瀋陽（遼寧境內）的後金天命汗努爾哈赤（清太祖）可是一點也沒有退縮。為了重振士氣，他在四月時便以喀爾喀蒙古背棄盟約為由，親率諸貝勒及精銳大軍，兵分八路以奇兵重創蒙古，擄獲了驅之不盡的牲畜，將寧遠（遼寧境內）受挫的怨氣全都給發洩了出來。到了六月初，努爾哈赤又親自與科爾沁蒙古的奧巴台吉結盟，雙方殺白馬祭天、宰黑牛祭地，立誓互不欺瞞、永為盟邦。看來努爾哈赤並未被寧遠挫敗所擊倒，而是正準備重整旗鼓，等待有利時機，再次從袁崇煥手中奪回那失去的榮耀。

活人當神受祭拜　各地搶建魏生祠

大明帝國浙江巡撫（浙江軍區司令）潘汝楨上書建議，請求在西湖邊替魏忠賢建立「生祠」。所謂的「生祠」，即是在人活著的時候便為其立廟祭祀，以表示內心無比的感戴及欽敬之意。大明天啟帝朱由校（明熹宗）也頒旨賜匾，上題「普德」字樣，並刻石立碑，以表彰魏忠賢的功績。據記者所得到的內幕消息，潘汝楨此舉大獲魏忠賢的歡心，已內定將其升任為南京刑部尚書（中央政府南京辦事處司法部長）。而全國各地的官員，在得到這樣的消息後，也紛紛跟進，都表示將於自己的轄地中籌資興建魏公生祠。據記者實地前往查探，這些陸續興建中的生祠，耗費鉅資、精工巧作。塑像多以名貴的沉香木雕成，其中五官都是可以活動的，腹中的內臟則是以金玉珠寶製造。頭頂上戴金冠，並留有小孔，以便可以插上四季鮮花。依各地呈報的計畫看來，相信不用多久，魏忠賢生祠的分布密度就要像7-11一樣多了。

大明各界最近掀起一陣替魏忠賢建生祠的風潮

後金強人傷疽感染辭世　天命大汗努爾哈赤歸天

　　後金政府日前發布了一項令人震驚的消息，天命汗努爾哈赤（清太祖）已於八月十一日因傷口感染，在靉雞堡（遼寧境內）駕崩。據記者深入瞭解，努爾哈赤極可能是因為意外敗在小小的寧前道（寧前軍區指揮官）袁崇煥手上，感到憤懣難平而積鬱成疾。加上之前就傳聞寧遠一役中努爾哈赤也因砲擊負傷，傷口未癒的情況之下，又親領大軍西征蒙古，終於導致傷口再次感染，癰疽突發。

　　為此，還特地於七月二十三日前往清河的溫泉泡湯養傷，希望能藉著溫泉的療效回復健康。但在缺乏其他有效醫療的支持下，傷口感染的情況仍是日益惡化。八月初一，特遣二貝勒阿敏（努爾哈赤姪子）殺牛燒紙、祈禱神佑，但仍毫無效果。最後因病情危急終於放棄治療，在乘船由太子河回瀋陽（遼寧境內）的途中，於靉雞堡辭世，享年六十八歲。

大福晉納喇氏殉死陪葬　四貝勒皇太極繼位稱汗

九月一日，後金汗國大貝勒代善（努爾哈赤次子）、二貝勒阿敏（努爾哈赤姪子）、三貝勒莽古爾泰（努爾哈赤五子），以及諸貝勒大臣等，齊聚在瀋陽（遼寧境內）篤恭殿前，共同擁護四貝勒愛新覺羅・皇太極（努爾哈赤八子）繼承大汗之位，成為後金汗國國家領導人。之後，皇太極率領眾貝勒向三大貝勒行三拜禮後，與三大貝勒並坐，接受群臣朝拜，開始實行「八和碩貝勒共治國政」的制度。同時皇太極也將所轄兩白旗改變旗色為兩黃旗，而阿濟格（努爾哈赤十二子）所領的正黃旗改為鑲白旗，多鐸（努爾哈赤十五子）的鑲

八弟，就由你當大汗吧…

那就謝謝二哥囉…

皇太極在代善的支持下繼位稱汗

黃旗則改色為正白旗。不過，根據不願透露身分的後金高層表示，新汗的選任及繼位，表面上看起來順利風光，但事實上卻是暗潮洶湧。依努爾哈赤（清太祖）生前的規畫，新汗應由八大貝勒之間互相推舉，其中年長的四大貝勒中，大貝勒代善為努爾哈赤次子，掌兩紅旗（代善為正紅旗旗主，代善子岳託為鑲紅旗旗主）；二貝勒阿敏為其姪，掌鑲藍旗；三貝勒為五子莽古爾泰，掌正藍旗；四貝勒為八子皇太極，手握兩白旗重兵（皇太極為正白旗旗主，皇太極子豪格為鑲白旗旗主，鑲白旗原旗主杜度〔努爾哈赤之孫，即已被處死的長子褚英之子〕已調至鑲紅旗，不掌旗事）。而年幼的四小貝勒中，除鑲紅旗旗主代善之子岳託外，阿濟格、多爾袞（努爾哈赤十四子）、多鐸皆為努爾哈赤晚年寵妃大福晉（正室夫人）納喇氏阿巴亥所親生。依努爾哈赤遺命，將自己的正黃旗分給阿濟格及多爾袞（阿濟格為旗主），鑲黃旗則留給了幼子多鐸，並以其為旗主。四大貝勒們為了避免領有兩黃旗實力的大福晉納喇氏勢力過大，便以努爾哈赤遺命為由，強迫納喇氏殉死陪葬，同時也讓阿濟格、多爾袞、多鐸三兄弟失去依恃而無力爭奪汗位。而最具繼承資格的四大貝勒中，二貝勒阿敏為旁系，自然沒有繼位爭汗的資格。三貝勒莽古爾泰性情衝動、勇而少謀，在宗族間的人脈關係也不是很好，所以也沒有被推舉為新汗的可能。大貝勒代善握有兩紅旗，雖然實力與掌控兩白旗的皇太極相當，但也沒有能夠完全勝出的自信。加上自幼便和皇太極一起長大、感情深厚的兩個兒子岳託、薩哈廉（努爾哈赤孫，即代善之子），都在第一時間就勸父親擁立皇太極繼位。於是生性仁厚的代善便在隔天的會議上，首先提名並推舉皇太極繼承了新汗之位。

【專題報導】八大貝勒共治國政制度

　　一六二二年三月，努爾哈赤（清太祖）發布身後由八大貝勒共治國政的汗諭，內容主要為：
一、繼位之新汗由八和碩貝勒共同推舉，若新汗不能受諫且所行非善，八和碩貝勒同樣也擁有
將其罷黜、另立新汗的權力。二、新汗在升殿議政時，先向堂子、神祇叩拜，再向諸叔兄叩拜，
隨後登御座，與八和碩貝勒並肩均坐，一同接受群臣叩拜。三、重要國事由八和碩貝勒共同議
定，但不許貝勒彼此間、或貝勒與新汗間一二人私議，以防奸謀。四、八和碩貝勒握有任免官
員的人事大權，以及訴訟的最高司法審判權。

| 大貝勒
代善 | 二貝勒
阿敏 | 三貝勒
莽古爾泰 | 四貝勒
皇太極 |
| 小貝勒
岳託 | 小貝勒
阿濟格 | 小貝勒
多爾袞 | 小貝勒
多鐸 |

後金下令漢人分屯別居　試圖解決種族嚴重衝突

　　九月初，後金天聰汗皇太極（清太宗）下令改變努爾哈赤（清太祖）時嚴懲出逃漢民的政
策，同時要求均平女真人與漢人之間的差役，並將女真和漢族分屯管理。原本，努爾哈赤分別
在一六二一年、一六二五年實施所謂的「計丁授田」及「按丁編莊」的土地政策，將大量原屬
於漢人的土地硬拗成「無主田」加以徵收。又把原本耕種著自己田地的漢人，都變成了綁在土
地上的農奴。除了經濟制度上的剝削之外，後金攻城掠地時對漢人的搶劫及屠殺、數度大規模
強遷漢人所造成的家破人亡，以及強迫女真族與漢族混居，也都讓漢人飽受欺凌壓迫。加上又
要服勞役，又被迫剃髮，種種的積怨導致了漢人的不滿與報復。使得後金各地不斷傳出有漢人
大批逃亡、或在飲水及食物中下毒、或暗中毆死女真人、或大規模暴動的事件，逼得皇太極在
繼位之後，不得不正視此一問題，下令女真與漢族之間分屯別居，將原先分給後金官兵的漢人
農奴抽出，另編莊屯，由漢人官員管理，大大的減緩了兩個族群之間的衝突。

【專題報導】努爾哈赤的土地政策

　　努爾哈赤（清太祖）的勢力範圍在一六一三年有了初步的規模之後，決定在他所統轄的區域之內，實施所謂的「牛彔屯田」。也就是在每一個牛彔（八旗編制的基本單位，每一牛彔由三百個男丁所組成）之中，徵出十名男丁以及四頭耕牛來耕作官田。收成時，官田所收穫的穀糧全歸官倉所有，換算起來，相當於抽用三十分之一的勞力為政府所用。到了一六二一年後金侵入遼瀋地區後，由於得到了原屬於漢人的廣大土地，便又發布「計丁受田」的命令。把三百多萬畝的漢人私有田地，都硬是畫歸為所謂的「無主地」。然後按照丁口，重新分配給女真人及漢人耕種。這樣一算下來，每一個男丁會分配到大約三十六畝的土地，其中三十畝依規定須種植糧食作物，其他六畝則可種植棉花，所有收成都歸私人所有。不過，每三個人必須合力耕種官田六畝，官田上的收穫則歸國家所有。另外，每二十人中，抽出一人當兵、一人服勞役，以成為國家軍隊及勞動力的來源。這種制度，對長久實施奴隸制度的女真人來講，可說是一種跨時代的進步。可是對於漢人來說，淪為這種被羈絆在土地上、失去自由的農奴，可是一大退步。一六二五年，努爾哈赤又頒布了改良版的「按丁編莊」政策，規定將男丁十三人、牛七頭編為一莊。莊中所有男丁的姓名及牛隻的毛色，都要造冊呈報。每一莊分配六百畝的田地，其中一百二十畝的收成要繳納為官糧，其餘四百八十畝的收成則歸各莊留下供自己食用。其中雖然有規定總兵官（軍長）以下、備禦（中高階軍官）以上，每備禦給予一莊。但實際上，八旗貴族所擁有的田莊數目，則是遠遠超乎規定之上，經常都高達數十莊之多。

這土地改革怎麼越改越退步，害我都變成農奴了

不會啊！我覺得挺好的，我終於可以當農奴了…

女真人與漢人之間對土地改革的觀感大不相同

袁巡撫打破慣例 明金雙方首度接觸議和

十月十七日，遼東巡撫（遼東軍區司令）袁崇煥遣五台山僧李喇嘛等一行三十四人，組成訪問團前往瀋陽（遼寧境內）弔唁努爾哈赤（清太祖），並賀後金天聰汗皇太極繼位。由於在交戰至今的數十年當中，雙方一直處於敵對的狀態，所以據說皇太極對於袁崇煥此舉感到十分意外，同時也想弄清楚對方葫蘆裡到底在賣什麼藥。於是對大明的訪問團極度的禮遇，並在十一月六日，派遣使節帶著一封題為「大金國皇帝致書於大明國袁巡撫」的正式書信，隨同李喇嘛等大明訪問團回國互訪，並提出兩國議和的主張。其實，根據記者的深入追查，此時不論是袁崇煥或是皇太極，在各自的立場上，都有暫時緩衝停戰的需求。就袁崇煥來說，之前因遼東經略（遼東軍區最高指揮官）高第決定撤入關內而失去的寧錦防禦線，有急速重建的必要。所以就必須要抓住這一次後金汗位更替的機會，以議和為手段，極力爭取重新修繕城垣的時間。而對皇太極來說，他雖然心裡明白袁崇煥所使出的「拖」字訣，知道他想要以議和為緩兵之計重建防

叫你去和談，穿這樣幹什麼…

對不起…都已經變成習慣全副武裝了…

明軍史無前例的派人前往後金進行和平談判

線，但他自己在政治上也面臨了更重要的問題，就是必須要先鞏固自己剛到手的汗位。兩相權衡之下，皇太極才會決定遣使與袁崇煥議和。不過，熟悉大明帝國政治運作的分析家也指出，袁崇煥雖然已將遣使、議和之事具實奏報朝廷，並在具體陳述理由及策略後得到天啟帝朱由校（明熹宗）的允准。但明朝內部黨爭嚴重，又有不少大臣極力反對，認為這將重蹈宋金議和的覆轍。所以袁崇煥此舉雖然在戰略上有其必要性，但在政治上卻為自己帶來非常高的風險，極有可能在日後淪為政治鬥爭的攻擊把柄。

災情特報

大明帝國今年（一六二六年）可真是天災不斷，先是繼京師地區發生嚴重的水患之後，長江以北與山東等地在夏天時也發生了極為嚴重的旱災與蝗災。秋季時，黃河又潰堤決口，大水灌入邳（江蘇境內）、宿（安徽境內）二州。接著長江以北也發大水，河南等地又陸續傳出蝗害，南京甚至還發生地震，真是令政府傷透腦筋。

大清時報

GREAT QING TIMES

丁卯

西元一六二七年

明‧天啟七年　後金‧天聰元年

天聰大汗展示武力　左打蒙古右襲朝鮮

　　皇太極在去年（一六二六年）九月成為後金大汗後，便頻頻對外發起軍事行動。先是在繼位一個月後，便下令部隊出征蒙古紮魯特部及巴林部，並擄獲大批的牲畜而還。接著又在今年年初，趁著江水冰合的時候，命二貝勒阿敏（努爾哈赤姪子）與濟爾哈朗（努爾哈赤姪子）、岳託（努爾哈赤孫，即代善之子）統領重兵進襲朝鮮。評論家認為，皇太極之所以在繼位短時間內，便急著挑起戰端，最主要是因為先汗努爾哈赤兵敗寧遠，對後金官兵來說，無疑是一項嚴重的打擊。加上皇太極剛坐上大寶之位，極需要勝戰的光環來穩定在這個軍事國家中的統治權。由於一時之間還想不出可以攻破明軍寧遠防線的方法，所以便立刻轉移目標，把八旗部隊在敗戰中所受到的屈辱及鬱悶之氣，導引到其他地方發洩。而被大明帝國視為左右臂的蒙古和朝鮮，自然就成了下手的對象。

後金把寧遠之敗的一股怨氣，全發洩到蒙古和朝鮮身上

明金議和互開條件　多次往來仍未定案

自去年（一六二六年）大明遼東巡撫（遼東軍區司令）袁崇煥遣使與後金汗國接觸以來，雙方對於議和的條件就不斷的往返溝通。先是去年十二月底，後金首批訪問團到達寧遠（遼寧境內），以極其恭敬的態度稱呼袁崇煥為「老大人」，並呈上國書。袁崇煥雖然以來書封面將「大明」與「大金」並列，損及天朝尊嚴為由，原封不動將皇太極的書信退回，但仍依過去建州屬夷朝貢的舊例，犒賞後金使者酒食。之後，後金使者經過三次的往返磋商，在將國書中的大金國「皇帝」字樣改為「汗」之後，才為袁崇煥所接受。到了今年初，就在皇太極派兵征伐朝鮮的同一天，又遣使修書到寧遠再提議和之事。而袁崇煥也多次上疏奏報雙方交涉的細節，並獲得了天啟帝朱由校（明熹宗）旨諭「可以同後金議和，並允其便宜行事」的指示。據本報記者得到的獨家消息，後金最近一次送出的議和書信

主要內容有二：其一為重提後金發兵征明，實是由於歷年來備受大明官員欺凌所引發的七大恨所致。其二是提出雙方和解的條件，即大明應以黃金十萬兩、白銀百萬兩、綢百萬匹、布千萬匹為和議之禮。然後每年大明再給黃金十萬兩、白銀十萬兩、緞十萬匹、布三十萬匹。而後金則每年給明東珠十顆、貂皮一千張、人參一千斤，以示雙方之友好。

不過，相關領域的學者也對此提出警訊，認為皇太極之所以不斷的遣使與明議和，其中有一部分的目的就是為了掩飾對朝鮮的軍事行動，使大明不能即時援助朝鮮。而這點可能是當初袁崇煥以修城為目的，與後金展開接觸時所沒有想到的。若真是如此，一旦失去如同右臂的朝鮮，大明在遼東的防禦陣線恐將陷於更不利的地位。

今天起，你我就是兄弟了，以後要是有誰欺負你，就來跟我說，不過…這次先拿點錢來給哥哥花吧…

좋은

後金二貝勒阿敏強壓朝鮮，在大批的財物及許多要求做為議和條件下，雙方結為兄弟之邦

阿敏領軍出征大獲全勝　朝鮮被迫簽訂城下之盟

　　由二貝勒阿敏（努爾哈赤之姪，皇太極堂兄）所率領的後金部隊，元月八日從瀋陽（遼寧境內）出發之後，在十三日便夜渡鴨綠江，對朝鮮展開閃電襲擊。由於朝鮮政府和以皮島（朝鮮境內）為根據地的明軍總兵官（軍長）毛文龍都沒有防備，所以傷亡十分慘重，粗估至少有數萬名朝鮮及明軍陣亡。後金部隊一路進擊，到了二月八日，就已經推進到距離朝鮮首都漢城（朝鮮境內）僅二百里之處。朝鮮國王李倧大為恐懼，便令人將世子及家屬送到南方的全州（朝鮮境內）去，而自己則是逃到西北的江華島上避難。然後一方面遣使向大明告急請援，一方面派人向後金議和停戰。最後終於在三月三日，於江華島上與後金代表簽下「江都之約」，朝鮮仍以大明為宗主國，但與後金結為兄弟之邦。不過，這個兄弟倒有不少特別要求，包括每年朝鮮要贈送數額龐大的歲幣給後金、朝鮮不得整理兵馬或修築城堡、不許讓大明毛文龍的部隊登岸，以及後金可以在義州（遼寧境內）駐軍等等的條件。雙方達成協議後，阿敏下令在朝鮮境內大肆劫掠三天，然後在四月八日，帶著當作人質的朝鮮王弟李覺，以及大批的財物、牲口、俘虜、糧食，渡江撤離。後金此役，不但解決了今年遼河一帶嚴重的饑荒問題，也大大的打擊了明軍毛文龍部隊的力量，迫使其困守皮島，再也無力對其後方形成威脅。

和議條件談不攏　後金態度轉強硬

依照上次的條件…

上次談的不算，現在一切都照我新的要求，不然就拉倒…

皇太極在與朝鮮簽定城下之盟後，對大明議和的態度突然有了一百八十度的大轉變

　　據瞭解，明遼東巡撫（遼東軍區司令）袁崇煥在接獲後金大汗皇太極（清太宗）的和議條件之後，於三月五日便遣使隨後金使節團回到瀋陽（遼寧境內），表示後金應歸還遼東土地、送回被擄人口，並撤回入侵朝鮮的軍隊以示和談的誠意。同時表示，大明可以給後金歲幣，但數量要再裁減。不過，原本一直保持低姿態的皇太極，在征朝鮮軍大獲全勝、簽訂城下之盟後，態度突然有一百八十度的轉變。四月八日，皇太極以強硬的口吻回覆：遼東土地及擄獲的人口是不可能退還的，但是歲幣可以酌減一半。即大明需以黃金五萬兩、白銀五十萬兩、緞五十萬匹、布五百萬匹為和議之禮。然後每年大明再給黃金一萬兩、白銀十萬兩、緞十萬匹、布三十萬匹。而大金則每年以東珠十顆、人參一千斤、貂皮五百張為回禮。在書信格式方面，皇太極則表示可以接受大明皇帝比上天低一格，然後後金大汗再比大明皇帝低一格，明朝官員再比後金大汗低一格，否則將從此拒收大明政府的來信。

袁崇煥以和議爭取時間
關寧錦急修城鞏固防線

遼東巡撫（遼東軍區司令）袁崇煥利用與後金議和之時，所同步進行的山海關（河北、遼寧交界）——寧遠——錦州防線修復工程，目前已獲得重大進展。雖然在去年（一六二六年）七月，榆關、前屯、中後、中右等剛修好的城堡被暴雨沖毀，但在不斷趕工之下，又於去年年底搶修完成。估計今年五月，寧遠、錦州等大城應該就可以修繕完成。到時加上重新配置的兵力、火砲，加上兵械、糧餉都已到位，一道縱深四百里，城城相護、前後聯防的遼西防線便已然形成。軍事評論家一致認為，此防線不但能有效遏止後金的入犯，若能妥善經營，明軍更有收復遼東的可能。

和談宣告破裂 大戰無可避免

根據種種跡象顯示，明金雙方的和談已正式宣告破裂，大戰隨時有一觸即發的可能。本報派駐寧遠（遼寧境內）的記者發現，後金大汗皇太極（清太宗）在四月八日送出最後一封和議書信的同時，也另附了一封譴責大明遼東巡撫（遼東軍區司令）袁崇煥不守信義、詐稱和談而趁機修城的書信。表示大明政府必須承擔破壞和平、挑起戰爭的所有責任，同時下令停止所有使節往來。而在北京方面，則因為收到朝鮮告急的軍情，許多大臣都認為是袁崇煥主張議和所致，所以提出彈劾，最後天啟帝朱由校（明熹宗）也以「狡奴變詐叵測，款（和議）不足信」為由，下令停止與後金之間的所有議和行動。

還不抓緊時間快去修城！！

‥‥

沒事…沒事…

袁崇煥利用與後金和談的這段時間，加緊修復各防線城堡

州錦

我們是逃回來的，
快讓我們進去⋯

開門

很抱歉！今天營業時間
已經結束了，沒辦法開門

開門哪

後金利用奸細賺開城門的老戲碼失效，只能望著錦州的堅城實砲興嘆

皇太極兵圍錦州　趙率教重砲守城

五月六日，後金大汗皇太極（清太宗）親率六萬兵馬，越過遼河，向大明帝國進軍。到了十一日，皇太極自領兩黃旗與兩白旗為中路軍，直趨大凌河及小凌河。大貝勒代善（努爾哈赤次子，皇太極兄）及二貝勒阿敏（努爾哈赤姪子，皇太極堂兄）率領兩紅旗及鑲藍旗為右路軍，直指明軍的寧錦防線前鋒要塞──錦州。左路軍則由三貝勒莽古爾泰（努爾哈赤五子，皇太極兄）的正藍旗，向右屯衛進擊。明遼東巡撫（遼東軍區司令）袁崇煥雖然早就猜到後金大軍必將來襲，但卻怎麼也沒有料到會來得這麼快。由於大凌河、小凌河，以及右屯衛的工程都尚未完成，在當地築城的明軍只好立刻棄城逃走，而讓後金三路大軍在順利會師之後兵圍錦州（遼寧境內）。據戰場記者報導，皇太極原本想用老方法派奸細賺開城門，於是就把大約四百人的明軍降卒遣還錦州。但鎮守錦州的

總兵官（軍長）趙率教早就料到後金會來這麼一招，他料定降卒之中必有後金的間諜，於是拒絕讓這些人入城。皇太極見此招失效，派人招降也被拒絕，便於十二日中午，分兵兩路，於錦州城的西、北兩面，進行強力的攻城。但城中守軍奮力抵抗，以袁崇煥所指示的「憑城堅、用大砲」為最高指導原則，在城上不斷的以箭矢火砲迎擊進犯的八旗步騎，完全拒絕出城與後金部隊於野戰決勝。這樣的作戰法令皇太極感到十分頭痛，隨著日子一天天的過去，酷暑的氣溫一度度上升，戰事卻毫無進展，攀升的只有軍士的傷亡人數。十六日時，奉命率兵增援錦州城的明總兵官（軍長）滿桂，在途中意外遭遇後金護糧部隊。雙方在激烈拚殺之後互有死傷，滿桂部隊只好轉入袁崇煥所在的寧遠（遼寧境內）城中協防。至於錦州的圍城攻防戰，目前仍是在持續進行中。

後金攻勢受阻
徵兵力援前線

據前線記者報導，後金大汗皇太極（清太宗）因無法順利拿下錦州城（遼寧境內），軍中兵卒又傷亡慘重，已於五月十四日派人回瀋陽（遼寧境內）增調援軍。令每一牛条（八旗制度的最基本單位，每一牛条為三百人）之前已經出十個甲兵的，再出四十個甲兵到前線，已出二十、三十個甲兵的，也再增出甲兵補滿五十人之數，已出四十、五十個甲兵的，則要另外再補十五個甲兵。另外，還要給先來的兵卒每人送來三十枝箭，新增派者則自行攜箭五十枝。每牛条還要送來鐵鋌、斧頭、鑿子各三把，以及鐵鋤一把，以備攻城之用。看來，攻勢暫時受挫的皇太極，似乎已經下定決心，不拿下錦寧誓不甘休了。

快回去找人
再送錢來…

是

你該不會是輸到沒錢了吧？

皇太極在錦州攻城戰中損失慘重，已派人回瀋陽增調援兵

袁崇煥火砲精兵護城 皇太極轉攻寧遠受挫

五月二十五日，後金從瀋陽（遼寧境內）增調的援軍到達，後金大汗皇太極（清太宗）留下少部分兵力繼續圍困錦州城（遼寧境內），三天後便親率大軍轉而圍攻寧遠（遼寧境內）。不過明遼東巡撫（遼東軍區司令）袁崇煥早有預備，除了在城外掘開深壕做為屏障之外，還令總兵（軍長）滿桂、副將祖大壽、尤世威等率精銳部隊，在城外背城列陣。後金部隊到達後，見到明軍城上火砲整備，城下又有滿桂等人的部隊倚城待命，大貝勒代善（皇太極兄）、二貝勒阿敏（皇太極堂兄）、三貝勒莽古爾泰（皇太極兄）都認為敵軍距城太近，無法發揮八旗騎兵的優勢，便建議暫停攻擊再另圖他法。但繼位以來首度親自指揮大軍的皇太極，實在嚥不下無

轉攻寧遠受挫的皇太極，背後又被大明的錦州守軍出城突擊

法攻陷錦州、寧遠的這口氣，便在大怒一頓之後，不等其他三大貝勒，便上馬親自率軍突進。代善等人都被皇太極這舉動給嚇到了，連甲冑都來不及穿戴，便只好趕緊上馬，倉促的指揮自己的部隊發動攻擊。雙方野戰部隊激烈拚鬥，屍橫遍野，城上的守軍又以各式火砲齊力轟擊，使得後金部隊雖然死傷極為慘重，但卻怎麼也無法近城一步。這時皇太極又收到消息，說錦州的明軍趁著後金主力移到寧遠之時已出城發動襲擊。為免腹背受敵，皇太極便於二十九日將主力軍團由寧遠撤出，重新圍攻錦州。

由於錦寧久攻不下，皇太極只好黯然撤軍

久攻不下傷亡慘重
錦寧之戰八旗敗歸

後金部隊五月三十日回到錦州（遼寧境內）城外之後，雖然不斷的向城內吶喊示威、繞城而走，但因為還是懼怕明軍的火砲威力，所以始終都只敢在距城五里之外虛張聲勢。到了六月四日凌晨，皇太極見威嚇無效，便下令軍隊再次強攻錦州城。但明軍憑藉著壕深城堅以及火砲優勢，持續予以反擊，使後金部隊難以靠近城牆。不斷下令進攻的後金大汗皇太極（清太宗），到了傍晚，見攻城部隊已然力盡，終於下令撤軍。並在隔天開始將飢渴疲憊、士氣低落的八旗軍團，帶離這個炎熱難耐又久攻不下的傷心戰場，也為這場持續了二十五天的錦寧之役畫下了句點。

後金糧荒 物價飛漲

出征錦寧失利的後金大汗皇太極（清太宗），可說是屋漏偏逢連夜雨。回到瀋陽（遼寧境內）不久，便又要著手整頓國內因為嚴重饑荒而帶來的種種問題。目前後金的糧食價格，已經飆漲到一斗糧要八兩銀子的誇張程度。也就是說，用來購買一斗糧食的錢，可以買到約合四畝大小的土地，這可不是人人都負擔得起的。而且不只糧價貴得離譜，所有的物價也同時隨之高漲，導致境內盜賊四起，而且不斷傳出有人因為太飢餓而吃人肉的慘案。皇太極日前已經下令，以國家經費想辦法購買糧食來賑濟災民，同時減輕因饑荒而盜竊者的刑罰。

媽！為什麼我的午餐只有三粒米？

沒辦法啊，你爸一個月的薪水就只夠買三粒米…而且，那是全家人的午餐，你別一個人全吃了…

後金糧食價格飛漲，已非一般人所能負擔

錦寧大捷魏忠賢運籌居首功
冒死護疆袁崇煥請辭馬上准

下一個…70號

李太太，妳也
來領獎啊…

是啊，我只是幫魏公公
買菜，就排第八十名呢…

八十名以後的
獎品

在沙場血戰立下不世功勞的袁崇煥，敘獎排序竟然排在八十幾名

大明帝國在漂亮贏得了錦寧之役後，遼東軍區的高階人事安排竟然出現令人意想不到的布局。在此役中立下最大功勞的遼東巡撫（遼東軍區司令）袁崇煥，以生病為由請辭獲准，所遺留的職務由遼東經略（遼東軍區最高指揮官）兼代。一般認為，袁崇煥的下台，應該和大明政府內部嚴重的黨爭有直接的關係。雖然袁崇煥今年四月也曾上疏頌讚魏忠賢功德，並請於寧遠（遼寧境內）為其建立生祠。但由於魏忠賢一直沒有收到什麼財物上的孝敬，所以仍然將袁崇煥歸於應予以打擊壓制的東林黨一類。以這次錦寧大捷兵部（國防部）所提的敘功名單，就不難看出其端倪。獲得頭功的當然是「籌邊勝算、功以帷幄」的魏忠賢，太監孫成等十人居次功，接下來是「閹黨五虎」兵部尚書（國防部長）崔呈秀等人。而戰場指揮官袁崇煥竟然排在第八十幾名，僅獲得加銜一級、白銀三十兩等獎賞。令人傻眼的是，年僅三歲的魏鵬翼、及四歲的魏良棟，竟也因軍功分別被封為安平伯及東安侯。這兩個小朋友難道是軍事天才嗎？當然不是，敘獎的理由只因為他們是魏忠賢的從孫。閹黨如此的排擠與攻訐，當然使得袁崇煥在皇帝眼中的形象越來越差，也難怪袁崇煥請求退休的奏疏剛上，皇帝便毫不考慮的批准了。

明天啟皇帝駕崩
身後無子 五弟信王承繼大位

八月二十一日，大明帝國正式對外宣布，年僅二十三歲的天啟帝朱由校（明熹宗）駕崩，因無子嗣，所以由皇五弟朱由檢繼皇帝之位，並於明年起改元「崇禎」。不過，據記者深入調查，天啟帝朱由校之所以無後，其實有相當大的隱情。皇后張氏、裕妃、成妃等都曾懷有身孕，但先後五個子女卻都受到朱由校奶媽客氏及魏忠賢的迫害，或是下藥墮胎、或是忽然夭折，導致朱由校身死無後，必須由十八歲的信王朱由檢繼位。

哎…又少了一名好的木工師傅了…

【話題人物】乳保客氏

Q:大明天啟朝後宮最有權勢的人是誰？

是皇后！

答錯了，是奶媽。很可惜您的一百萬獎金沒了…

A:乳保

天啟帝朱由校（明熹宗）年幼時，因為父親朱常洛（泰昌帝，明光宗）並不受到爺爺朱翊鈞（萬曆帝，明神宗）的寵愛，連帶的讓他也在宮中備受冷落。而當時唯一對他好，會餵他奶、陪他玩，並細心照顧他的，就只有乳保，也就是奶媽——客氏。因為這個原因，使得少年喪母的朱由校，對於客氏一直有著嚴重的戀母情結。所以當一九二〇年九月六日，十六歲的朱由校意外繼任皇帝兩周後，就立刻封客氏為「奉聖夫人」。由於得到皇帝的寵信，客氏在宮中的地位越來越顯赫，臣官中有諫請客氏移出宮外的，都淪落到被謫官外放的下場。而客氏又在朱由校的許可之下，與當紅太監魏忠賢「對食」（宦官和宮女之間的配對交往），兩人沆瀣一氣、狼狽為奸，勢力更顯邪惡巨大。客氏依憑著皇帝離不開她，便為禍後宮，連皇帝的后妃都受其挾持牽制。據聞皇后張氏在懷孕時，就是被客氏將身邊的宮女換成心腹，然後下藥造成死胎。裕妃、馮貴人等，也都先後因得罪客氏，而慘遭到幽禁餓死，或被迫自盡。只有成妃因為被囚時身邊藏有食物，才未被餓死。據說客氏每一次出行時，都是乘坐八抬大轎，排場不亞於皇帝。並獲得特許，可以隨意出入宮禁，而每次隨行的護衛都高達數百人。宮中內侍一見客氏到來，便要跪叩迎送，並高呼「老祖太太千歲」。

氣象一新 崇禎帝肅清閹黨 魏忠賢客氏身亡

> 好緊張…
>
> 抽我…抽我…
>
> 下一個是…

剛繼位的崇禎皇帝因為與大臣還不熟，便以抽籤選出內閣

十月，崇禎帝朱由檢（明思宗，明莊烈帝）開始肅清魏忠賢黨人，先是崔呈秀因被彈劾而罷官，又將第一個替魏忠賢修生祠的潘汝禎削職為民。十一月，先下令將魏忠賢安置鳳陽後，召回派駐在各邊鎮的鎮守太監，臣官開始上書彈劾。六日，魏忠賢畏罪自縊身亡，客氏、魏良卿等全家都被處決。朝廷下令拆毀全國各地所建的魏忠賢生祠，昔日閹黨官員，也紛紛獲罪下台。同時，下令撫恤被閹黨迫害致死者，分別加贈官爵、蔭其子弟為官，之前被排擠罷黜者回復官職，大有一新氣象的態勢。不過，據說最重要的內閣大臣，居然是用「枚卜」的方式產生。就是將各部大臣推薦入閣的名單，一一寫在小紙條上，捲好後投入瓶中，以抽籤的方式決定內閣人選。其中還有抽出之後不慎掉落，在遍尋不著後只好再另抽一個的，過程簡直比樂透開獎還精彩。

不想賣都不行 朝鮮被迫售糧

原本，後金打算以向朝鮮購買糧食來渡過國內缺糧的危機，但是到了十一月，朝鮮明確的表示基於種種理由，無法將糧食售予後金。於是十二月時，後金大汗皇太極（清太宗）便派遣使者向朝鮮施壓，無論如何也要朝鮮出售糧食，同時歸還從後金逃亡到朝鮮的漢人奴隸。朝鮮政府怕後金再次出兵劫掠，造成更大的損失，在權衡之後，只好答應於明年初獻米二千石，另外再出售一千石給後金。

> 你不想賣也可以啦…只是…
>
> 別衝動！我賣！我賣！

大清時報

GREAT QING TIMES

西元一六二八年

戊辰

明‧崇禎元年　後金‧天聰二年

蒙古諸部落歸附　後金吃下大力丸

　　二月，後金大汗皇太極（清太宗）親征蒙古多羅特部，俘一萬一千餘人，其中一千四百人被編為民戶，其餘的人則都淪為奴隸。而之前已合盟的蒙古科爾沁部，也於日前聯合諸部，共同擊殺敵對的察哈爾蒙古部四萬軍隊。皇太極對科爾沁部盟友的表現非常滿意，已經答應於今年適當的時機出兵，一同向察哈爾部發動攻擊。據熟悉蒙古的分析家表示，原本察哈爾部的林丹汗是蒙古諸部落中最具勢力的，甚至在一六一九年時遣使致書給努爾哈赤時，還曾用極端鄙視的態度稱「四十萬蒙古國主巴圖魯成吉思汗（即林丹汗）詔旨，問水濱三萬人諸申主昆都侖庚寅汗（即努爾哈赤）」。而在後金兩敗於寧遠之時，更有可能聯合起蒙古諸部來擊垮後金。但是由於林丹汗在追求蒙古統一的過程中，對於其他各部手段過於殘暴，使得被壓迫的蒙古各部紛紛倒向後金，意外的使得後金的勢力越來越強大，也讓自己開始居於不利的地位。

阿濟格越權失旗主　多爾袞代掌鑲白旗

阿濟格因擅自替胞弟多鐸擇婚而失旗主之位

　　三月二十九日，後金大汗皇太極（清太宗）以阿濟格（努爾哈赤十二子，皇太極弟）未經請示擅自為其弟多鐸（努爾哈赤十五子，皇太極弟，阿濟格同母胞弟）擇婚，而罷去其鑲白旗固山貝勒（旗主）之位，另以日前才因征蒙古有功，被賜號「墨爾根岱青」（睿智）的多爾袞（努爾哈赤十四子，皇太極弟，阿濟格同母胞弟）代之領旗。據資料顯示，阿濟格為人勇而少謀、脾氣粗暴，也常常因此受到皇太極的訓斥，但在領軍征戰時，卻是萬中選一的勇將。相信皇太極雖然拔去其旗主之位，之後還是會在戰爭中借重其衝鋒陷陣的長才。

抗金功臣袁崇煥重獲起用 平台奏對提五年復遼大計

於去年（一六二七年）才剛辭官回到廣東不久的袁崇煥，很快便重新被剛繼位的崇禎帝朱由檢（明思宗，明莊烈帝）起用。在魏忠賢被死後磔屍、客氏被活活杖死在浣衣局（皇室洗衣處，犯錯的宮人多被派往此處洗衣）後不到半個月，朱由檢便下令任袁崇煥為都察院（中央監察院）右都御史（監察長）、兵部右侍郎（國防部次長），同時令被魏忠賢陷害罷黜的多位東林黨人重新官任要職。不過袁崇煥還官未啟程赴任，今年四月朱由檢便又下令將其擢升為正二品的兵部尚書（國防部長）兼右副都御史（副監察長）、督師薊、遼、登、萊、天津軍務（薊、遼、登、萊、天津戰區總司令）。這時，距他初任七品的邵武（福建境內）知縣（縣長），才只有短短的六年。七月十四日，剛回到京師不久的袁崇煥，便受詔進入北京城內，在建極殿旁的平台晉見皇帝，並提出了「五年復遼」的重大計畫。朱由檢對他所提出的計畫大表肯定，不但表示將全力予以支持之外，還特賜代表皇帝的尚方寶劍一把，以示重用。

呼～終於可以把眼罩和鉤子拿掉了…

橫行大洋的鄭芝龍決定放棄海盜生涯，改投大明官軍

大海盜受招撫 鄭芝龍成官軍

今年七月，原本橫行於福建、廣東沿岸，令大明官軍十分頭痛的大海盜鄭芝龍終於接受招撫，並被任命為海防游擊（海防軍中高階軍官）。目前仍舊不願歸降、持續騷擾海境的，只剩下鄭芝龍的昔日同夥劉香。據瞭解，鄭芝龍原本是海商李旦的手下，而擁有武裝船隊的李旦，長年在中國、臺灣、日本、東南亞等航線，同時進行商業貿易與船隻搶劫。在一六二五年李旦去世後，鄭芝龍便接收了其在臺灣的產業和武裝士兵。之後，鄭芝龍便以魍港（臺灣境內）為基地，不斷壯大自己，一直到被招降之前，其統轄的武裝船隻已多達七、八百艘。不過，經記者深入調查，鄭芝龍雖然已經成為明朝官軍，但實際上卻仍然向往來的貿易船隻私徵保護費。每艘船一年要繳納三千金作為規費，以取得鄭氏的旗號，才能在航線上安然航行。現在，鄭芝龍成了官軍，就更可以名正言順的征討其他同行，以政府資源剷除競爭者。

寧遠城缺餉譁變　袁督師單騎平亂

　　七月二十五日，寧遠因拖欠軍餉而發生兵變，叛軍將巡撫（軍區司令）畢自肅及總兵官（軍長）等人綁在城樓上，要求發給餉銀。在剛到任的兵備副使郭廣來回奔走，向當地商民借來五萬兩白銀充當軍餉發放後，騷亂的軍士才逐漸散去，巡撫畢自嚴則引罪自縊身亡。八月初，督師（總司令）袁崇煥剛抵山海關（河北、遼寧交界）赴任，一聽說發生兵變，二話不說，便單騎前往寧遠。並立即採取動作，嚴懲因貪贓和虐待士兵而導致兵變的官員。同時逮捕兵變首謀分子，但卻又以免罪誘使首謀供出其餘的十五名次惡分子，下令在市街中將其斬首。並特別獎勵沒有參與兵變的營隊，迅速的平息了浮動不安的軍心。袁崇煥同時奏准，以祖大壽駐守錦州、何可綱駐寧遠、趙率教移駐山海關（河北、遼寧交界），以進行他的五年復遼大計。

後金蒙古擴勢
大明自斷左臂

小蒙，沒想到你居然去和姓金的勾搭，以後不給妳錢了…

不給就不給，以後我們分了吧！小氣鬼…

大明不但在蒙古饑荒時置之不理，還停給歲賞錢幣，使蒙古諸部更下定決心投向後金的懷抱

九月，後金大汗皇太極（清太宗），利用林丹汗與蒙古各部產生矛盾的機會，親率諸貝勒及八旗大軍，與已歸附之蒙古敖漢、奈曼、舊喀爾喀、喀喇沁、科爾沁等諸部會師，前往征討察哈爾蒙古。林丹汗的部隊無法抵擋，一路逃至興安嶺，被擄去不可計數的人口及牲畜，察哈爾部的聲望及力量受到嚴重的打擊。同一時間，相較於後金得到蒙古諸部的歸附，大明卻正逐漸的把應該當作屏藩的蒙古盟友給推了出去。不但在蒙古諸部饑荒而向明請糧時置之不理，還因諸部與後金接觸，而取消了原本每年給科爾沁等三十六部的歲賞，致使蒙古更決心投效後金。一般認為，由於喀喇沁等部地理位置險要，理應成為各方所必須首要爭取合盟的對象。如果察哈爾得之，便有足夠的力量與後金抗衡；後金得之，便可越過難搞的寧前防線，直接推進到大明的北境；大明得之，便可以其力量護衛後金的進犯。而大明帝國這項錯誤的外交政策，無疑將使得原本已經吃緊的邊境防線情勢更加嚴峻，等於自斷可以抵禦後金進犯的左臂。

沒飯吃又被課重稅　陝西傳出嚴重暴動

由於近年來各地大旱，地處黃土高原的陝西地區，在十一月的時候傳出嚴重的饑荒災情。加上地方政府又不斷的以各種名目隨意加徵田賦稅收、苛待人民，百姓在忍無可忍的情況之下，終於爆發大規模的人民武裝暴動。這些失控的暴民劫掠官府、攻陷城堡、誅殺官吏，而各地生活不下去的災民也開始聚集，使得民變聲勢有如滾雪球般迅速擴大。在這些反抗團體中，以在七月最先率眾起義的王嘉胤聲勢最大，而自稱「大樑王」的王大樑集團，與自稱「闖王」的高迎祥集團也先後跟進竄起。到了年底時，陝北的這三股勢力已經合流，並以王嘉胤為領袖，開始將各地方官府當成劫掠的目標。

皇太極技巧性的取消了三大貝勒的值月

哥哥們太辛苦了，以後就不必再特地來值班啦

嘿！這樣我剛好可以睡晚一點，讚…

‥‥

後金廢除大貝勒值月　皇太極逐步收回汗權

元月，後金廢除了三大貝勒值月制度，大汗皇太極的權力更加強化。原本在努爾哈赤（清太祖）時期，就已經委任代善（努爾哈赤次子）、阿敏（努爾哈赤之姪）、莽古爾泰（努爾哈赤五子）、皇太極（努爾哈赤八子）等四大貝勒，按月輪流掌理國政。而皇太極繼位之後，便由其他三大貝勒輪流。在努爾哈赤原本的規畫之下，大汗雖然是後金國的國家領導人，但實際上的重要國事卻是要由八位貝勒共同商議的（目前其他四小貝勒年紀尚幼，所以由四大貝勒掌權），八貝勒甚至可以推舉或罷黜大汗。據推測，皇太極就是有感於其他三位年長的大貝勒分割了他的統治權，而且態度上也不是對他十分敬重，導致有些政令無法順利推行，所以才在繼位的三年後，技巧性的表示可將國家機務交由諸小貝勒代理，順利的廢除了此項制度。

陝西亂民流竄　官軍剿之不及

元月時，王大樑率領三千變民進犯略陽（陝西境內）並大敗官軍。之前一直隱匿民亂的陝西巡撫（陝西軍區司令）胡廷晏，終於不得不向大明政府奏報此事。但此時反抗軍領袖王嘉胤集團的人數，卻已經壯大到七、八千人之多了。固原（寧夏境內）一帶的兵士也因欠餉問題譁變，並集結成一股勢力，劫掠涇陽、富平（皆陝西境內）一帶。由於陝西一帶民亂勢力龐大，氣燄囂張，使得朝廷中竟沒有人願意接下三邊總督（寧夏、延綏、陝西戰區總司令）之職。後來左副都御史（副監察長）楊鶴終於勉強被任命為兵部左侍郎（國防部次長）、總督三邊軍務，率軍討伐變民。雖然楊鶴到任時，王大樑等流賊頭目已被官軍擒殺斬首，但繼之起的反抗軍卻越來越多，並在延安、榆林（皆陝西境內）一帶四處流竄劫掠，官軍剿之不及。

後金組織再造 文館畫分兩部

四月，後金政府將原先協助大汗起草文書詔令的文館，正式依工作性質分成兩個部門：漢文書籍之翻譯部門由巴喀什（博士）達海主領，負責每天記注後金大事的部門則由巴喀什庫爾纏主領。兩部門除主領事務外，仍然負責起草國書、政令，以及章奏之出入。編制方面，在巴喀什之下，設筆帖式（辦事文官）若干人，其下又有不定員額之助理或實習生。

尚方寶劍對決　袁崇煥計斬毛文龍

據記者所得到的最新消息顯示，督師薊、遼、登、萊、天津軍務（薊、遼、登、萊、天津戰區總司令）的袁崇煥，已於六月五日持尚方寶劍，將駐守皮島（朝鮮境內）的平遼總兵官（軍長）毛文龍問罪斬首。雖然崇禎帝朱由檢（明思宗，明莊烈帝）對於袁崇煥先斬後奏的行徑十分不高興，但礙於毛文龍已死，而遼東戰線又必須借重袁崇煥的現實考量，也只好在袁崇煥的請罪疏上批示「不必引罪，一切處置事宜，遵照敕諭行，仍聽相機行」，表示不予追究其擅斬大將一事。而袁崇煥之所以執意要斬殺毛文龍，主要是因為毛文龍的部隊難以節制，無法在他的「五年復遼」大計中扮演好適當的角色。六月一日，袁崇煥及隨行軍士一行人前往毛文龍的駐地巡視，連續四天和毛文龍展開長談，希望能將其部隊歸入指揮系統之中，但沒有任何結果。

尚方寶劍！
我贏了…

啊！等…等等…
我也有尚方寶劍…

不管！
先出先贏

袁崇煥用計以尚方寶劍斬殺了皮島總兵官毛文龍

到了六月五日，袁崇煥便以要舉辦士兵們的射箭比賽圍出會場，將毛文龍及其隨行官員一百多人邀至圍內觀賽，而將毛文龍的武裝衛隊攔滯在營外候命。一切布置成熟後，便請出御賜的尚方寶劍，宣布毛文龍的十二大罪狀，當場將其斬殺。隨後立即安撫毛文龍部屬，表明只斬毛文龍一人，其餘不問、照舊任職，並發下白銀十萬兩分賞給各島官兵，順利的安撫了皮島部隊的軍心。順帶一提的是，被袁崇煥請出尚方寶劍問斬的毛文龍，本身也有一把御賜的尚方寶劍，只可惜沒派上用場。

後金選拔漢人儒生
家主不得攔阻赴試

八月二十三日，後金大汗皇太極（清太宗）下令，各大臣家中之生員參加考選，家主不得攔阻。並於九月舉行考試，從各旗下為奴的儒生三百餘人中，考選二百人，分為三等候用。並在下一階段進行舉人的考試，以在漢人之中選拔出高階的文官。一般認為，皇太極此舉，表示將大量重用歸降的漢人文士，有效收聚可用人才，並逐漸減低漢人的反抗情緒。

後金繞道蒙古破關　重兵來襲北京戒嚴

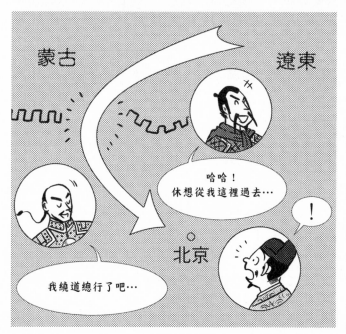

十月二日，後金大汗皇太極（清太宗）以蒙古喀喇沁部為嚮導，親統大軍會同蒙古諸部，避開大明督師（總司令）袁崇煥鎮守的錦寧防線，由蒙古地區兵分三路，對明長城的脆弱隘口發動突擊。一路由大安口、一路由洪山口、另一路由龍井進入長城。其實袁崇煥早就已經發現這幾個地方的防守兵力薄弱，並上疏請求中央政府加派部隊鎮守，只不過這些建議並沒有獲得崇禎帝朱由檢（明思宗，明莊烈帝）的重視。加上大明與蒙古邊境的敖漢、奈曼、喀爾喀巴林、喀喇沁等部都已歸附後金，所以後金部隊目前已經輕易破關，直逼遵化（河北境內）。距離遵化僅三百里的大明首都——北京（河北境內），也因受到直接的威脅而立刻宣布戒嚴。

後金八旗鐵騎擊敗大明守軍及入援的趙率教部隊，直逼薊州

八旗衝破遵化　袁軍千里入援

　　負責遼東軍務的大明督師（總司令）袁崇煥得知後金繞道入犯的消息後，等不及中央政府的命令，便立刻決定率兵千里入援京城。他先遣山海關（河北、遼寧交界）總兵（軍長）趙率教，率領四千精兵急馳三天三夜，希望可以在遵化（河北境內）阻截後金軍團。然後安頓好山海關（河北、遼寧交界）及防區的留守兵馬，以祖大壽為先鋒官，並親率九千兵馬往薊州（河北境內）移動。當趙率教的部隊先抵達了遵化以東的三屯營時，當地的總兵官朱國彥不准趙率教部隊進城。於是趙率教只好引兵再向西移動，就在此時，

正好與進軍遵化（河北境內）的後金兵遭遇，雙方激烈拚戰。在野戰上原本戰鬥力就不如八旗騎兵的明軍，最後慘遭殲滅，趙率教也中箭身亡。四日，後金兵攻陷遵化，守城的軍士潰逃，參將李櫃等將領力戰而死，巡撫（軍區司令）王元雅等多位官員自縊殉職。後金大汗皇太極（清太宗）讚賞王元雅的忠心，特別下令將其賜棺安葬。同時，三屯營也被攻破，副總兵官陣亡，總兵官（軍長）朱國彥穿戴整齊之後，西向叩首，與妻子一同懸樑自盡。隨後皇太極留下八百兵士駐守遵化城，然後大軍開拔，向薊州逼近。

人間煉獄!! 天旱無糧 飢民相食

據本報駐陝西記者表示,當地因為乾旱所導致的饑荒,已經讓整個地方如同人間煉獄一般。無糧可吃的百姓,先是吃野草為生,野草吃完了,就改以樹皮充飢。可是過不了多久,連又乾又硬的樹皮都沒得啃的時候,有些餓昏了的人就開始挖山中的白色石塊來吃。這種被拿來食用的白色石塊質地很軟,稍微加一點點水煮化,就會變成像稀飯一般可以填飽肚子。可是吃下去沒多久,就會在

新發售 石頭餐

災民首選

以白色原石熬煮而成! 軟爛易入口・有飽足感

無以為食的災民竟將石頭煮化後拿來充飢

肚子裡又凝結成石塊,而吃的人很快便會因腹部劇痛而死。不甘願就這樣吃石塊死掉的人,便開始群聚為盜賊,四處搶劫,連官府都無法制止。而最可憐的就是那些當不了盜賊的老弱婦孺,不但每天都有嬰兒被遺棄而死,就連大人只要在城外一落單,很快就會被飢民打死,然後骨頭被拿來當柴燒,肉則被煮了吃掉。而這些被吃掉的人很多又早就得了病,所以吃人者過不了幾天也會跟著暴斃。每一個縣城外,都挖了好幾個可容納數百人的大坑,用來掩埋這些屍體。但城外郊野又四散著數不清的無名屍,隨處可見都是屍臭熏天、令人作嘔的可怕景象。

崇禎帝倉促布防 孫承宗三改其命

後金大汗皇太極(清太宗),探知大明督師(總司令)袁崇煥想要在薊州(河北境內)阻擊後金的計畫之後,立刻改變前進路線,繞過薊州向西移動,進攻三河、臨順、義城等地(皆河北境內)。大同總兵官(軍長)滿桂等率領本部兵馬入關助戰。在城外與後金兵發生戰鬥,但被擊敗,只好逃奔京師重整陣容。不久,八旗兵攻破這三座城,又推進到通州,渡河在城北紮營。原本已受命駐守通州的前內閣大臣孫承宗,在崇禎帝朱由檢(明思宗,明莊烈帝)召見後,得命改為總督京城內外守禦事務。孫承宗出宮之後,立刻巡視都城,準備應付後金軍的來犯。但是到了第二天半夜,崇禎帝朱由檢卻又突然傳旨令其鎮守通州。於是孫承宗又急忙的在二十幾名騎兵的護衛之下,在烽火之中來到通州城下。原本守門的將士還不讓他進去,最後花了一番工夫才終得進城。隨後立刻調兵遣將,除了加強守備外,並緊急調遣密雲及保定(皆河北境內)的駐軍,協助防衛都城的東直門及廣寧門,同時趁隙收復了馬蘭及三屯兩座城池。

大明遼軍建功 袁帥逼退後金

　　根據最新的戰況報導，遼東督師（總司令）袁崇煥之前進駐薊州（河北境內）的部隊，已緊急調往京師協防。十一月二十日，總兵官滿桂與後金軍在德勝門外激戰，城上守軍原本想以大砲助戰，卻因操練不熟，反而誤擊滿桂的將士，滿桂也被擊傷。而廣渠門外的戰況更是激烈，袁崇煥及祖大壽帶領著九千名士兵，與後金的主力軍團展開浴血肉搏。經過一整天的衝殺奮戰之後，袁軍以寡擊眾，不但將八旗軍逼退三十里，還造成後金貝勒阿濟格（努爾哈赤十二子，皇太極弟）重傷，而袁崇煥本人的鎧甲上則也是滿布箭羽。後來八旗軍退去，滿桂部隊獲准進入德勝門的甕城內整休，袁崇煥的部隊則仍然繼續留在原地待命。

皇帝冀圖振威退敵　兵部尚書被捕下獄

　　十一月二十三日時，崇禎帝朱由檢（明思宗，明莊烈帝）在皇極殿平台召見袁崇煥與滿桂，會議中遼東督師（總司令）袁崇煥請求讓所部兵士，可以像滿桂的部隊一樣進甕城整休，但崇禎帝並不答應。袁崇煥又請求讓部隊可以在外城之內駐紮休息，也同樣不准。所以會後袁崇煥只好讓部隊在城外東南角紮營，拖著疲憊的身軀與清兵列陣對峙。據不願透露身分的大明政府核心高層表示，崇禎帝之所以不肯讓袁崇煥的部隊進入城中，主要是對他放心不下，因為畢竟袁崇煥的部隊可是未經召喚就徑自入京的。

哈哈哈…朕已經把我們的兵部尚書關起來了，快逃命吧你…

…．．

這是什麼怪招，莫非有詐…

崇禎希望以重懲兵部尚書的方式來表達他的決心，好讓敵人嚇得自己退兵

不過，最慘的人要算是兵部尚書（國防部長）王洽了。因為同一天，當朱由檢因情勢緊急向眾臣詢求良策時，竟有人建議應該仿效當初一五五○年蒙古肆掠京城周圍時，世宗皇帝斬殺兵部尚書丁汝夔一樣，讓所有將士震悚，而強敵自會連夜逃逸無蹤。朱由檢認為這個方法很好，便下令把兵部尚書王洽關入獄中。

北京城守軍久未習戰，對於許多重兵火砲的使用方法都沒有人知道

重兵火砲沒人會用 北京城命運堪憂

本報駐北京的記者發現，在庶吉士（核心高級官員儲備生）金聲的推薦之下，崇禎帝朱由檢（明思宗，明莊烈帝）竟然任命了一個自稱會造戰車、名叫申甫的和尚為副總兵官，並給他銀錢招募了數千個士兵，用來守衛京城。不過，根據調查，申甫本身並無任何軍事實戰經驗，充其數只是個模型玩家。而且他所招募的那些人，都是市井中游手好閒之徒，根本毫無戰鬥力可言。就連大學士（皇帝高級秘書官）成基命在檢閱了這支部隊之後，都向朱由檢回報說「不可用」。只是朱由檢不聽，還是執意相信申甫的戰車可以勝得了八旗的騎兵，仍舊下令讓這支新軍出城保衛首都。不過，這可能不是最糟的，因為聽說京師的部隊由於已經一百多年沒有實戰過，所以不但戰鬥力低落，就連兵器也都鏽壞嚴重。更誇張的是許多守城用的火砲及重兵器，都沒有人知道如何操作，也難怪之前滿桂會被自己人所傷。看來，整體的情勢對北京城來說，可說是越顯嚴苛了。

號外!! 北京城火線最驚人消息
主帥袁崇煥涉通敵下獄

我告訴你一個秘密，千萬不能讓別人聽見哦

對啊！要是被奸細聽到回去告密，那我們的軍隊就完蛋了…

兩個從後金大牢逃回北京的太監，向崇禎帝告發了袁崇煥密謀通敵的情報

就在遼東督師（總司令）袁崇煥在十一月底，又於左安門再次擊退後金大汗皇太極（清太宗）所親率的部隊之後沒幾天，北京城的攻防就出現了令人意想不到的大轉折。十二月一日，由於兩名之前被後金軍捕獲而逃回的太監，向崇禎帝朱由檢（明思宗，明莊烈帝）密告袁崇煥和皇太極之間有密謀。加上又有官員上奏彈劾，朱由檢便堅信袁崇煥謀反屬實。於是崇禎帝就以議餉為由，於平台再次召見袁崇煥，並將其逮捕，下錦衣衛獄。然後命總兵官（軍長）滿桂總理關、寧的兵馬，繼續抵禦後金的進攻。而與袁崇煥一同入宮的總兵官（軍長）祖大壽，則是被嚇得出來後，便於十二月四日率領所部軍隊，出奔山海關（河北、遼寧交界）逃亡去了。據記者深入調查後發現，袁崇煥之所以下獄，其實是中了皇太極所用《三國演義》中，第四十五回「蔣幹盜書」的反間計。之前皇太極故意派人在監禁俘虜的牢房中對話，說袁崇煥早已和皇太極有密約攻取北京，而且馬上就要成功了。然後再把被俘的這兩個太監放走，讓他們回去向朱由檢報告這個假情報。這個原本拙劣的手法，卻意外的獲得了大成功，除去了皇太極進軍大明的唯一強敵。

想要落跑!? 皇帝要求獻馬 似有遷都打算

十二月十日，崇禎帝朱由檢（明思宗，明莊烈帝）因為不斷傳來各路兵馬退敗的消息，感到十分憂慮，便不再上朝聽政，而下令宮中的太監及百官進獻馬騾。對於這項舉動，一般解讀是皇帝有遷都逃跑的打算，所以需要大量的馬騾來運載宮中的貴重之物。順天府尹（首都市長）劉宗周在得到消息後，立刻入宮上疏諫止並跪伏於地，希望皇帝能接見百官，諭令堅守以安人心。他從清晨就跪在地上，等待崇禎帝朱由檢（明思宗，明莊烈帝）的答覆，一直到了黃昏得到回應才肯退出宮門。而獻馬一事也就此結束，不再施行。

祖大壽領兵出走 崇禎帝同意撫慰

明總兵官（軍長）祖大壽領兵出走的消息震驚明廷上下，崇禎帝朱由檢（明思宗，明莊烈帝）苦無對策，只好派人要關在獄中的袁崇煥寫信召祖大壽回來。已請准移師山海關（河北、遼寧交界）的孫承宗拿到袁崇煥的手信之後，便讓總兵馬世龍將此信帶給祖大壽，並勸其應立即上疏以說明領兵出走的理由，並立功以贖袁崇煥的罪。祖大壽下馬捧信而泣，答應領軍入關隨同孫承宗對抗後金，同時並立刻上疏陳述。不久後，祖大壽獲得崇禎帝朱由檢（明思宗，明莊烈帝）降旨撫慰，事件暫時告一段落。

好啦…朕不追究你的罪了，快回來吧…

真的嗎？不能反悔哦

崇禎帝同意下詔安撫率兵出走的祖大壽

沒了對手 永定門八旗急攻 滿桂戰死 北京城深陷危機

你們就沒有像樣一點的人了嗎？

袁崇煥被捕下獄後，大明已經沒人擋得了皇太極

十二月十七日，原本被袁崇煥所敗，暫緩攻打北京的後金軍團，在奪下良鄉、固安（皆河北境內）等縣城之後，確認袁崇煥已經被捕下獄，便又回到盧溝橋對北京城發起攻擊。剛由和尚變成副總兵（中高階軍官）的申甫在橋上連接戰車為陣，以抗拒八旗軍的進攻。但是後金部隊卻繞過車陣從後面突擊，駕車的人驚慌失措，連車輪都不會轉動。就這樣，申甫的戰車營被全數殲滅，後金軍團繼續向南進逼永定門。而滿桂在崇禎帝朱由檢（明思宗，明莊烈帝）不斷派人催促下，只好硬著頭皮移師永定門，和數量占優勢的八旗軍團正面對決。八旗精銳騎兵從四面向中央發動凌厲的攻勢，滿桂不敵戰死，所屬部隊潰敗。崇禎帝朱由檢（明思宗，明莊烈帝）急令馬世龍代滿桂遺缺，統率四方援兵，繼續抵抗後金的攻擊，北京城陷入前所未有的危機。

呼～總算走了，待會兒幫朕安排到行天宮去收一下驚…

要不要改去天后宮呢？聽說還送光明燈和免費安太歲哦…

後金兵團終於在年初撤軍北歸，令崇禎帝大大的鬆了一口氣

安撫政策失效　亂民四處淫掠

　　陝西一帶的亂民，雖然在攻擊韓城（陝西境內）時被參政（中高階軍官）洪承疇所帶領的官軍俘擄並殺死三百多人，但竄逃的亂民又不斷的集結一些叛逃譁變的士兵，使得聲勢不減反增。總督（戰區總司令）楊鶴見流賊氣勢日益囂張，還將各地受劫掠的情形隱匿不報，而採用招撫的方法。流賊王虎、小紅娘、一丈青、剷地虎、混紅龍等人，都收到了官方的免死牌並獲得安置。只不過這樣的安撫似乎沒有起太大的效果，亂民集成的部隊依舊四處淫掠如故，而相關政府部門也都不敢加以過問。

後金再奪永平四城 終於議和班師北歸

　　明軍在袁崇煥被捕下錦衣衛獄之後，戰事接連失利，永平、遷安、灤州、遵化（皆河北境內）陸續被破，守城將官多戰死。所幸後金在接下來的鳳凰店、昌黎、撫寧（皆河北境內）等地攻勢受挫，又有幾處地方降而復叛，所以後金大汗皇太極（清太宗）便決定與明議和，並於二月十四日率領大軍班師北歸，只留阿巴泰（努爾哈赤七子，皇太極兄）分兵留守永平、遷安、灤州、遵化等地，並預計在三月初時，再令二貝勒阿敏（努爾哈赤之姪，皇太極堂兄）回到永平替換守城。

流賊竄入山西
大明政府頭痛

三月時，大明朝廷收到報告，原本在陝西肆虐的亂民，已經渡過黃河進犯山西。亂民攻陷蒲縣（山西境內）之後，分兵向東劫掠趙躊、洪桐、汾州、霍州，向西攻陷石樓、永和、吉州、隰州（皆山西境內）等地。面對亂民為害區域的不斷擴大，政府迄今為止尚未提出任何有效的處理方案。

洪承疇升巡撫
受命專剿亂民

陝西境內的民亂可說是越演越烈，一支由王嘉胤所帶領的亂民集團目前已攻陷府穀（陝西境內），而另一支由「八大王」張獻忠所帶領的部眾，也在米脂（陝西境內）一帶進行掠奪，並與王嘉胤相互聲援。大明政府只好緊急任命之前表現不錯的洪承疇為延綏巡撫（延綏軍區司令）、杜文煥為總兵官（軍長），前往征討亂民，企圖穩定局勢。

明軍發動反擊　阿敏屠城退走

五月十二日，鎮守山海關（河北、遼寧交界）的孫承宗率領著馬世龍、祖大壽等部隊，開始對後金展開反擊。這支極具戰鬥力的軍團，先連續收復灤州、遷安、永平等城，然後推進到遵化（皆河北境內）一帶。奉皇太極（清太宗）之命留守遵化的後金二貝勒阿敏（皇太極堂兄），則是因為手上的兵力不足而敵軍又來勢洶洶，所以便決定棄城而走。不過，在離開之前阿敏竟然還下令屠城，然後手上抱著搜括劫掠而來的大批財物，腳下踩著滿地未乾的腥臭血水，全軍揚長而去。

咦？
不是要你留在遵化嗎？
怎麼跑回來了…

沒辦法，明軍發動
反攻，我兵力不足

那你就把城裡的人
全都丟下不管了嗎？

才沒呢！我把人全殺了

二貝勒阿敏被囚　四尊佛只剩其三

快把那張椅子搬走，這樣位子寬多了

‧‧‧‧

真的吧‧‧‧

二貝勒阿敏被下令囚禁後，「四尊佛」中只剩下
皇太極、代善、莽古爾泰三人並排而坐

　　在遵化（河北境內）屠城後逃回關外的後金二貝勒阿敏（皇太極堂兄），在日前被後金大汗皇太極（清太宗）以十六條罪狀給下令拘禁、並剝奪其旗主之位，將鑲藍旗改由濟爾哈朗（皇太極堂弟，阿敏之弟）主領。據後金汗國的發言人表示，阿敏之所以受到如此嚴厲的處罰，主要是因為違反軍令，未能守住已奪下的永平四城，導致皇太極原本預定於秋天草長馬肥之時，再次進軍的計畫整個被打亂。不過，也有資深評論家指出，皇太極這麼做，是有其政治上的理由的。因為依照後金目前的體制，皇太極雖然身為元首，但朝儀時卻必須與其他三大貝勒並排而坐，如同四尊佛般同時接受群臣的跪拜。而且其他三大貝勒又都是皇太極的兄長，所有大事又都是共同議定，所以自然在言行上也不是太尊重這位國家領導人。於是皇太極便趁這個機會，先將阿敏給弄了下來，然後再慢慢找機會對付大貝勒代善（皇太極兄）及三貝勒莽古爾泰（皇太極兄），一步一步朝著獨裁之路邁進。若真是如此，遭到拘禁的阿敏，恐怕是再也見不到外面的陽光了。

袁崇煥受磔碎屍萬段
老百姓爭食其肉洩憤

多次擊敗後金軍團，堪稱皇太極天敵的名將袁崇煥，於八月十六日，依崇禎帝朱由檢（明思宗，明莊烈帝）欽定的九條罪狀，在北京西市遭到凌遲處死。同時查抄家產，兄弟及家人則被流放三千里外。執行抄家的官員指出，袁崇煥死後家中並沒有留下什麼多餘的家產，可驗證其不愛錢、不收賄的傳聞屬實。據了解，之前袁崇煥在遼東任官時，連回廣東老家為父奔喪的路費，都還是同僚集資幫他籌措的。不過這樣一位為官不愛錢、征戰不怕死，又在北京城外擋下八旗軍團的傳奇

人物，在死的時候卻是被北京百姓所唾棄的。因為京城居民從現今主流媒體所得到的資訊中，後金部隊就是被袁崇煥所帶入關的，而且最後的判決結果也證明了他確實是個賣國賊，所以城中百姓無一不對袁崇煥恨之入骨。據聞，當袁崇煥遭受磔刑，北京百姓還爭先恐後搶他被切下來的一片片皮肉，甚至還有搶不到的人花錢用買的。然後配著酒沾著醬，一邊咒罵一邊把他的肉塊或腸子給吞入肚中，以洩心頭之恨。

吾皇萬稅萬稅萬萬稅

雖然大明延綏巡撫（延綏軍區司令）洪承疇及總兵官（軍長）杜文煥所帶領的官軍，於九月底先後在陝西擊敗了王嘉胤及「八大王」張獻忠的反抗軍部隊。但各地的動亂仍是層出不窮，儘管官軍東西奔擊，但民亂始終旋滅旋熾，無法有效撲熄。到了十一月的時候，之前已經逃竄的亂民王嘉胤部隊，在集結後又再度打敗政府軍，然後入據河曲（山西境內）。但就在各地已經亂得不像話的情況之下，大明政府竟然又下令加稅，將每畝田的稅賦，除了之前已加派的九釐之外，再另加三釐。加上過去所增加的賦稅，將總計六百八十多萬銀子，拿來應付因戰事頻繁而入不敷出的嚴重財政赤字。不過，政府不斷的加稅，也勢必將更多的百姓逼上絕路，更加助長現在已經延燒各地的民亂之火。

紫金梁賊軍三十六營　二十萬亂民會集陝西

　　雖然洪承疇等大明官軍，於四月到七月間又在河曲（山西境內）等地擊敗亂民，並斬殺了首亂分子王嘉胤。但由於各地亂民戰敗則請求安撫，受撫之後沒多久便又逃竄而去，所以目前仍是四處為患。到了七月底，王嘉胤的餘黨王自用，又自號「紫金梁」，會集了以「闖王」高迎祥、「八大王」張獻忠為首的亂民三十六營，共二十多萬人在陝西會師，聲勢較以往又更為浩大。而剿賊有功的洪承疇，則被擢升為三邊總督（寧夏、延綏、陝西戰區總司令），以取代招撫無效的楊鶴。評論家認為，大明政府的這項人事異動，可以看出其對民亂的政策，已經由「撫」轉為「剿」了。

後金成功的仿製「紅衣大砲」，並成立「烏真超哈」重砲部隊

後金成功仿製大砲　烏真超哈黑旗成軍

　　去年（一六三〇年）八旗軍北歸班師時，因為從永平（河北境內）擄獲了許多的明軍砲手，以及會鑄造大砲的鑄匠，所以大汗皇太極便下令研發仿製明軍所使用的「紅夷大砲」。到了今年春天，終於仿製成功，但因為後金被漢人稱為「夷」，所以便將此砲改稱為「紅衣大砲」，並賜名「天祐助威大將軍」。同時將八旗中的漢人抽出，另編一旗，稱「烏真超哈（漢軍重砲部隊）」，旗色為全黑，由漢人額駙（大汗之女婿）佟養性掌理。軍事分析家指出，原本長於野戰，但於火砲武力上吃虧的後金部隊，在烏真超哈成立後，無疑是奪明軍之長以攻明軍，將使八旗軍團的作戰力更加提升。

代善子出痘病亡
皇太極移居避痘

後金皇室六月時又再度傳出痘疹（天花）肆虐的消息，大貝勒代善（皇太極兄）的兒子已證實於日前發病身亡，而大汗皇太極（清太宗）等人，也已移居到避痘所去暫時躲避疫情。據醫學專家表示，痘疹（天花）是一種非常可怕的傳染病，致死率極高，而且目前尚無任何藥物可以有效的治療。染病者會先出現高燒及劇痛症狀，然後約兩周後會出現皮疹，隨後化為膿皰。若膿皰出現後有皮膚變黑的現象，則患者

趕快閃人⋯

爸爸、叔叔⋯你們要去哪裡？

皇太極等人已移居避痘所，免得被傳染痘疹

多會死亡。幸運存活下來的，膿皰會開始收縮轉乾，然後在大約一個月後痊癒，不過會終身在臉上及全身留下永遠的瘢痕。據說，西方夷人（西班牙、葡萄牙人）在大約一百年前（約一五二○年至一五七○年間）入侵新發現的陸地（墨西哥、巴西）時，就因為把這種傳染病給帶進去，而前後造成了二千多萬名當地土著的死亡。

後金政府仿大明體制　設吏戶禮兵刑工六部

後金大汗皇太極（清太宗）因有感於各旗大臣營私舞弊，導致民怨四起，遂於七月八日下令仿明制設吏、戶、禮、兵、刑、工六部，以管理全國各行政事務，並直接向後金大汗負責。每部由一貝勒主管，下設承政（實際負責部務的部長）四人，其中滿承政二人，蒙古、漢承政各一人。其下設啟心郎（政風人事官）一人、參政（次長）八至十二人、筆帖式（辦事文官）若干。各部首長的安排，則由貝勒多爾袞（努爾哈赤十四子，皇太極之弟）管吏部（文官任免考核部），掌文官之任免與考核。貝勒德格類（努爾哈赤十子，皇太極之弟）管戶部（財政部），掌國家財政稅收。貝勒薩哈廉（代善子，皇太極之姪）管禮部（教育部），掌教育、科舉事宜。貝勒岳託（代善子，皇太極之姪）管兵部（國防部），掌國防軍備事務。貝勒濟爾哈朗（努爾哈赤之姪，皇太極堂弟）管刑部（司法部），掌全國之刑法。貝勒阿巴泰（努爾哈赤七子，皇太極兄）管工部（國家工程部），掌國家之工程建設。

女真漢化又進一步！！

傳統收繼婚不得再行　禁止與母嬙嫂媳婚配

後金的婚嫁習俗，在今年政府發布了「禁止收繼婚」的禁令後，將有重大改變。原本女真、蒙古等部落都有收繼婚這種習俗，也就是婦女在丈夫死後，會由本家族或宗室內的人繼娶。造成新娘是自己的繼母、伯母、嬸母，或是兄嫂、弟媳，甚至媳婦的情形。後金大汗皇太極（清太宗）因收納了不少漢人儒士，所以也受到漢人文化的影響，認為收繼婚的傳統有違天倫。所以下令

好久不見啊…咦？這位不是您的繼母嗎？怎麼…

嘻！我老爸死後，我繼母就變成我的老婆了…

女真人繼娶宗族遺嬙的傳統已遭到後金大汗皇太極下令禁止

從今以後，若女子喪夫而欲守家養子不再嫁者，由宗室矜養。若要再嫁者，則宗室需尊重其選擇，另嫁給他姓之人。若再有嫁娶宗族內喪偶之婦女者，其行為就有如禽獸一般，男女雙方都要以通姦罪論處。

遼東烽火再度起　後金兵圍大凌河 ⋯⋯⋯⋯

後金大汗皇太極（清太宗）在經過了三個多月的偵查後，決定於八月初，親領八旗與蒙古軍團，並帶著四十門剛仿鑄成功的「紅衣大砲」，前往攻打尚未修築完成的大凌河城（遼寧境內）。此時正在監修大凌河城的總兵（軍長）祖大壽，聽聞後金部隊逼進的消息，立刻布置好「紅夷大砲」，率領著一萬四千名精兵，及一萬多名的工人百姓，閉門加強守備。而皇太極方面，因為前幾次攻城時都吃了大虧，深知城上火砲的厲害。於是改變戰略，換成「圍城打援」的作戰法。也就是利用重兵把大凌河城團團圍住，以消耗城內的糧食及戰鬥力，然後在平野上殲滅來援的明軍。於是下令在城四周掘壕築牆三道，命兩黃旗在北、兩白旗在東、兩紅旗在西、兩藍旗在南，將大凌河城團團圍住。然後命烏真超哈（漢軍重砲部隊）用紅衣大砲切斷與錦州（遼寧境內）之間的交通要道，以阻截大明援軍。

正藍傷亡慘重爆怒氣　莽古爾泰強碰皇太極

據記者所得到的獨家消息，正在圍攻大凌河城的後金指揮大營，日前發生嚴重的領導階層衝突事件。三貝勒莽古爾泰（努爾哈赤五子，皇太極兄），因不滿圍城部署不公平，導致他的正藍旗部隊傷亡慘重，而與大汗皇太極（清太宗）發生嚴重的口角。由於正藍、鑲藍兩旗受命負責城南的防線，剛好擋在大凌河城前往錦州（皆遼寧境內）的方向，所以數度與想要突圍的祖大壽軍發生激烈的肉搏戰。雖然明軍未能突圍而出，但已對兩藍旗造成極大的殺傷。因此莽古爾泰便要求取回支援兩白旗的正藍旗護軍兵力，並與其他旗調換防區。但皇太極不但不同意，還反過來質問說：「我聽說你的正藍旗每次執行任務，都常有違誤，你最好自己反省一下。」這時，莽古爾泰的怒氣也上來了，大聲回辯說：「是哪一個人胡說的？我只知道我手下被差遣任務的人，都是別旗的好幾倍。」皇

太極聽了拍桌大罵：「那好，咱們就來查，如果證實是有人誣告，我立刻就把那人宰了。但如果經查屬實，你旗下那些被告者就別想沒事。」說完，滿臉怒氣的皇太極便要起身乘馬，而情緒失控的莽古爾泰則手按佩刀，兩眼發出怒光狠狠瞪著皇太極，用更大的聲量罵說：「你為什麼一直刁難我？是看我好欺負，想殺了我嗎？來啊！」這時在一邊的德格類（努爾哈赤十子，莽古爾泰同母胞弟）看情形不對，立刻上前大聲斥責說：「你在幹什麼！太無禮了，還不快退下！」還往莽古爾泰臉上揮了一拳。哪知這時已失去理智的的莽古爾泰，暴怒之下居然就在皇太極面前把刀拔了出來。德格類為免事情變得無法收拾，立刻上前把莽古爾泰架出帳外。雖然當天晚上莽古爾泰就自己跑到皇太極大營，以白天飲酒過量導致狂言失態為由請罪，但似乎並沒有被皇太極所接受。

本報記者獨家拍攝到莽古爾泰在皇太極面前拔刀抗議的照片

瘋狂地鼠

可惡！打了又來

RECORD 5204
SCORE 0013

咚！
咚！
咚

各地反抗軍像打不完的地鼠一樣，降而復叛

降而復叛！！ 各地流賊難搞

雖然洪承疇九月時進入山西追逐亂民，連連獲勝，並擒斬變民部隊頭領「點燈子」趙四兒，使得「八大王」張獻忠、「曹操」羅汝才等都相繼請降。但洪承疇才剛一轉身回陝西攻擊「不沾泥」張存孟等部亂民，張獻忠、羅汝才等便又復叛，與其他亂民一同在山西地區燒殺劫掠。同時，陝西地區「混天猴」的亂民，也攻陷甘泉、宜君、葭州（皆陝西境內）等地。預估入冬降雪之後，勢必讓更多飢餓難耐的百姓投入反抗軍集團，使得變民盜賊更加猖獗。

援軍四萬全被殲滅　大凌孤城缺糧苦守

大明遼東督師（遼東戰區總司令）孫承宗在收到大凌河戰報之後，便立刻調派遵化總兵（軍長）吳襄、山海總兵宋偉前往增援祖大壽。但由於後金早有埋伏，吳襄、宋偉二人的行動又不能相互協調，於是在八旗鐵騎衝殺和烏真超哈（漢軍重砲部隊）重砲轟擊下，四萬名援軍全數被殲滅，吳襄僅勉強隻身逃出。後金隨後於十月初，又攻下大凌河城北五十里的于子章台（用來聯繫軍情的烽火台），得到存放於其中的大量儲糧。相較於後金兵團糧食有了著落，大凌河城中的守軍可是苦不堪言。苦無外援，城內糧草又已耗盡，可以說是只憑著一口氣在硬撐著。而皇太極也就抓準了這個弱點，不派兵攻城，只是以書信不斷的勸降祖大壽。一般預估，祖大壽若不投降的話，就只有選擇出城與八旗軍硬拚，然後全軍戰死一途了。

喂！你怎麼都不攻城？

大凌河

我只要擊退各路援軍，然後把你困死在城裡就好了…

莽古爾泰定罪
革去大貝勒銜

之前後金三貝勒莽古爾泰（皇太極兄）拔刀冒犯大汗皇太極一事，又有新的發展。經大貝勒代善（皇太極兄）及諸貝勒商議之後，擬將莽古爾泰以御前持刃之罪，革去大貝勒的頭銜，降居諸貝勒之列，同時奪去五牛条屬人（一牛条為三百人），並罰馬十四、銀一萬兩。政治分析家認為，皇太極（清太宗）早就有意逐步削去諸大貝勒的實權，這次莽古爾泰愚蠢而魯莽的行為，剛好可以讓皇太極在除去二貝勒阿敏（皇太極堂兄）之後，找到一個可以拿來開刀的藉口。如此，當初同時南面而坐的「四尊佛」中，除了大汗皇太極之外，就只剩大貝勒代善了。

就只剩下我們倆相依為命啦…

……

嗚…

無法再守 凌河開城獻降 真假難辨 大壽逃奔錦州

已被後金大軍圍困了三個月的大凌河（遼寧境內）明軍，已因缺糧而出現重大危機。原本一開始城內還有三萬多名的兵士及百姓，以及七千匹的戰馬，到了現在卻只剩下一萬出頭的人和不到四十匹的馬。人員、馬匹若非早被活活餓死，就是被別人殺了吃掉，甚至連吃剩的骸骨都還被拿來充當燃料使用。就這樣一直撐到十月底，城中守將不得已只好開城獻降，僅有總兵（軍長）祖大壽帶著二十幾名衛隊，逃往錦州城（遼寧境內）。而對於大凌河的歸降諸將，後金大汗皇太極（清太宗）已表示將給予優渥的待遇並加以重用。十一月九日，後金部隊在摧毀大凌河城之後，帶著繳獲的三千五百門大小火炮、無數的火藥砲彈、以及剃頭歸降的軍民百姓，開始撤軍班師。不過，據目擊者表示，其實在十月二十八日，祖大壽就與城內各官同謀歸降，並殺死誓死不降的副將何可綱，然後於當晚親自到皇太極（清太宗）帳中請降。但祖大壽以他的妻子尚在錦州城內為由，留下兒子為人質，在皇太極的同意之下，以間諜的身分，佯裝敗兵逃入錦州城中，以伺機賺開城門。只不過後來因為錦州城守備森嚴，祖大壽雖然進了城，卻苦無下手機會，所以後金軍才又放棄錦州離去。不過祖大壽方面已經表示這一切都是權宜之計，他本人並無降清之意，一定會死守錦州，不讓後金越雷池一步。目前大明政府已經採信他的說法，而後金方面則沒有發表任何的聲明。

大明太監又督兵　宦官死灰再復燃

　　崇禎帝朱由檢（明思宗，明莊烈帝）在九月派遣宦官監督山海關（河北、遼寧交界）、寧遠、薊鎮、宣府、大同、山西的兵餉，以及戶部、工部的錢糧後，又於十一月再派出太監監視陝西茶馬、登島兵糧與海禁等事務。雖然朝臣聯合上疏極力勸諫，但崇禎帝朱由檢（明思宗，明莊烈帝）始終不聽。不但如此，朝中官員若有言及宦官者，則多獲罪被罰。崇禎帝朱由檢（明思宗，明莊烈帝）還為此生氣的責罵官員說：「你們這些大臣辦事如果能盡心一點，把自己的事情做好，我還需要用到這些太監嗎？」由眾臣聽了之後都不敢吭聲的情況看來，在魏忠賢被誅後一度消弭的宦官勢力，似乎又開始逐漸抬頭，有死灰復燃的現象。

崇禎帝又命太監四出督兵，令各地將領感到備受牽制

大清時報

GREAT QING TIMES

西元一六三二年

壬申

明‧崇禎五年　後金‧天聰六年

皇太極南面獨坐　統治權歸於一統

我坐到下面去就好了，
那裡也有 VIP 的位子，
還有免費的可樂和爆米花

真的不和我一起坐了嗎？
可別客氣呢…

大貝勒代善主動奏請皇太極南面獨坐，以免自己步上阿敏和莽古爾泰的後塵，被當成眼中釘

　　由於莽古爾泰（皇太極兄）已於去年（一六三一年）十月被革去大貝勒頭銜，無法在朝儀時再與大汗皇太極（清太宗）、大貝勒代善（皇太極兄）等並排南面而坐。所以深知政治圈進退分寸的代善，便主動奏請皇太極獨自南面而坐，他則與莽古爾泰侍坐於側，然後才是其他諸貝勒。對於這個剛好撓到心中癢處的提議，皇太極當然是欣然接受，從此一手完全掌控後金的統治權。所以在元月初一時，皇太極便改成南面獨坐受禮，同時將朝儀時八旗貝勒以往依年齒排序的位置，改成以旗分排序來站定位置。分別是：左翼鑲黃旗第一、右翼正黃旗第二；左翼正白旗第三、右翼正紅旗第四；左翼鑲白旗第五、右翼鑲紅旗第六；左翼正藍旗第七、右翼鑲藍旗第八。

孔有德叛明 萊州城告急

原是明軍登萊巡撫（登萊軍區司令）孫元化部下的游擊（中高階軍官）孔有德，在去年底受命領兵援救大凌河（遼寧境內），行經吳橋（河北境內）時因兵士譁變，而與李九成、耿仲明等人聯合叛變，目前已對萊州（山東境內）造成重大威脅。據瞭解，孔、李、耿三人原為毛文龍的手下，孔有德是毛文龍義子，名喚毛永詩；李九成、耿仲明是毛文龍的義孫，名喚毛有功、毛有傑。在毛文龍被袁煥斬殺之後，調撥至孫元化麾下。孔有德叛後，由於山東巡撫（山東軍區司令）余大成、及孫元化都主張招降安撫其部隊，所以下令轄區中凡叛軍所經過的州縣，都不要出兵攔截或襲擊，結果反而讓叛軍勢力持續坐大。今年年初，孔有德以耿仲明為內應，在半夜裡由登州（山東境內）東門進入，輕易的攻陷登州。接收了二十多門紅夷大砲及三百多門各式火砲、兵士七千多名、馬三千匹、餉銀十萬兩、戰船百餘艘，勢力為之大振。隨後，原屬毛文龍舊部的許多官軍又先後趕來登州歸附，擁孔有德為都元帥、李九成為副元帥、耿仲明為總兵官。不久又在黃縣、新城（皆山東境內）等地擊敗來援的明軍，然後圍攻萊州城。但由於官軍憑城堅守，所以目前孔有德的叛軍部隊仍在持續圍城中，沒有進一步的動作。

改進老滿文多項缺點 大汗下令再造新滿文

後金大汗皇太極（清太宗）於三月一日，命文館領袖巴克什（博士）達海，以努爾哈赤（清太祖）於一五九九年命額爾德尼和噶蓋創製的老滿文為基礎，改進諸多缺失，製成新滿文。其實，女真族曾在一一一九年，由完顏阿骨打（金太祖）命完顏希尹造女真大字。一一三八年時，完顏亶（金熙宗）又下令製女真小字，並於一一四五年頒用。女真字是以漢字做為基礎的契丹大字變換而成，為音義兼具的方塊文字。但隨著金國被蒙古所滅，女真文字便逐漸被蒙古文字所取代，到了十五世紀中，女真文字便已失傳。努爾哈赤興起後，鑑於公文書和頒布政令，都必須由漢人龔正陸以漢文起草，再譯成蒙古文發布，形成說女真語寫蒙古文的矛盾現象。所以在一五九九年時，便令額爾德尼和噶蓋參照蒙古字母，根據女真語音，創造出可使語言和文字統一的拼音滿文，又稱為老滿文。但是老滿文沒有圈點、字元不足，常造成如塔達、特德、箭哲等雷同不分、人名地名常混淆錯誤的問題。所以今年，皇太極又再令達海以老滿文為基礎來創製新滿文。據達海表示，可能會做的改進大概是編製十二字頭、加圈點以辨明清濁音、固定字形及音義，以及增設專為拼寫外來語的特定字母等項。相信完成之後，將可使新滿文的運用更加的便利。

皇太極長征 林丹汗遠遁 漠南蒙古盡歸後金

跑了這麼遠，皇太極應該不會再追到這來了吧…呼…呼…

本屆橫跨千里的極限馬拉松冠軍已經抵達終點了…

林丹汗為了躲避後金銳不可擋的兵鋒，千里奔逃到甘肅境內的青海大草灘

由於蒙古諸部反林丹汗者不斷倒向後金，後金大汗皇太極（清太宗）便決定聯合敖漢、奈曼、巴林、喀喇沁、科爾沁等部，於四月出兵大舉征討察哈爾蒙古。林丹汗聞訊後大驚，立即下令部民，凡有牛二頭以上者，都要捨棄故土隨之出逃。皇太極親率大軍深入蒙古內地，威風凜凜的追擊著塞外蒙古盟主林丹汗，迫使林丹汗逃到偏遠的青海大草灘（甘肅境內）去避難。而大部分不願跟著林丹汗逃亡的察哈爾部民，不是向後金投降，就是南下歸順大明。至此察哈爾林丹汗人心離散，漠南統轄權被完全摧毀，宣府（河北境內）、大同（山西境內）以北的塞外版圖盡歸後金所有。由於此役完全未與察哈爾主力開戰，整個四十一天的追擊過程中只斬一人、俘六人、獲馬、駱駝各一隻。所以在七月回程時，皇太極為了讓軍士有所俘獲，還特別繞路劫掠了大明的邊境要城宣府、大同兩地，於塞滿口袋後心滿意足的班師回到瀋陽（遼寧境內）。

孔有德一再以同意接受招撫為幌子，讓被騙的大明官軍吃足了苦頭

傻斃了!! 孔有德耍同樣手法 笨官軍卻一再上當

之前圍攻萊州（山東境內）的明叛軍孔有德部隊，因為攻城進度不如預期，便先留下一部分兵士繼續圍城，然後帶領著其餘的部隊向平度（山東境內）發動攻擊，並成功奪城。拿下平度之後，孔有德回軍繼續攻擊萊州城，但守軍亦不示弱，不僅從城上倒下滾燙的熱油及火球，還派出敢死隊出城衝殺，毀掉攻城的砲台，一時之間造成叛軍嚴重的傷亡。這時，受命討伐叛軍的兵部侍郎（國防部次長）劉宇烈，也在昌邑（山東境內）集結了二萬五千名步騎，對叛軍形成嚴重的威脅。不過，由於操盤的兵部尚書（國防部長）熊明遇決定招撫，坐鎮前線的劉宇烈缺乏謀略，再加上諸路將領怯懦不前。不但未

能把握進擊的時機，還每天十次派人前往招撫。最後讓孔有德摸清了底，以同意受撫當作幌子，然後暗中派兵從後面焚燬官軍的武器輜重，使得原本有勝算的官軍大敗而逃。七月時，孔有德再次又以假裝投降的招式，不知道第幾次的騙過官軍，俘擄了巡撫（軍區司令）謝璉。而崇禎帝朱由檢（明思宗，明莊烈帝）獲報後氣憤不已，便下令懲處相關的失職人員，其中兵部尚書（國防部長）熊明遇被罷官，督理山東軍務的兵部侍郎（國防部次長）劉宇烈、山東巡撫（山東軍區司令）余大成被解職並遭送邊境戍軍，被叛軍俘獲放還的登萊巡撫（登萊軍區司令）孫元化則被斬首示眾。

曹文詔關中發威
洪承疇暗阻敘獎

上半年聲勢浩大，接連攻陷宜君（陝西境內）、鄜州（陝西境內）以及華亭（甘肅境內）的陝西地區亂民，到了下半年終於氣數已盡，被三邊總督（寧夏、延綏、陝西戰區總司令）洪承疇及總兵官（軍長）曹文詔等官軍，接連在平涼、廣慶等地（皆甘肅境內）擊敗。關中一帶勢力龐大的亂民流賊至此都被消滅殆盡，令大明朝廷上下士氣為之一振。不過聽說，在甘陝一帶經歷了數十次殊死戰鬥，連續擊滅點燈子、李老柴、一條龍、掃地王等流寇，又生擒杜三、楊老柴，斬殺紅軍友、擊退李都司，接連立下大功的曹文詔，升遷一直受到總督洪承疇的壓制，遲遲未見敘功獎勵。有消息指出，洪承疇是因為嫉妒曹文詔立功過

我立下這麼多功勞，怎麼連一支記功或嘉獎都沒有？要是被我知道是你在搞鬼，我一定要你加倍奉還

絕對沒這回事，敘獎申請書我早就幫你送上去了，別再學半澤直樹講話了…

洪承疇怕曹文詔的功勞勝過自己，於是暗中阻撓其敘獎

多過大，怕他爬得比自己還要高，所以才加以阻撓。不過，當事者雙方都已對此傳聞加以否認。

明官軍終於睡醒　孔有德兵敗被圍

八月十九日，對於萊州城（山東境內）被圍一籌莫展的大明政府，終於決定抽調四千八百名的遼東駐軍，由總兵（軍長）金國奇、吳三桂（吳襄之子）等人率領入援萊州，對叛軍展開反擊。結果這次的行動總算讓官軍爭回了面子，在大敗孔有德部隊之後，於次日解除了將近七個月之久的萊州之圍。一擊得勝的政府軍隨後更進一步將敗逃的叛軍部隊圍困在登州城（山東境內）中，並計畫在城外築起一道三十多里長的圍牆，準備將叛軍困死在三面環山、一面靠海的登州城之中。看來，孔有德、耿仲明等叛軍，若不能從海面上逃出生天的話，就只有等著接受被殲滅的命運了。因為已經被騙過太多次的大明官軍，終於放棄招撫的念頭，決心一次將叛軍給清剿乾淨。

山西無大將　流賊勢又起

　　流竄到山西一帶的亂民「紫金梁」王自用、「闖王」高迎祥、「八大王」張獻忠、「曹操」羅汝才等部隊，因為主要的邊軍將領都調到關中地區剿匪之故，使得山西一帶防禦廢弛，而得以輕鬆的拿下大寧、隰州（皆山西境內）等地。加上關中地區的強寇一一被擊敗後，敗逃的餘黨又跑來投靠，使得山西亂民的聲勢日益強大。雖然明軍又加派部隊過來圍剿，但雙方互有勝負，目前亂民仍是四處流竄，不斷製造紛亂。

大海盜劉香劫掠沿岸 鄭芝龍受命征討舊友

　　由於一六二八年大海盜鄭芝龍受撫成為大明官軍之後，其昔日同黨劉香仍然持續不斷的在沿海肆虐。今年秋天，劉香又利用外國海船滋事的機會，不斷騷擾福建、廣東沿岸城鎮，還俘擄了前往招降的官員，並且進犯浙江。於是崇禎帝朱由檢（明思宗，明莊烈帝）便命海防游擊（海防軍中高階軍官）鄭芝龍出海追擊劉香。雙方在海上交火之後，互有傷亡，居於劣勢的劉香船隊遁走。軍事分析家指出，劉香雖然暫時敗走，但極有可能會和據有臺灣的荷蘭人勢力結合。若真是如此，則是鄭芝龍將面臨的最大考驗。

大明境內各地民亂四起，自取稱號的反抗軍領袖各據山頭，令官軍頭痛不已

第 二 章

稱霸遼東　大清建國

（西元一六三三年～一六四二年）

莽古爾泰傳死訊　德格類掌正藍旗

後金政府日前宣布，由於三貝勒莽古爾泰（努爾哈赤五子，皇太極兄）於春節前不久突然死去，所遺留之正藍旗旗主之位，由其同母胞弟德格類（努爾哈赤十子，皇太極弟）繼任，而後金大汗皇太極（清太宗）對此也表達了深切的哀痛之意。據正藍旗內部流出的消息指出，莽古爾泰自從大凌河之役犯了御前拔刀大罪，被奪去大貝勒名份後，便終日抑鬱寡歡，而健康狀況也隨著心情的低落而一日不如一日，最後終於暴斃而死。因此，額必倫（莽古爾泰之子）將父親的死，歸咎於皇太極的無情打壓。聽說額必倫甚至還曾對親信表示：「當初父親在大汗面前露刃時，如果我也在場，就一定會直接用刀把皇太極給砍了，然後再與父親一同自盡，省得落到今天這種下場。」不過，額必倫對此說法已經完全予以否認。

── 曹文詔山西平亂　盧象昇河北發威 ──

閻王⋯

替我申冤啊

這⋯都是誤會

善戰的盧象昇被變民部隊稱為「盧閻王」

由於山西一帶的亂民猖獗，對地方政府造成極大的傷害，所以大明中央於今年初特別授命總兵官（軍長）曹文詔，指揮山西、陝西等地的諸位將領討伐流賊。曹文詔領命後迅速東渡黃河，並斬殺亂民首腦之一的「混世王」，平定五台、孟縣、定襄、壽陽（皆山西境內）等地的動亂。而另一支竄入北京南郊的反抗軍集團，則是遭到了盧象昇的無情追剿。據事後逃亡的亂民描述，盧象昇在臨城破敵後，又在青龍岡設伏，然後在武安（皆河北境內）擊斬了十一名反抗軍領袖，奪得大勝。拚鬥期間，盧象昇奮不顧身，哪怕是刀箭逼近眼前也毫無所懼，座騎被砍倒了還與敵近身肉搏，越戰越勇。聽說，變民部隊還給他取了個「盧閻王」的綽號，現在各集團一聽到他的名號都急著避開，不想和他正面衝突了。

孔有德耿仲明叛軍　登州脫逃改降後金

自去年（一六三二年）秋天，就被大明官軍圍困在登州（山東境內）的孔有德部叛軍，因為無法再守，只好在今年二月的時候從臨海的一面突圍逃走。首腦之一的李九成於突圍時戰死，孔有德、耿仲明則率領著一百八十餘艘的兵船，載滿士兵及物資，成功從海上脫逃。行至旅順（遼寧境內）時，又遭到大明總兵（軍長）黃龍的水師截擊，手下多位將領及一千多名兵士因此被斬殺。落荒而逃的孔有德，帶著剩餘的一萬三千多人及六十餘艘船歸順後金。隨後後金大汗皇太極（清太宗）在瀋陽（遼寧境內）封孔有德為都元帥、耿仲明為總兵官，令其協同後金部隊於六月展開反攻，並奪下旅順口。

合圍破功 亂民再次流竄

原本在山西、陝西一帶作亂的反抗軍集團，由於受到總兵（軍長）曹文詔的強力進剿，到了夏季時已全數流竄到河南一帶。崇禎帝朱由檢（明思宗，明莊烈帝）為了能將亂民一舉殲滅，便下令曹文詔、王樸及河南本地的部隊，開赴武安（河北境內），

曹文詔被調任大同，使得好不容易形成的包圍網出現漏洞

與左良玉所率的部隊，在九月完成對亂民「闖王」高迎祥、「闖將」李自成、「八大王」張獻忠等集團的合圍。但是，就在官軍要開始收縮包圍網，對變民部隊展開殲滅戰時，事情又忽然出現了變化。就是朱由檢又得到情報，顯示後金大汗皇太極（清太宗）打算於明年春夏之間進襲大同（山西境內）。於是便緊急將曹文詔調任為大同總兵，以準備阻截後金軍團的入犯。而原本已經布置好的圍殲網便因此而出現一個大漏洞。十一月時，反抗軍集團向王樸詐降，然後趁著河水結凍之時，向南踏冰而過，成功的突破了官軍的包圍圈。反抗軍集團在澠池（河南境內）登陸後，又開始在河南、四川、湖南、湖北、陝西等地四處流竄。朱由檢在痛失一舉殲賊的良機後，決定統一剿賊之指揮權，於是便提升延綏巡撫（延綏軍區司令）陳奇瑜為兵部右侍郎（國防部次長）總督晉、陝、川、楚、豫軍務（山西、陝西、四川、湖南湖北、河南戰區總司令），準備對反抗軍集團進行下一波的大規模圍剿。

哈哈哈…就算
海神波塞頓也不是
我的對手啊…

鄭芝龍輕鬆擊敗荷蘭與海盜劉香的聯合艦隊，稱霸閩海

鄭芝龍海軍揚威閩海　荷蘭與海盜聯手失敗

　　由於航線屢被明海防游擊（海防軍中高階軍官）鄭芝龍阻斷，而遭受重大損失的荷蘭東印度公司（VOC）臺灣長官（VOC所委任的行政官員，負責全臺行政事務）漢斯‧普特曼斯，今年春天在廈門（福建境內）外海掃蕩海盜時，與鄭芝龍的海軍部隊發生激戰，但最後不敵落敗。事後雙方達成和解，普特曼斯承諾今後不再靠近中國沿海，並將中國與臺灣之間的貿易全交由鄭芝龍的船隊進行。

　　但由於此協議對荷蘭方面極為不利，普特曼斯便向東印度公司回報說：「一官（鄭芝龍）現在已經成為我們公司腳底下的一根利刺，非得想辦法拔除不可。」於是普特曼斯在十月時，便暗中尋求與另一海盜劉香合作，在料羅灣（福建境內）聯手對鄭芝龍發動攻擊。不過，鄭芝龍畢竟也是曾經橫行大洋的海盜，憑藉著過人的指揮經驗及優勢火力，又再次的擊垮了普特曼斯與劉香的海上聯軍。

大清時報

GREAT QING TIMES

西元一六三四年

甲戌

明·崇禎七年　後金·天聰八年

尚可喜攜軍降金

　　與孔有德、耿仲明等同為毛文龍舊部的明將尚可喜，在沈世奎接任皮島（朝鮮境內）總兵（軍長）後，便開始受到排擠。去年（一六三三年）尚可喜又發現沈世奎想要誣陷謀害他，於是便派部下前往瀋陽（遼寧境內），與後金洽詢投降之可能性。今年二月，尚可喜正式帶領麾下諸將，以及轄下五島軍資器械渡海歸降。後金大汗皇太極（清太宗）特別讓多爾袞（皇太極弟）前往迎接，並暫時將其部隊安置於海州（遼寧境內）。還賜給許多的珍寶，發還先前所俘虜的家人，任命為總兵官。

明將尚可喜繼孔有德、耿仲明之後亦攜軍投靠後金

後金再度開科取士　官名回復女真語

　　後金政府繼一六二九年考選二百名生員之後，今年三月又再度舉行了一次生員考試。放榜後共計取漢人生員一等十六人、二等三十一人、三等一百八十一人。四月時，又取滿、蒙、漢舉人共十六名。預計這批選出的生員、舉人，將成為後金政府中文職官員的骨幹。同時，大汗皇太極（清太宗）除了將國都瀋陽（遼寧境內）改稱為「盛京」之外，為了保護女真族傳統文化，又下令將漢語官名改為女真語。其中仿照大明之總兵官改稱「昂邦章京」、副將改稱「梅勒章京」、參將改稱「甲喇章京」、游擊改稱「三等甲喇章京」、備禦改稱「牛彔章京」。五月十日，又定八旗兵營及漢軍名稱，滿、蒙騎兵部隊稱「阿禮哈超哈」（驍騎營）、八旗步兵軍團稱「白奇超哈」（步軍營）、精銳衛隊稱「巴雅喇」（護軍營）、精銳衛隊之前哨兵稱「噶布希賢超哈」（前鋒營）、漢人重砲部隊稱「烏真超哈」（漢軍重砲部隊）。而漢人降軍則使用漢名，將孔有德、耿仲明所部稱為「天祐兵」、旗色為黑色鑲白邊，尚可喜部稱為「天助兵」、旗色為黑色圓心。

官軍得意忘形　亂民趁隙脫困

　　大明官軍在五省總督（五省戰區總司令）陳奇瑜的指揮下，花了半年的時間，終於在今年六月，將「闖王」高迎祥、「八大王」張獻忠、「闖將」李自成等反抗軍集團的主力四萬人，圍困在興安（陝西境內）的車箱峽。但原本大可一舉進擊，徹底消除民亂的機會，卻因陳奇瑜一時過於得意忘形，而誤信其詐降的計謀。而就在攻勢稍一停頓之際，反抗軍集團便又找到空隙突圍而出。據聞，崇禎帝朱由檢（明思宗，明莊烈帝）對此十分震怒，已將陳奇瑜給革職問罪，然後改以洪承疇接任五省總督之職，而洪承疇隨後也立即調集兵馬入陝圍剿。不過此時張獻忠、李自成等集團，早已流竄到河南去，令官軍頭痛不已。觀察家指出，大明官軍前後兩次未能在河南、陝西，將已成困獸之鬥的反抗軍集團剿滅，在時間上已經喪失了絕佳的時機。接下來亂民極可能會化整為零，分成數股向各地散開流竄，要真是如此，剿賊的難度勢必將大大增加。

皇太極二次入邊關　林丹汗病死大草灘

　　後金軍團於今年七月，再度大規模進犯大明內地，劫掠宣府（河北境內）、大同、朔州、應州、代州（皆山西境內）等地，對當地造成極嚴重的傷害。據瞭解，這次的大軍是由後金大汗皇太極（清太宗）所親領，他會集了女真八旗、蒙古各部的精銳部隊，以及新降的孔有德「天祐兵」、尚可喜「天助兵」，先於開平（內蒙古境內）會師，然後兵分四路南下攻明。其中皇太極親率一軍，由上方堡、經宣化（皆河北境內）、應州，直驅大同（皆山西境內）。阿濟格（皇太極弟）由巴顏朱爾格、經龍門口（皆河北境內），至宣化與皇太極合軍。另兩路則分別由獨石口（河北境內）、得勝堡（山西境內）破關而入。皇太極此行不但劫掠人口、牲畜、財物，還特別寫信給邊境各地的大明地方官員，威脅他們不得收降察哈爾餘部之人，否則就會對該地進行懲罰性的攻擊。軍事分析家認為，皇太極此舉可能是為了肅清察哈爾部林丹汗的勢力

對不起，把你丈夫逼死了

嗚⋯那⋯你要娶我⋯

皇太極要林丹汗遺孀竇土門福晉為妃

作準備，相信不用多久，便會發動大軍征討之前已經西逃的察哈爾部。不過，就在八月後金部隊班師後不久，皇太極馬上就收到消息，指出其蒙古最後的對手林丹汗，已在日前因痘疹（天花）死於青海大草灘（甘肅境內）。加上隨後又有察哈爾諸部前來歸降，其中有一部還是林丹汗的遺孀竇土門福晉所帶來的族人，而皇太極也表示將會娶竇土門福晉為妃，以鞏固雙方的關係。看來，蒙古、女真兩股善戰的塞外勢力，就即將要統一在天聰汗皇太極的手下了。

大清時報

GREAT QING TIMES

西元一六三五年

乙亥

明・崇禎八年　後金・天聰九年

李自成化被動為主動　亂民焚燒明皇室祖陵

今年開始，反抗軍集團一反被動逃竄的常態，主動出擊大明政府的各大都市以及軍事要地，連續攻克固始（河南境內）、潁州（安徽境內）等地。更令政府感到震驚的是，變民部隊竟然於元月十五日當天，當崇禎帝朱由檢（明思宗，明莊烈帝）正沉浸於元宵佳節的歡樂氣氛時，攻陷了明太祖朱元璋的故鄉鳳陽（安徽境內），並一把火將大明王朝的祖陵全給焚燒殆盡。而朱由檢在聽聞此一噩耗之後悲痛不已，隨即下令加洪承疇兵部尚書（國防部長）的頭銜，並限期在六個月之內務必剿滅亂民。據記者所得到的消息，

反抗軍集團之前由於受到洪承疇追剿的壓力，原本各自為政的集團領袖竟然齊聚榮陽（河南境內），進行了一次史無前例的會議以研商因應之道。會中李自成提出了應改被動流竄為主動出擊，兵分多路進攻政府各大重點地區的提議。在所有與會領袖都無異議的通過之後，便依計畫，有組織的對大明政府施以沉重的打擊。一般認為，原本被認為是一群烏合之眾的民亂組織，很明顯的已經朝組織化的方向演進，當其成功的整合之後，官軍將逐漸失去原有的優勢，也將讓剿匪這一件事情變得更加棘手。

我昨天夢到祖先的遺骨被燒了…

大概是您昨晚睡覺前看了「幽靈騎士」的DVD吧…

GHOST RIDER

亂民攻入大明太祖朱元璋的故鄉鳳陽，並放火焚燒皇室祖陵

蒙古八旗成軍　多爾袞軍西征

　　後金汗國於今年二月時，將原先零散歸附、散於女真各八旗中的蒙古牛条，以及新歸降的喀喇沁蒙古的部分人丁，全部集中混編成新的蒙古八旗。新編的蒙古八旗旗色與女真八旗相同，也隸屬於同一色的旗主之下，由後金中央政權的愛新覺羅家族直接掌控，與蒙古各部落沒有領屬之關係。蒙古歸降之各部落雖然也設旗，但如果是整部落歸附者，通常都以稱為札薩克（蒙古旗旗長）的原領主繼續統領，享有對原領地、人民、牲畜、財產之完全管理權，不需向後金政府繳交稅賦或徭役，但必須承擔出兵助戰之義務。例如喀喇沁蒙古除部分被編入八旗者以外，就獨自編為喀喇沁部、土默特部左、右翼等三旗。同時，大汗皇太極（清太宗）亦下令，讓多爾袞（皇太極弟）率領大軍西征，以便收服林丹汗死後所殘餘之察哈爾蒙古勢力。

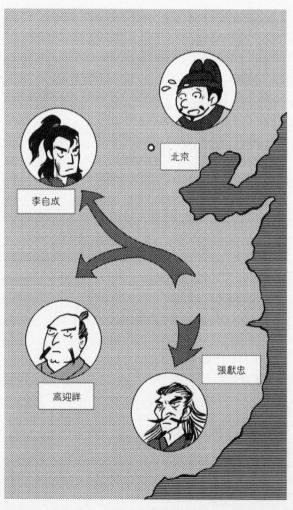

北京

李自成

高迎祥

張獻忠

進擊的飢民
闖王西走　獻忠南行

　　反抗軍集團在年初攻陷中都鳳陽（安徽境內），焚燒了大明祖陵並殲滅四千名的留守軍之後，又化成兩股力量主動進擊。其中一股由「闖王」高迎祥、「闖將」李自成率領，向西往河南方向發展，在連續劫掠數地之後，又分別向漢中及陝北方向進軍。另一股由「八大王」張獻忠率領的集團，則往南攻陷了廬州、巢縣、無為、潛山、太湖（皆安徽境內）等地。不過，要說起一般百姓對於反抗軍集團的恐懼，可能遠遠比不上某些素行不良的官軍部隊。就像一首在地方廣為流傳的歌謠所訴說的一樣：「盜賊就像一把梳子，軍官有如一把刷子，士兵好比一把剃刀。」被亂民搶過可能還會剩下些家當，但要是被官軍「保護過」，結果就只能像被剃刀剃過的光頭一樣，光溜溜了。

林丹汗之子額哲投降 察哈爾蒙古歸附後金

由多爾袞（皇太極弟）率領的後金西征軍團，日前不但趁察哈爾蒙古不備時大軍壓境，兵不血刃的逼使林丹汗遺孀蘇泰太后及其子額哲歸降，還讓領地千里的鄂爾多斯部額林臣也內附歸順。對於額哲及額林臣的來降，瀋陽（遼寧境內）方面已表示高度歡迎之意，大汗皇太極（清太宗）還親自宣布，要將他的次女馬喀塔公主許配給額哲，並讓額哲續領其原部屬民。皇太極本人也將繼去年寶土門福晉之後，再一次的迎娶林丹汗的遺孀囊囊福晉，將察哈爾餘部的力量，藉由婚姻關係緊緊的抓在自己的手中。額林臣則得以恢復林丹汗時期被奪的「濟農」（蒙古之貴族領袖稱號，原有副汗之意）頭銜，其轄下之鄂爾多斯部也被畫分為六個旗，並仍歸額林臣統領。另外，也有內幕消息指出，多爾袞此次出征，除了以上之斬獲外，還為皇太極帶回了一樣極為特殊的禮物。但由於此事被列為極機密，所以目前本報記者還在持續追查中。

高迎祥中伏被處死 李自成繼二代闖王

就在李自成與五省總督（五省戰區總司令）洪承疇在陝北一帶激戰的同時，他的舅父，也就是反抗軍集團的首腦之一的「闖王」高迎祥，卻被陝西巡撫（陝西軍區司令）孫傳庭所率領的官軍擊潰，並被解送北京處死。據暸解，高迎祥原本是想取道漢中以謀奪西安（皆陝西境內），但因被孫傳庭的部隊阻擊，所以想要改由子午谷而行。不過這個行動被孫傳庭所識破，預先於黑水峽（陝西境內）布置了伏兵以逸待勞。等到高迎祥的部隊經過時，埋伏的官軍從四面八方蜂擁而至，將反抗軍集團給團團圍住。經過四天的激戰後，高迎祥終於力竭被擒，隨後押送北京處死。而其外甥李自成在聞訊後，已對外宣稱繼承「闖王」的名號，並招聚高迎降餘部，繼續與官軍對抗。

李自成在舅父高迎祥死後，繼承了二代闖王的名號

後金獎勵人口滋長 績效差者首長受罰

後金汗國的牛条章京、甲喇章京等八旗各級首長，還要背負著人口成長的沉重壓力

後金政府向來注重人口的增長，所以在很早以前便已規定，如果俘擄來的降人之中，有還未娶妻者，則主管的牛条章京（八旗最基本單位為牛条，牛条章京為其頭領，即佐領）要想辦法幫他找個老婆，以便能滋生人丁。因為人丁就是財產、就是國家的軍力及勞役來源。今年大汗皇太極（清太宗）就特別下令進行人口審查，清查自一六二六年實行女真與漢人分屯別居以後，各牛条的人口增長情形。然後視各牛条的表現，分別給與獎勵或懲罰。例如其中一等甲喇章京（參領）李思忠，其轄下原管壯丁有六百一十五名，至目前為止結算，人丁共增加了一百一十三名之多，於是被升為三等梅勒章京（副都統）。但也不是所有單位都有很好的成績表現，對於那些壯丁減少的單位首長，輕者被罰銀了事，重者也有被革職為民的。

後金要求同上尊號 引發朝鮮內部反彈

有消息指出，後金大汗皇太極（清太宗）在得到傳國玉璽之後，已有準備稱帝改元的打算。為了在正式典禮時可以更顯得隆重氣派，盛京（瀋陽，遼寧境內）方面已經派人前往蒙古各部以及朝鮮，邀請推派使節前來觀禮，並「自願」向皇太極獻上顯貴的皇帝尊號，以表示天下萬民之擁戴。不過，本報駐朝鮮的特派記者表示，對於後金的這項要求，朝鮮內部已出現抵制的聲音。因為自從

朝鮮在一六二七年被逼簽下所謂的兄弟之盟後，便連年飽受後金的勒索。每一年被要求交納之歲幣及貢物不斷增加，早就比當初的協議還要高出好幾倍。不僅如此，後金還以互市為藉口，用低價強買朝鮮貨物，並強迫朝鮮無償供應上千名前往互市的人員衣食。諸多問題所導致的雙方矛盾，再加上這次後金提出的要求，極有可能在兩國之間擦槍走火，引發另一次的衝突。

鄭芝龍擊敗海盜劉香 獨稱霸海上國際貿易

大明海防游擊（海防軍中高階軍官）鄭芝龍，在一六三三年擊敗荷蘭東印度公司（VOC）臺灣長官（VOC 所委任的行政官員，負責全臺行政事務）漢斯・普特曼斯與海盜劉香的聯軍後，今年底又主動出擊，徹底消滅了劉香的勢力。據水軍官員表示，鄭芝龍率水軍在閩海追擊劉香時，其弟鄭芝虎口含鋼刀、手持籐盾，從船尾抓了纜繩便盪到劉香的船上。然後奮力衝殺，就在幾乎把全船的海盜都快殺光的同時，卻不幸中伏，被劉香用漁網給網住。

這時已經窮途末路的劉香，就這樣當著鄭芝龍的面，大笑著把鄭芝虎給連人帶網丟到海中溺斃，然後舉槍自盡了。熟悉海事貿易的專家指出，在劉香潰滅之後，東南貿易的商機將全數落入鄭芝龍的把持之中。檯面上，鄭芝龍是大明海防官員，但私底下卻是貿易走私頭子。以合法掩飾非法，靠著東亞海線貿易，以及向商船收取為數可觀的通行費，所獲得的利潤難以估算。

莽古濟涉嫌謀反罪　皇太極收奪正藍旗

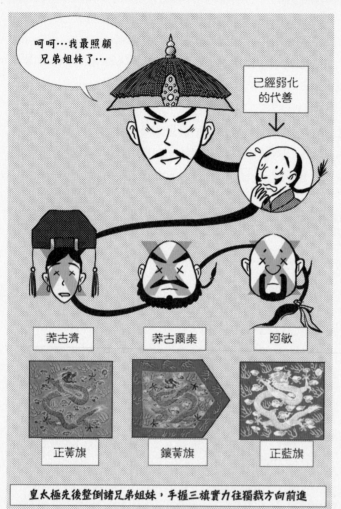

呵呵…我最照顧兄弟姐妹了…

已經弱化的代善

莽古濟　　莽古爾泰　　阿敏

正黃旗　　鑲黃旗　　正藍旗

皇太極先後整倒諸兄弟姐妹，手握三旗實力往獨裁方向前進

在重擊大貝勒代善（努爾哈赤次子，皇太極兄），令其淡出政壇後才不到兩個月的時間，後金大汗皇太極（清太宗）又逮住了機會，再一次對家族成員痛下殺手。十二月五日，莽古濟格格（努爾哈赤女，皇太極姐，莽古爾泰同母胞妹）的屬下，向後金中央告發莽古爾泰（努爾哈赤五子，皇太極兄）、德格類（努爾哈赤十子，皇太極弟，莽古爾泰同母胞弟）、莽古濟三人早有謀反之意。於是皇太極便下令組成特偵小組展開調查，隨後不但得到莽古濟的丈夫瑣諾木作證，又在莽古爾泰家中搜出私刻之「大金國皇帝之印」權杖十六枚。由於人證、物證俱在，莽古濟格格等人立即被以大逆之罪起訴。最終莽古濟格格以及莽古爾泰之子額必倫被判處死刑，已死的莽古爾泰、德格類

則被追奪爵位，子孫被廢黜宗室資格（努爾哈赤祖父塔克世的直系子孫稱為宗室，旁系親屬稱為覺羅），由黃帶子（宗室繫黃帶子）降為紅帶子（覺羅繫紅帶子）。原本德格類所主領的正藍旗屬人全數遭到收奪，與正黃旗混編成為新的正黃旗以及鑲黃旗，並由皇太極親領，豪格屬下之鑲黃旗則改色為正藍旗。政治評論家相信，皇太極一連串整肅內親的手段，無非是為了能更加鞏固自己的權力。如今皇太極手握兩黃旗，再加上長子豪格的正藍旗，其勢力已經遠遠超乎其他貝勒之上。加上阿敏、莽古爾泰、代善等人先後被整倒，似乎代表著皇太極已準備好走向完全獨裁之路。

大樂透★

賀！本店開出1.7億頭彩

嗯…你覺得這期應該簽幾號比較好呢？

這…我看 02、15、23、35、47 的組合不錯

范文程是漢人文官中最受賞識及重用者，凡是重要事情皇太極必會先徵詢其意見

文館改制為內三院　漢人范文程掌其一

後金汗國政府發言人宣布，自今年三月起，原來的文館（後金皇室諮詢顧問及文史記錄部門）改制為由內國史院、內秘書院、內弘文院組成的內三院。其中內國史院由大學士（皇帝高級秘書官）希福主領，掌記注皇帝起居詔令、編史書、纂實錄、擬誥命。內秘書院由大學士范文程、鮑承先主領，掌撰外國往來書狀、敕諭祭文、錄各衙門章奏。內弘文院由大學士剛林主領，掌注歷代政事得失、御前進講、制度頒行。一般認為，內三院主要是仿照大明的內閣制度，扮演皇帝諮詢幕僚的角色，而其中最被皇太極所倚重的人物便是內秘書院的漢人大學士范文程。根據檔案顯示，范文程是在一六一八年努爾哈赤（清太祖）攻破撫順（遼寧境內）被俘後加入後金陣營的，後來被皇太極（清太宗）召入文館擔任顧問後逐漸得到重用。皇太極在討論重要軍政機要大事時，通常都會詢問過其意見之後才決定，可說是漢人文臣之中最受賞識及信賴的官員。

大清建國　崇德稱帝

　　四月十一日，皇太極在率領諸貝勒及滿洲、蒙古、漢人各級重要官員，先至天壇祭告天地後，舉行尊號稱帝大典。典禮在皇太極升壇入座，並接受百官朝拜後正式開始。由代善（皇太極兄）代表滿族、額哲（林丹汗之子）代表蒙古、孔有德（大明降將）代表漢人，分別捧滿、蒙、漢三種文體的表文，向皇太極獻上「博克達‧徹辰汗」，即「寬溫仁聖皇帝」的尊號，正式將國號定為「大清」、改元「崇德」，並大赦天下。隨後祭告祖陵，追尊覺昌安（努爾哈赤之祖父）為景祖、塔克世（努爾哈赤之父）為顯祖、努爾哈赤（皇太極之父）為太祖。禮成之後，再將之前於汗座之下侍坐於側，與皇太極一同接受眾臣叩拜的大貝勒代善（皇太極兄），也改成與其他貝勒大臣一樣，都排到底下去向皇帝行跪拜之禮。同時又頒布宗室封爵制度，將爵位依次分為：和碩親王、多羅郡王、多羅貝勒、固山貝子、奉恩鎮國公、奉恩輔國公（以上為較高等之入八分公）、不入八分鎮國公、不入八分輔國公、鎮國將軍、輔國將軍、奉國將軍（以上為較次等之不入八分公）等階級。並依軍功冊封代善為和碩禮親王、濟爾哈朗（皇太極堂弟）為和碩鄭親王、多爾袞（皇太極弟）為和碩睿親王、多鐸（皇太極弟）為和碩豫親王、豪格（皇太極長子）為和碩肅親王、岳託（代善長子，皇太極之姪）為和碩成親王。而漢人降將孔有德則被封為恭順王、耿仲明封懷順王、尚可喜封智順王。不過，典禮也不是那麼完美無缺，中途還發生朝鮮使臣不肯下拜的小插曲。皇太極對此十分不悅，已修書譴責朝鮮國王，並下達最後通牒，要求國王送子為質，然後將使節遣送出境。不過聽說朝鮮使節走到邊境時，便將皇太極所寫的譴責信給擱置留下，並表明不會將此信帶回向朝鮮國王覆命。

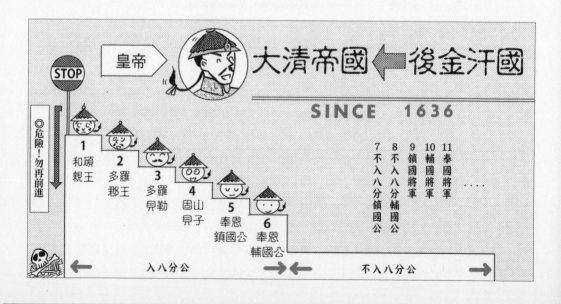

大清新設都察院　職掌督劾眾官員

大清中央政府宣布，為澄清吏治、督察百官，將於五月十四日設置都察院（中央監察院），以大凌河的漢人降將張存仁、祖可法為承政（部長）。負責勸諫皇帝、指摘政務得失、監察政事、彈劾糾察諸王貝勒與各部官員之不法與失職行為，並與刑部（司法部）、大理寺（司法複核機關）合審刑案。崇德帝皇太極（清太宗）還特別指示說，都察院的官員為言官，享有言論免責權，所以要知無不言，就算是說錯了也不會被追加罪責。雖然話是這麼說，不過依據最新的民調顯示，認為都察院的官員要是說話不小心得罪了皇帝，不會被責罰的只占少數。絕大部分的人還是認為罵其他官員是可以，但要是不小心說了皇帝不愛聽的話，只怕還是會丟官入罪。

【後宮劇場】皇太極的女人們

皇太極共有后妃十五人，其中以盛京（瀋陽，遼寧境內）五宮之一后四妃最為重要。這五個女子都是蒙古族，分屬於蒙古科爾沁部及察哈爾部，都姓博爾濟吉特氏，而聯姻的最主要考量則是為了攏絡蒙古各部。其中博爾濟吉特・哲哲（孝端文皇后）為蒙古科爾沁貝勒莽古思之女，於一六一四年嫁給皇太極，大清建國後成為中宮（清寧宮）皇后。排名第二的是東宮（關雎宮）宸妃博爾濟吉特・海蘭珠，為哲哲皇后的姪女，於一六三四年嫁給皇太極。西宮（麟趾宮）貴妃博爾濟吉特・那木鍾，原為蒙古察哈爾林丹汗之囊囊福晉，歸降後於一六三五年改嫁皇太極。次東宮（衍慶宮）淑妃博爾濟吉特・

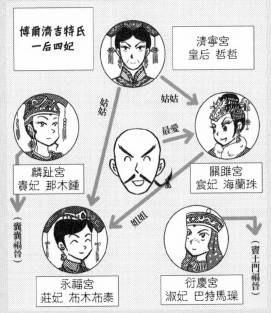

巴特馬璪，原為蒙古察哈爾林丹汗之竇土門福晉，一六三四年林丹汗死後歸順後金，為皇太極繼娶。次西宮（永福宮）莊妃博爾濟吉特・布木布泰（孝莊后），為哲哲皇后的姪女，宸妃海蘭珠的妹妹。其中最為皇太極所寵愛的便是美貌絕倫的宸妃海蘭珠，或許是因為她嫁給皇太極時已經二十六歲，不像姑姑哲哲皇后和妹妹布木布泰莊妃都是十三、四歲就嫁過來的少女，而是更帶有一種更為溫柔婉約、成熟的氣質美感。在五大福晉中，海蘭珠的地位僅次於哲哲皇后，皇太極還特別以《詩經》中「關關雎鳩，在河之洲；窈窕淑女，君子好逑。」的「關雎」為其宮名，取其「后妃之德、風之始」的涵義。

清軍三入明邊境　尚書服瀉藥尋死

史上最白痴自殺法 TOP 1

W.C.

快開門哪…忍不住了…

別敲了…有人啦！！

大明兵部尚書張鳳翼自知死罪難逃，竟然企圖以服用瀉藥的方式自盡

皇太極（清太宗）在大清建國後，於五月底首度派遣軍隊侵入大明邊境掠奪。這次的軍事行動由多羅武英郡王（第二等爵位）阿濟格（皇太極弟）、多羅饒餘貝勒（第三等爵位）阿巴泰（皇太極兄）等人領軍。出發前皇太極還特別交代此行以騷擾為主，掠奪財物及人口牲畜的任務則視情況為之，若可取則取，不可取則勿取。清軍由長城喜峰口（河北境內）入明後，於六月底，兵分三路，大掠明邊境赤城（河北境內）、雲州（山西境內）、慶州（內蒙古境內）等地，擄獲人口三千四百二十五人、牲畜一萬多頭。阿濟格將首批戰利品送回後，又率軍連破昌平、良鄉、寶坻、定興、房山、文安、永清、安肅、容城、順義、東安、雄縣（皆河北境內）等京畿十二城，獲得五十六勝零敗的驚人戰績。然後於九月

時，帶著擄獲的七萬三千二百九十三人、牛羊駝九萬七千六百九十一頭、馬騾二萬五千八百六十八匹，同時留下「各官免送」的諷刺木牌，浩浩蕩蕩的豔妝騎乘，奏樂凱旋。而負有守土衛疆之責的大明守軍，從頭到尾都只敢遠遠的跟在清軍的屁股後面，一直等到清軍出邊遠去之後，才跑出來大肆叫囂。不過，由於此役震動京師，大明兵部尚書（國防部長）張鳳翼、宣大總督（宣府、大同軍區總司令）梁廷棟，因為言官交章論劾，自知死罪難逃而想要以死來逃避一切。據聞，張鳳翼還企圖服用大黃（一種通便瀉火的中藥）自盡，不過最後，肚子是拉了，人也瘦了，卻也沒因此喪命。後來拖了十幾天之後，才因憂懼過度導致各項生理機能衰竭而死。幾天後，梁廷棟也同樣因憂鬱，而病死自宅之中。

張獻忠抵襄陽
苗祚士樂招安

苗祚士
7 月 15 日來自

和大家分享一個好消息
「八大王」張獻忠已經
決定接受我的招撫了

大明帝國
湖廣巡撫

讚·留言·分享

1894563 個人都說讚。

當去年（一六三五年）「闖王」高迎祥在黑水峽（陝西境內）兵敗身死的同時，另一支民變集團的領袖「八大王」張獻忠正由江淮地區，一步一步的往湖北推進。今年七月，張獻忠已開抵襄陽（湖北境內）城下，不過攻守雙方並未爆發任何衝突，變民部隊沒有攻城動作，大明官軍也未出城驅趕。據襄陽城方面傳出的訊息顯示，由於湖廣巡撫（湖廣軍區司令）苗祚士已經收到張獻忠停戰的聲明，表示該集團已經決定改邪歸正，只要將部隊稍加安頓好，便可以於八月的時候接受政府的招撫。為此，苗祚士已多次派人與張獻忠接觸，希望能以最和平的方式來解決問題。為了安頓城外這批即將歸順的變民部隊，苗祚士也同意讓他們派人進城採購糧食及民生用品。據聞，苗祚士對於自己能兵不血刃，就成功的招降張獻忠集團一事，感到十分的興奮，已在臉書上分享喜悅，準備接受升官、賞錢的獎勵了。

蒙古實施戶口清查　編成十三札薩克旗

大清蒙古衙門（蒙古事務部）官員於十月，奉命前往蒙古各部清查戶口，並將每五十家約一百五十名壯丁編成一佐旗（即八旗之牛彔，為蒙古旗之基層單位），詳細登載各蘇木（佐領，即八旗之牛彔章京，為各佐旗之長官）的姓名，以及所轄甲士的數目。此次清查，共編成科爾沁五旗、敖漢一旗、阿魯科爾沁一旗、翁牛特一旗、四子部落一旗、土默特三旗、喀喇沁一旗等十三旗，各旗由稱為札薩克（蒙古旗旗主）的原部落酋長主領。札薩克之下設協理台吉（蒙古旗副旗主）、管旗章京（次於台吉之管旗官）等僚屬來協助治事。札薩克旗與蒙古八旗的軍事組織不同，是一種由原來領袖統管原屬領地的半自治組織。在平時札薩克全權總攬本旗行政、司法、稅收等項事務，在戰時則動員本旗之兵丁協同出戰。一般認為，隨著大清帝國不斷的擴大影響範圍，之後陸續編入的蒙古札薩克旗數目，也將會越來越多，成為八旗以外大清的另一股軍事力量。

皇太極揚言年底大軍征明

大清帝國的發言人日前召開國際記者會，針對近日來軍方後勤部隊不斷儲運糧草，及各旗加緊操練並修整器械的動作做出說明。發言人表示，軍方確實有計畫在今年入冬冰封之後，對大明帝國採取新的軍事行動。因為每次清軍入關，都造成極嚴重的損失，所以這項聲明一發出，馬上令大明邊境諸鎮陷入恐慌的氣氛之中。相較於明軍的緊張與加強戰備，朝鮮方面反倒是因此而鬆了口氣。原本國王李倧在看完從大清回國覆命的使節之報告以後，還很怕皇太極（清太宗）會在短期內便興兵來犯。如今得知倒楣的對象是大明之後，全國上下也總算放下心中大石。

攏係假的…張獻忠騙倒巡撫 襄陽城輕鬆入手

原本想在反抗軍集團受撫後請功領賞的湖廣巡撫（湖廣軍區司令）苗胙土，終於等到了來自「八大王」張獻忠的肯定回覆。只不過，這個回覆並不是全軍接受招撫，而是發動奇襲奪下襄陽城（湖北境內）。其實張獻忠從一開始就沒有接受招降的打算，多次的往返談判為的只有三個目的：一是以採購糧食為名，派大批的間諜潛入城中；二是從襄陽城內獲得糧食及民生用品的補充；三是繼續吸收各地的反抗軍來壯大自己。十月中旬時，各項條件都已成熟，張獻忠便在城中間諜的協助之下，挾著已會聚的二十萬大軍優勢，攻占了有「華夏第一城池」之稱的兵家必爭之地——襄陽。此次的完全勝利，不但將張獻忠的聲望再次推向了高峰，也使得他成為崇禎帝朱由檢（明思宗、明莊烈帝）眼中最想除去的頭號害蟲。

清軍以征明為煙霧彈 兵圍南漢山城朝鮮王

十二月初，大清果然如先前所說的，發動了新一波的軍事行動。只不過，大軍行進的方向並不是對著大明帝國，而是朝著朝鮮直奔而去。原來，先前放出要出征大明的風聲，只是個障眼法，用來讓朝鮮疏於防備。然後就在朝鮮軍隊沒有做出任何應

大清以伐明為幌子，閃電發兵攻打朝鮮

哇！一定是清兵打過來了⋯⋯
實在太可怕了⋯⋯

皇上，清兵跑去攻打朝鮮了⋯⋯
快出來吧！

翼主力直入朝鮮。由於此次行動的保密工夫做得相當徹底，所以一直到十二月十四日，清軍開抵安州（朝鮮境內）時，朝鮮國王李倧才突然驚覺事態嚴重。不過，一切已為時太晚，因為在主力軍團之前，皇太極還派了一支三百人的部隊偽裝成商人，

戰準備的時候，皇太極已經親率八旗精銳及蒙古各部共十二萬兵馬進軍朝鮮。大清這次的軍事行動，以和碩鄭親王（第一等爵位）濟爾哈朗（皇太極堂弟）守瀋陽（遼寧境內），多羅武英郡王（第二等爵位）阿濟格（皇太極弟）、多羅饒餘貝勒（第三等爵位）阿巴泰（皇太極兄）守遼河入海口，以遏止明軍趁機蠢動。負責征戰的主力軍團則兵分兩路，左翼由和碩睿親王多爾袞（皇太極弟）、和碩肅親王豪格（皇太極長子）帶領，從寬甸（遼寧境內）南下平壤（朝鮮境內）。皇太極與和碩禮親王代善（皇太極兄）則親領右

早就抵達朝鮮王都漢城（朝鮮境內）並發動奇襲。加上和碩豫親王多鐸（皇太極弟）率領的數千名特遣隊，也隨後加入戰鬥，並攻破王都漢城（朝鮮境內）。城破之時，李倧原本想像上次那樣，又逃到江華島去避難。但有了上次的經驗，知道江華島是朝鮮王室的避難所之後，清軍這次便早早就將通往江華島的交通截斷。李倧逃脫計畫失敗，只好狼狽的逃到距離漢城僅四十里的南漢山城。到了十二月二十九日除夕的時候，皇太極便已進入漢城，並南渡漢江，把南漢山城給團團圍住，準備來個甕中捉鱉了。

大清時報

GREAT QING TIMES

西元一六三七年

丁丑

明・崇禎十年　清・崇德二年

朝鮮臣服於清　大明被斷右臂

在蒙古和朝鮮先後投入大清懷抱之後，大明的情勢更顯孤單冷清

……

啾～

雖然朝鮮各地守軍在知道國王李倧被圍困在南漢山城（朝鮮境內）的第一時間，便立刻率領所屬部隊紛紛趕來支援，但由於清軍原本就擅長這種圍城打援的戰術，所以各路援軍在今年初都已先後遭到清兵一一擊潰。另外，期盼明軍可以引兵入援的最後一絲希望，也因大明帝國自己正被張獻忠等反抗軍集團搞得焦頭爛額而完全破滅。所以在大清和碩睿親王（第一等爵位）多爾袞（皇太極弟）揮軍襲破江華島，將所有的朝鮮王室家族都給俘擄了之後，再也找不到外援兵力可用的朝鮮國王李倧，終於在無耐之中被迫含淚投降。而一開始幾位積極反清的大臣，則被綁赴清軍大營之中，任憑清軍處分。可憐的國王李倧也隨後出城，並脫去了尊貴的王服，以步行的方式到五里外的三田渡拜見皇太極。在向大清皇帝行完三跪九叩之禮後，雙方簽訂了議和停戰的約定。而這份令朝鮮心碎的協定，主要內容有以下幾項：第一、朝鮮從今以後成為大清屬國，改用大清帝國年號。並交出大明皇帝所賜之印敕誥命，斷絕與大明政府之間的一切關係與往來。第二、以朝鮮國王之長子李澄、次子李淏，以及諸大臣之子弟為人質，即刻送往盛京（瀋陽，遼寧境內）。第三、朝鮮每年須向大清帝國進貢黃金百兩、白銀千兩、水牛角二百對、貂皮百張、鹿皮百張、米萬包、茶千包、水獺皮四百張、青鼠皮三百張、以及大量的布匹、香料、紙張、腰刀等物。第四、禁止修建城堡等防禦工事。第五、大清攻打大明國所屬的皮島時，朝鮮必須出戰船五十艘及水軍協助進攻。評論家認為，大清此次將朝鮮納為臣藩屬國，等於是繼蒙古之後又砍斷了大明護衛北疆的右臂，此後對大明發動侵略戰爭時將再無後顧之憂。

四正六隅十面網
官軍追剿張獻忠

「八大王」張獻忠集團在去年（一六三六年）攻取襄陽（湖北境內）後，今年三月又前進大別山（安徽境內），與當地的反抗軍會師。然後在豐家店（安徽境內）殲滅大明官軍六千人，造成淮、揚一帶極大的震動。因此，大明政府便以張獻忠為首要剿滅目標，任命楊嗣昌為兵部尚書（國防部長），制定了「四正六隅、十面張網」的策略，撥兵十四萬、派給軍餉二百八十萬兩，以熊文燦總理南畿、河南、山西、陝西、湖廣、四川軍務（京城南部地區、河南、山西、陝西、湖廣、四川戰區總司令），準備四方圍剿張獻忠。而所謂「四正六隅、十面張網」，就是以陝西、河南、湖廣、鳳陽為四正，四巡撫分剿而專防；以延綏、山西、山東、應天、江西、四川為六隅，六巡撫分防而協剿。由此四面六隅組合成十面羅網，視反叛軍之動向，收網剿殺。

被你們氣死了，網子只是種比喻好嗎…

大人，您要的十張網子已經準備好了

五金行老闆說這種第二代的網子還可以攔截抗議民眾丟的鞋子哦

大明兵部尚書楊嗣昌制定了「四正六隅、十面張網」的策略來對付張獻忠

大清成功奪下皮島　拔除背後最後一刺

皇太極（清太宗）於二月初退兵後，又另遣固山貝子（第四等爵位）碩託，與恭順王孔有德、懷順王耿仲明、智順王尚可喜三位漢人降將，會同朝鮮的五十艘戰船及水軍，進攻在明軍控制下的皮島。四月八日，清軍在朝鮮將領的引導下，乘著霧氣突襲皮島。雖然大明二萬守軍奮力抵抗，但最後仍因傷亡過半而被攻占。據清軍在事後所發表的數據，此役共擄獲綢緞四萬二千八百匹、衣服三千四百件、白銀三萬一千兩、布毯十九萬一千件、大船七十二艘、火砲十門、以及婦女兒童三千四百人。明軍自毛文龍以來，前後在皮島辛苦經營十五年的結果，至此全數被清軍所奪。

宸妃產子 大赦天下

大清帝國於七月十六日宣布，因宸妃海蘭珠於七月八日產下皇八子，所有大清帝國轄下臣民所犯之罪罰，自公告日起全數削免，細節另由法務部門定之。一般認為，除了建國稱帝大典之外，皇太極（清太宗）從未因皇子誕生而大赦天下過。可見皇太極有將最寵愛的宸妃所生之子，立為太子，也就是皇位繼承人的打算。

> 好可愛，跟我小時候長得好像

楊嗣昌十面張網奏效 反抗軍遭到致命打擊

> 呵呵…知道我的厲害了吧…

楊嗣昌十面張網的剿匪策略奏效，逼得
張獻忠及李自成的反抗軍部隊各自潰散奔逃

明兵部尚書（國防部長）楊嗣昌所提出的「四正六隅、十面張網」策略奏效，官軍先在桐城（安徽境內）擊敗「八大王」張獻忠主力部隊，迫使其轉入房縣、竹山（湖北境內）。然後又在反抗軍準備攻擊南陽（河南境內）的時候，由後方發動突擊，使張獻忠在作戰中身負重傷，只得率領殘部敗逃到穀城（湖北境內）暫避鋒頭。同一時間，新「闖王」李自成的反抗軍，也在潼關（陝西境內）遭到由洪承疇、孫傳庭所率領的官軍徹底擊潰。李自成在勉強突圍之後，帶著身邊只剩下的十八騎，往山中藏匿而去。

大清時報

GREAT QING TIMES

西元一六三八年

明·崇禎十一年　清·崇德三年

張獻忠接受招撫　反叛軍活動告停

在李自成被打趴、張獻忠接受招撫後，殘存的羅汝才勢力預估也會在短期內歸降

　　大明軍方宣布，在去年（一六三七年）底李自成集團被擊潰後，今年四月，曾經稱霸長江流域的亂民集團首腦「八大王」張獻忠，也已經在穀城（湖北境內）接受了戰區總司令熊文燦的招撫，曾造成國家一度不安的流賊動亂，可說是暫時告一段落。目前只剩下房縣（湖北境內）的「曹操」羅汝才集團尚在活動中。不過，在官軍強大的壓力下，實力不強的羅汝才應該在短期之內便會歸降。不過，在本報記者深入瞭解後發現，情況可能沒有官方所預期的那麼樂觀。因為張獻忠之所以決定接受招撫，是由於集團中的重要將領劉國能於今年元月時忽然倒向官軍，使得集團勢力嚴重受挫。加上官軍的圍剿部隊不斷發動猛烈的攻擊，為了能保存自己的實力，所以張獻忠才會做出接受招安的決定。若真是如此，除非官方能找出既能安撫這一支部隊，又同時能消解其威脅的方法。不然，要是哪天張獻忠又降而復叛，問題可能會比現在就一次剿滅還要複雜數倍。

六部二院改制　廢除蒙漢承政

大清帝國於今年中，除了頒布各級官員的頂戴規定外，也陸續對幾項中央政府的體制做出重大改變。首先是在六月，將專責管理蒙古事務的「蒙古衙門」改制為「理藩院」（外藩事務部），提升為與吏戶禮兵刑工六部、都察院（中央監察院）同層級的組織。八月時，又重新規定八衙門（即六部加都察、理藩二院）的官制，將原本每部所設之四位承政（實際負責部務的部長，滿承政二、蒙、漢各一）改成只設一位滿人承政來主管部事。據瞭解，皇太極（清太宗）在一六三一年之所以會在每部設立滿、蒙、漢不同籍屬的四位承政，為的就是要顧及族群的平衡。只不過在今年六月時，禮部（教育部）漢籍承政祝世昌上疏建議禁止將俘獲的良人婦女賣作娼妓，而意外激怒了皇太極。於是便以漢官都會庇護偏袒漢人為由，下令將六部進行改組，廢除蒙、漢承政，只由一位滿籍承政總攬大權。資深的政治評論家指出，皇太極雖然在各方面力求族群平衡，但如果事件有侵犯到滿族核心利益時，當然還是以自家人的權利為最優先考量。這種狀況，除了八衙門改制的事件之外，在今年所舉行的科舉考試也可以看出一些跡象。八月時，雖然順利考取舉人十名、一等秀才十五名、二等二十八名、三等十八名等優秀人才。可是在事前，當都察院漢籍的承政祖可法等人提出，應當再次允許八旗之下的奴僕參加考試，並將中試者以人丁換出的建議時，也是同樣被皇太極大加申斥。可見在皇太極的內心中，滿洲貴族的利益維護，還是比漢人的各項權利來得重要許多的。

彈走!!

一向重視族群平衡的皇太極在某些
議題上仍是明顯偏袒滿族權益

【專題報導】頂戴

　　「頂戴」即各級官員的帽子及其上的裝飾，依規定，每年三月開始戴斗笠型，以藤、篾編製，外裹綾羅的淺色無簷涼帽，八月後則換戴圓形、周圍有一圈毛、緞或布做成簷邊的暖帽。不論是夏天戴的涼帽，或是冬天戴的暖帽，中間都會有紅色絨線做成的帽緯，並在帽頂以頂珠裝飾。皇帝的帽子會以二十二顆的東珠（產自東北的極品珍珠）裝飾，親王以下諸等爵位的東珠數量為十顆以下遞減。各級官員的頂戴則依次為：一品紅寶石、二品珊瑚、三品藍寶石、四品青金石、五品水晶、六品硨磲、七品為素金、八品陰紋鏤花金、九品陽紋鏤花金。除了皇室成員及諸親王、貝勒不配翎羽之外，六品以上官員配戴單眼孔雀羽花翎，七品以下則配帶無眼鶡羽藍翎。

四度入關 清軍直逼北京 忙於慶生 總督兵敗被殺

太好了，我剛好找不到蛋糕刀，快過來吧…

忙著為督軍太監慶生的大明邊防部隊慘遭清軍橫掃

崇德帝皇太極（清太宗）於今年八月底，任命和碩睿親王（第一等爵位）多爾袞（皇太極弟）、和碩肅親王豪格（皇太極長子）、多羅饒餘貝勒（第三等爵位）阿巴泰（皇太極兄）統率左翼軍，多羅貝勒岳託（皇太極姪）、多羅安平貝勒杜度（皇太極姪）統右翼軍，兵分二路第四度出師征明。而大明邊防軍的情報系統則是像完全癱瘓了一樣，連個警鈴、口哨都沒響。一直到九月二十二日，岳託大軍入邊的時候，鎮守北關的明薊遼總督（薊遼軍區總司令）吳阿衡與總兵（軍長）陳國俊，都還在忙著給皇帝派去的督導太監祝壽，而根本沒有任何防備。在敵人已經打到眼前了才倉促應戰，而結果當然是只能落得兵敗被殺的下場。到了二十八日，多爾袞軍亦破邊而入，與岳託軍在北京近郊的通州（河北境內）會師。崇禎帝朱由檢（明思宗、明莊烈帝）聞訊後大為驚慌，立刻授命宣大總督（宣府、大同軍區總司令）盧象昇總督天下援軍禦敵，然後宣布北京戒嚴。不過，據北京傳來的消息，由於手握重權的東閣大學士（皇帝高級秘書官）兵部尚書（國防部長）楊嗣昌，與監軍太監高起潛兩人強烈主張議和，所以導致軍事行動相對遲緩。而朱由檢本人的態度也是猶豫不決，仍然無法在戰、和兩派之間做出決定。最後只好聽從楊嗣昌的建議，暫時將盧象昇所領的各路援兵一分為二。關寧數萬精銳鐵騎改由高起潛統率，盧象昇則統率原部宣大兵二萬抵禦清軍。

三百年來最重災情
十載大旱千里乾涸

大明帝國境內自一六二八年開始，連續十年以來，每年都飽受大旱之苦。據氣象學者推算，這場已經持續了十年的世紀大旱所造成之傷害，有可能是近三百年來最為嚴重的一次。災情從陝西、山西、河北、河南、山東等地，一直擴散到了江蘇境內。千里之內，河水乾涸、顆粒不收。伴隨而來的蝗災及瘟疫，讓百姓們死於饑荒與傳染病的人數不斷攀升。由於成千上萬的百姓被迫離開家園成為流民，將可能使得原本已趨平息的各地民亂再次引爆。

世紀大旱
系列報導

河北
北京
山西
陝西　　　　　　山東
　　　河南
　　　　　　　　江蘇

嚴重乾旱地區
次嚴重地區
未受災地區

皇太極襲山海失利　祖大壽圍多鐸建功

喝

明將祖大壽擊退來犯的多鐸部隊

在多爾袞（皇太極弟）、岳託（皇太極姪）兩路大軍深入大明內地的同時，皇太極（清太宗）也親率和碩豫親王（第一等爵位）多鐸（皇太極弟）、和碩鄭親王濟爾哈朗（皇太極堂弟），以及諸部漢軍與蒙古軍，趁著大明邊防軍奉命入援而關外兵力空虛的機會，進犯山海關（河北、遼寧邊界）。不過此役並不如原先預期的那麼順利，多鐸的前鋒部隊在半途意外遭到明總兵（軍長）祖大壽的部隊包圍，導致軍士損傷過半，而多鐸也在僅剩的一百多名騎兵護衛之下，才勉強驚險逃出。由於多鐸的失敗導致整個計畫大亂，所以皇太極只好放棄這次的軍事行動，引兵而歸。

沒有真相完全沒有真相 盧象昇戰死竟遭刁難

受命力阻清軍的宣大總督（宣府、大同軍區總司令）盧象昇，雖然於慶都（河北境內）小勝清軍主力，但由於與主和派之間的矛盾日益加重，因而處處遭到兵部尚書（國防部長）楊嗣昌、監軍太監高起潛等人的掣肘。楊嗣昌等人不但切斷其糧餉供應，還將其主力部隊調走，使得原本應該「總督天下援軍」的盧象昇僅剩五千名士兵可用。十二月中，在清軍主力軍團的壓力下，兵力居於劣勢的盧象昇只能移駐巨鹿（河北境內）賈莊，並向距離不到五十里、手握數萬重兵的高起潛求援。只是高起潛聞訊後卻絲毫不為所動，苦等不到援兵的盧象昇知道路已走到了盡頭，便揮淚出寨與清軍力戰，最後身中四矢三刃而死，死的時候戰甲下還穿著為父服喪的

盧象昇為國捐軀，死後居然還遭到兵部尚書楊嗣昌的刁難與誣陷

大人，盧將軍的屍體找到了，戰甲下還穿著為父服喪的孝服呢

你別再亂說了，那只是個蠟像而已，盧象昇早就臨陣脫逃了…

麻衣白網。日前，又有不願具名的人士向本報爆料，說盧象昇死後，楊嗣昌還一直想以臨陣脫逃的罪來誣陷他。而為了證明盧象昇沒有光榮戰死，楊嗣昌還派出了三名手下到現場去查看。其中一個叫俞振龍的士兵，回來後就因為堅持看到盧象昇的屍體，不願作偽證，而被楊嗣昌下令鞭打了三天三夜。打到人都快死了，最後還瞪大眼睛說：「天道神明，無枉忠臣。」楊嗣昌雖然沒能將盧象昇以臨陣脫逃論罪，但仍是故意刁難，讓家屬在事過八十天之後才得以收殮其屍。聽說，楊嗣昌還放出風聲，絕不讓盧象昇得到任何的撫卹或追贈。

明‧崇禎十二年　清‧崇德四年

日本鎖國 芝龍得利

阿哩阿多

どういたしまして

1639 第五次鎖國令

日本江戶幕府第三代將軍德川家光掌權以來實施的
鎖國政策，意外讓鄭芝龍累積了不少驚人財富

　　由於日本實施鎖國政策，除了荷蘭籍與中國籍的船隻以外，一律禁止進出日本。於是暗地裡仍然從事著海盜貿易的大明海防游擊（海防軍中高階軍官）鄭芝龍，便利用此一千載難逢的機會，擴大自己的貿易網路。據統計，在擊敗最大的競爭對手劉香以後，打著鄭氏旗號的中國商船在中國沿海、日本、臺灣、呂宋、澳門及東南亞等地絡繹不絕。而鄭芝龍船隊進出日本的船隻數量，還比荷蘭船隻多了將近十倍左右，可見鄭芝龍的這項兼職副業，已迅速為他累積了不少財富。

岳託中途病死 大清收兵班師

　　去年秋天入邊伐明的兩路清軍，在連下七十餘城、擄獲四十七萬三千多人、黃金四千零三十九兩、白銀九十七萬四百零六兩、殘殺了數十萬無辜百姓後，終於在今年三月引兵退去。不過，皇太極（清太宗）在和碩睿親王（第一等爵位）多爾袞（皇太極弟）奏捷的文書中，卻不見右翼軍統帥多羅貝勒（第三等爵位）岳託（皇太極姪）的名字。在驚問之下，才知道岳託已於征戰途中因感染痘疹（天花）病死濟南（山東境內）。而此時又再次領兵攻打松山（遼寧境內），圍攻了二十多天仍無進展的皇太極，聞訊後悲痛異常，幾乎不進飲食。因為岳託雖然近年來屢被責罰，一路從和碩成親王降到固山貝子（第四等爵位，之後才又回升多羅貝勒），但卻是一個智勇兼備的良將。他不但是皇太極的幼時玩伴，還是當初擁立皇太極為大汗的功臣。皇太極因此放棄進攻，率軍班師瀋陽（遼寧境內），回去後還輟朝三日，並追封岳託為多羅克勤郡王（第二等爵位）。

明官軍索賄嚴重　張獻忠降而復叛

張獻忠降而復叛，並將曾向他索賄的官員姓名一一條列在牆上

　　原本已經接受政府招安的「八大王」張獻忠，在經過了一年的補充與休整之後，再度起兵抗明。目前張獻忠已經奪下穀城（湖北境內）的控制權，並放火把縣衙燒掉、將獄中所有囚犯全數放出，並開倉賑濟城中的貧困百姓。同時將大明政府中，曾經對他索賄的各級官員姓名、所收賄款數目、收賄時間，全都一一條列在高牆之上。其中名列第一的居然是負責剿匪重任的戰區總司令熊文燦，而特別引人注意的是，在洋洋灑灑的收賄名單最後，加註了一條：「襄陽道（襄陽軍區指揮官）王瑞檀，不受獻忠賄者，獨此一人。」可見大明政府中，勒索行賄之習已經嚴重到無可救藥的地步。張獻忠隨後向西與去年底接受招安的「曹操」羅汝才集團聯合，成功的奪下了房縣（湖北境內）。這時原本已接受招安的各地反抗軍，聽到張獻忠再起的消息之後，都紛紛起來響應。而躲藏在山中等待時機的李自成，也立即出山招聚舊部，重新扛起了「闖王」的旗幟。於是，原本已經被撲熄的民亂之火，轉眼之間死灰復燃，再度襲捲各地。

三餉陸續開徵　百姓民不聊生 ·························

　　大明政府為了應付巨額的軍費支出，於一六一八、一六二〇、一六三一年先後加徵了六百六十萬兩「遼餉」，一六三七年加徵兩百八十萬兩「剿餉」之後，最近再對百姓開徵了總計七百三十萬兩的「練餉」。據估計，目前一畝市價七、八兩的農田被課徵的稅額，竟已高達十兩銀之多。此三餉的開徵，已使得大明境內窮者更窮，百姓無依。加上連年的乾旱、饑荒，生活無以為繼的人民大量投入亂民的行列，成為政府目前最為極需解決的問題。

反抗軍設伏
左良玉慘敗

大明政府軍的總兵官（軍長）左良玉在戰區總司令熊文燦的命令下，率軍進入山區追剿「八大王」張獻忠集團。但因山路崎嶇難以運送糧食，加上對當地路況又不熟，弄得政府軍是人困馬乏、毫無鬥志。到了七月底時，張獻忠的部隊佯敗將官軍誘入羅英山中，然後以事先埋伏好的部隊發動伏擊。官軍們見到從四面八方湧上的反抗軍，頓時自亂陣腳，幾乎潰不成軍。左良玉在左拚

剛剛說痛恨強盜的有 3 人，痛恨官軍的現在舉手…舉好！

我要舉雙手

被張獻忠擊潰的大明左良玉部隊軍紀風評一向極差

右衝後雖然突圍而出，但所領的軍士卻已被殺死一萬多人，連軍符印信、器械輜重也都盡皆丟失，僅餘幾百名殘兵敗卒逃回房縣（湖北境內）。而記者在隨行採訪期間發現，左良玉所帶的這支部隊，軍紀可說是其差無比。例如之前張獻忠從襄陽（湖北境內）離開後，左良玉的部隊便尾隨入城，然後占據城中百姓的居所，搶劫百姓、姦淫婦女。官軍這種行為，與張獻忠、李自成等反抗軍集團的開倉濟貧剛好形成強烈的對比。也難怪百姓們逐漸有「不恨賊而恨兵」的想法，不知道誰才是政府口中所謂的亂民賊寇了。

清軍試探性襲擊錦寧

皇太極（清太宗）在今年秋末，令和碩肅親王（第一等爵位）豪格（皇太極長子），與之前因征戰失利被降級為多羅貝勒（第三等爵位）的多鐸（皇太極弟），率兵進襲錦州、寧遠（皆遼寧境內）。清軍此役雖然擊殺了大明寧遠總兵（寧遠軍軍長），但卻沒有擴大戰果、繼續攻擊的意圖，而是隨即退兵。軍事評論家指出，清軍此行的目的，極有可能是要探一探新任薊遼總督（薊遼軍區總司令）洪承疇的底。由於今年春才剛走馬上任的洪承疇，一到任後便對錦、寧防線進行了新的調整。又是抽調士兵強化戰鬥訓練，又是加強了山海關（河北、遼寧交界）外衛所的防守武力，或許是這些動作，讓皇太極感到些許的不安，才發起此一試探性的軍事行動。

熊文燦兵敗處死　楊閣部督師剿張

大明崇禎帝朱由檢（明思宗，明莊烈帝）在得知「八大王」張獻忠降而復叛、左良玉部隊全軍覆沒的消息之後，大為忿怒，立刻將總責其權的熊文燦逮捕處死，並要求左良玉戴罪立功。兵部尚書（國防部長）楊嗣昌眼見自己極力推薦的熊文燦兵敗身死，而自己「十面張網」的主張已變成破網一片，自知罪責難逃，便自請督師剿匪。朱由檢在八

月二十五日那天，特旨批准頂著大學士（皇帝高級秘書官）頭銜的楊嗣昌為督師（戰區總司令），並賜給尚方寶劍，再撥六百五十萬兩餉銀，點齊各路兵馬，專剿張獻忠。於是楊嗣昌將大批的餉銀糧草，及相當數量的軍資器械都儲置於大本營襄陽（湖北境內），同時調動二十萬大軍，以左良玉為平賊將軍，一路追剿已經進入四川的張獻忠集團。

大學士楊嗣昌自請督師，調集二十萬大軍準備追剿張獻忠

張獻忠軍逃入山中　當地山民協助掩護

「八大王」張獻忠集團在進入太平（四川境內）後，遭到大明官軍的圍堵，雙方爆發激烈的戰鬥。反抗軍拚死力戰，在傷亡慘重的不利情況下，張獻忠展開肉搏突圍，最後率領殘部遁入深山之中躲藏。目前官軍雖然已經四出搜索反抗軍的藏匿之處，但至今仍一無所獲。所以僅能在周圍布下嚴密的封鎖網，企圖將張獻忠困死在山上。不過，本報記者實地走訪山區後發現，其實張獻忠並未坐困愁城，反而是在

盜匪!? 沒看見啊，這個是我兒子…

兒子!? 這麼老！膚色也不一樣…

張獻忠殘部因山民的大力協助及掩護而躲過官兵的追擊

山中收聚流散士兵，趁機休養生息。而張獻忠集團在山中之所以能得到充足的補給與安全的隱匿，乃是因為其部隊入山之後，不但沒有滋擾當地山民，還與百姓平價交易，深得當地居民的信任與支持。所以山民不但提供了充沛的生活物資，還免費充當張獻忠的眼線，隨時向他回報官軍的動向，也難怪官軍一直玩不贏這場貓捉老鼠的遊戲。

清軍義州屯田　大壽錦州遭困

大清都察院漢人參政（中央監察院漢籍監察長）祖可法等人於日前建議，雖然清軍多次破邊而入，對大明造成極大的傷害，但最後還是必須退回關外。有鑑於此，所以為了長期確保遼東並進圖入據中原，錦州、寧遠（皆遼寧境內）勢在必取。而要取錦、寧，就要先逼使明軍無法在山海關（河北、遼寧交界）外耕種，以便能破壞錦州的糧食自主供應，然後將之長期圍困。皇太極同意這項建議，便於三月十八日命和碩鄭親王（第一等爵位）濟爾哈朗（皇太極堂弟）、與多羅貝勒（第三等爵位）多鐸（皇太極弟），率兵前往錦州北邊九十里處的義州（遼寧境內）修築城堡，開始屯田，以干擾大明錦州駐軍。同時令濟爾哈朗與和碩睿親王多爾袞（皇太極弟）的軍團，以三個月為一期，分別輪班圍困錦州，讓駐守錦州的祖大壽部隊陷入斷糧的危機。

網散之後盤又破　官軍剿賊漸吃力

你在幹什麼!?
還在這裡磨菇…
人都跑光了

哎～沒升官都沒力氣，
跑不動啊

伸！

賀人龍因對升遷問題不滿而拖延不進，導致
楊嗣昌的「圓盤計畫」又再次破碎無用

由襄陽（湖北境內）來到夷陵（湖北境內）坐鎮指揮的督師（戰區總司令）楊嗣昌，因為一直無法在山中捕捉到「八大王」張獻忠集團的主力，所以便又研擬了一道天衣無縫的「圓盤計畫」。依此計畫，官軍在重重包圍中將故意放開通往四川內地的隘口，以將張獻忠誘入其中，然後利用四周的山川險阻困住亂賊，再以大軍四面環攻殲敵。計畫一施行，反抗軍果然如楊嗣昌所預測的一樣，見到官軍包圍線出現缺口，便奮不顧身的往陷阱中跳了進去，直入圓盤之中。但就在張獻忠的主力部隊被暫時阻於夔州土地嶺（四川境內）時，楊嗣昌手下的大將賀人龍竟因升遷問題心生不滿，而在接到馳援的命令後，故意拖延不至。就是這一個小小的舉動，讓身陷險境的張獻忠又有了緩衝的時間。一方面傳令部下繼續強攻力抗，另一方面則親領士卒繞到官軍營寨後方發動奇襲。最後終於攻克土地嶺，盡殲駐守該處的五千名大明官軍。不久，張獻忠部隊又乘勢而進，在竹菌坪（四川境內）殲滅了三萬名大明官軍。楊嗣昌所率領的剿賊軍雖然連續遭受重挫，但卻仍堅持要貫徹他的圓盤計畫，所以又尾隨張獻忠集團，將指揮大營移駐到萬縣（四川境內）。不過，據本報戰地記者的回報，楊嗣昌手下的兩名大將左良玉、賀人龍，似乎和領導中心之間出現了一些問題，時常不服從這位督師的軍令調度。而楊嗣昌也因此越疑神疑鬼，總覺得所有的將領都心懷不軌，更要求軍中所有大小事務都要向他呈報核可之後才可行動。所以目前官軍中的狀況是，各級將領寧可坐待指示而喪失先機，也不願把握時機採取最有利的行動而導致受罰，兵士們則是因為接連的吃下敗仗而士氣低落。似乎除了督師本人、以及遠在北京的皇帝之外，所有人都已開始對這場剿賊戰爭感到前途茫茫。

明軍兵進松錦
糧食危機暫除

　　明薊遼總督（薊遼軍區總司令）洪承疇，在收到錦州（遼寧境內）祖大壽的告急文書之後，立刻採取反應行動。調派了總兵（軍長）吳三桂、劉肇基等部約四萬人的軍隊，前往松山、杏山迎擊清軍。雙方軍隊在幾次衝突之後，雖然互有勝負，但明軍已經在塔山通往杏山、松山，再到錦州的沿途設好營寨，然後將糧食一路護送到錦州城中。據估計，錦州城經過晝夜不停的搶運，目前城中的糧食存量已經可以支撐到明年中，暫時解決了糧食危機。

快送糧食來

沒問題，便當馬上到！

小凌河

錦州

松山

杏山

塔山

寧遠

祖大壽

洪承疇

災民們！
開飯囉！

闖王劫倉濟民
百姓爭相歸附

　　去年（一六三九年）利用「八大王」張獻忠再次起兵叛明的機會，重新招聚兵馬的「闖王」李自成。在今年又趁著官軍把焦點放在入川追剿張獻忠時，襲擊了河南一帶官府，然後大開穀倉、賑濟飢民。李自成的這一個舉動，已經成功的吸引了附近地區無數的災民前往歸附，在很短的時間內便集結成一支數萬人的武裝部隊，再度對大明政府形成嚴重的威脅。

明清雙方大軍在松錦形成對峙的局面

明清交戰松錦　雙方形成對峙

　　由於明軍不斷將糧食運至松山及錦州（皆遼寧境內），破壞了清軍長期圍困錦州的戰略，使得皇太極（清太宗）不得不改變戰法。在探知明軍準備在九月十日向錦州推進的消息之後，便下令讓和碩睿親王（第一等爵位）多爾袞（皇太極弟）於九月九日，提早一天對明軍發動突擊。明清雙方大軍於松山城西之黃土嶺激戰，雖然明軍方面的損傷極為慘

重，但大致上仍能守住防線。隨後，多爾袞部隊退到義州（遼寧境內），與松山的明軍形成對峙之勢，然後派出部隊干擾松、錦之間的運糧行動。大明薊遼總督（薊遼軍區總司令）洪承疇，經此一戰，發現清軍的力量遠比想像中還要強大，便再上疏中央，建議應集兵十五萬、存一年糧，才有力量能與清軍再戰。

官軍入川挫敗　懸賞賊首萬金
獻忠勢如破竹　閣部只值三錢

反緝捕
$3

緝捕
$ 10000

好可怕…這幫盜匪居然反過來
懸賞我，要是有人想拿賞金，
那我不就危險了…

放心啦…您人頭只值三錢，
沒人會幹的…

首級價值萬金的張獻忠展現高度幽默感，以三錢懸賞大明督師楊嗣昌的人頭

入川後的「八大王」張獻忠集團勢如破竹，於十月攻破劍州後，又進擊梓潼（皆四川境內），使得追擊的官軍全軍覆沒，並繳獲大量的軍械物資。出師不利的督師（戰區總司令）楊嗣昌在遭此空前失敗之後立即上疏，將所有的責任推給部屬，使得四川巡撫（四川軍區司令）被論罪處死、陝西總督（陝西軍區總司令）被革職問罪。就在楊嗣昌推委卸責的同時，張獻忠又已連克綿州、漢州、瀘州、巴州、達州（皆四川境內）等地，並轉向川東一帶前進。大明官軍則是不斷在後尾隨、疲於奔命，毫無任何斬獲。也難怪被張獻忠的士兵 KUSO 成歌詞加以戲謔：「前有邵巡撫，常來團轉舞；後有廖參軍，不戰隨我行；好個楊閣部，離我三天路。」遭到消遣的楊嗣昌，在把行營又前移到重慶（四川境內）之後，還特地發出了「擒斬張獻忠者，賞萬金、爵封侯」的榜文，以緝拿張獻忠。只是，這榜文才一張貼出來，楊嗣昌的行營住所、茅廁，以及重慶的大街小巷之中，便也出現了「斬閣部楊嗣昌頭者，賞銀三錢」的布告。由於兩者賞錢懸殊，過於爆笑，所以這件事已淪為當地民眾茶餘飯後的熱門話題。

大清時報

GREAT QING TIMES

西元一六四一年

辛巳

明‧崇禎十四年　清‧崇德六年

督師前鋒覆沒　官軍通聯斷訊

　　大明督師（軍區總司令）楊嗣昌的前鋒部隊，在連續追擊了四十多天以後，終於在開州（四川境內）趕上了「八大王」張獻忠集團。不過，追得上也未必是件好事，因為這支疲憊的官軍又再次遭到張獻忠的誘襲，然後以幾乎全軍覆沒的結局收場。楊嗣昌在得知戰敗後，不得不承認他的「圓盤計畫」徹底失敗，緊急將剿賊戰略改成防堵張獻忠逃離四川。不過，就在此時，大明官軍指揮部卻有如斷訊一般，完全失去了張獻忠集團的消息。軍事分析家表示，極有可能是張獻忠派人破壞了各地的郵傳驛站，以癱瘓官軍的情報及聯絡網路。如此一來，不止楊嗣昌的行動指揮中心得不到任何軍情，恐怕連各地守軍都無法接收到指揮中心的命令，整個剿賊部隊將陷入前所未有的危機之中。

迎闖王 不納糧 李自成攻破洛陽 推出高檔福祿宴

　　重出江湖的李自成集團，在剛加入集團的兩位舉人李信、牛金星的建議下，打出「迎闖王，不納糧」的口號，成功的獲得了許多貧苦百姓的支持。力量又壯大起來的李自成，決定發兵攻打洛陽（河南境內），並在元月二十一日早晨成功破城，取得洛陽全城的控制權，俘擄了平常作威作福、令百姓深惡痛絕的福王朱常洵。隨後不但下令將朱常洵處死，還把他的肉剁碎後和鹿肉拌在一起，把他的血混到酒中，以這樣的菜色推出「福祿宴」，和軍民百姓一起同歡暢飲。福王府中的億萬家產，以及城中諸多豪紳的庫藏財物，都被收繳充公。李自成除了將其中的一部分留作軍餉之外，其餘都全數發給飢困的災民，讓「闖王」的聲望又攀向頂峰。

懇請支持　1　闖王 李自成

迎闖王 不納糧

亂世中的最佳選擇

張獻忠閃電破襄陽　盡奪五省軍資糧餉

　　如鬼魅般消失了一段時間的「八大王」張獻忠部隊，於二月初突然在剿賊軍的大本營襄陽（湖北境內）出現。由於襄陽守軍前幾天才接到督師（戰區總司令）楊嗣昌的命令，將一半的軍力

張獻忠攻破襄陽，盡奪五省軍資又發銀賑濟災民後，大明督師楊嗣昌已因戰敗畏罪自盡

抽調到河南去協助討伐李自成，所以在防守上顯得十分空虛。張獻忠就抓準了這個時機，發動大軍猛烈攻城。而同一時間，城中又有多處失火，使得守軍為了救火而疲於奔命。就在一陣混亂之中，城門已被人從內部打開，於是反抗軍輕易的進城，接收了楊嗣昌儲放於此的五省餉銀、軍械火藥，以及襄王府的大批家產財物。張獻忠還從繳獲的這一大批資產中，特別撥出了五十萬兩白銀，用以賑濟飢民，獲得了城中百姓的高度支持。而因戰略錯誤，導致大本營所有物資被奪的兵部尚書（國防部長），也就是專剋張獻忠的督師（戰區總司令）楊嗣昌，則於三月初在沙市（湖北境內）選擇以自殺來謝罪。

祖大壽部下倒戈 錦州城更顯艱困

被清軍鎖死在錦州（遼寧境內）的祖大壽部隊，在坐困愁城時又發生一件讓情況更為惡化的事件。就是他麾下駐防錦州外城的一支蒙古兵團，在三月二十四日時居然受到清軍的煽動，舉全營兵丁男女共六千人叛變降清。此舉不但重挫明軍士氣，也讓失去外城的主城門戶洞開，直接暴露於清軍猛烈的攻擊之下。清軍掌握了此一絕佳的進攻機會後，一方面派兵強攻錦州城，一方面分兵扼守松山、杏山的援軍必經之路。到了四月二十五日，薊遼總督（薊遼軍區總司令）洪承疇親率七位總兵來援，並與大清和碩鄭親王（第一等爵位）濟爾哈朗（皇太極堂弟）的軍團在錦州東南十五里處決戰。明軍雖然未能一舉解錦州之圍，但也迫使清軍無法再向松山、杏山之間逼近。這時洪承疇又收到祖大壽從錦州城傳來的資訊，表示城內儲糧還算豐富，援軍不需冒險與清軍決戰。而洪承疇也認為錦州雖然丟失了外城，但祖大壽的守城戰力還算堅實，應該採取守勢，以時間來拖垮清軍。所以便將此份報告上呈中央，準備與清軍做長期的抗戰。

獨家內幕！！
張獻忠奪城手法大公開

經過記者的深入追查，發現襄陽城（湖北境內）在被督師（戰區總司令）楊嗣昌選定為大本營之後，其實便在防務上做足了工夫，以建設成可以安全存放大批軍餉器械的處所。加固的城牆、挖深的巨壕、再加上天險，原本應該是座難以攻破的堡壘要塞，但為何卻被反抗軍給輕易奪下？

張獻忠以偽刻的關防印信及軍符成功奪取襄陽

原來，「八大王」張獻忠為了奇襲襄陽，在出了四川之後，便先派人將湖廣與四川之間七百里的驛站全數焚毀，切斷了官軍的通信網。然後又在半路狙殺了楊嗣昌的使者，奪取了用以調兵遣將的軍符。再暗中使人潛入城中，盜取楊嗣昌所張貼的告示，並將上面的關防印信拓下來偽造。然後用偽造的印信及搶來的軍符，佯稱是楊嗣昌的命令，將一半的守軍調到河南，以減弱防守的力量。又以同樣手法將偽裝成官軍的反抗軍送進城中，在攻城時裡應外合，先是四處縱火，再趁亂打開城門，最後就這樣輕易的奪下了襄陽。

中央催促 洪總督率八總兵推進
前線告急 皇太極下令增兵赴援

薊遼總督（薊遼軍區總司令）洪承疇準備對清軍採取守勢的報告傳回北京之後，沒想到中央卻給了不同的答覆，要洪承疇不可拖延，應即刻發兵援救錦州，並將來犯的清軍擊退。據了解，北京方面之所以會做出和前線指揮官完全相反的判斷，應該是有一部分的官員認為再耗下去恐怕會籌不出所需的軍餉。所以一見到明軍在松、杏之間可與清軍相互抗衡，便認為只要大軍全力進擊，必可逼退清軍，解除錦州之圍。七月時，洪承疇因中央三番兩次的催促，在不得已的情況之

GO！GO！
放心上場吧！
把這小嫩牛宰了…

……

原本打算堅守的洪承疇在中央不斷催促下只好領兵出戰

下，只好放棄原本擬定的計畫，率領吳三桂、王樸、唐通、馬科、白廣恩、李輔明、曹變蛟、王廷臣等八位總兵，以步騎十三萬、馬四萬匹的浩大陣容開抵松山。洪承疇先在松山城北與清兵屯駐的乳峰山之間設立七個步兵營，然後以騎兵駐守松山的東、西、北三面。在布置妥當之後，下令發兵錦州（皆遼寧境內），並與清軍發生激戰，造成清軍極大的傷亡，同時也奪回錦州外城。輪守前線的多爾袞（皇太極弟）沒有料到忽然之間竟有這麼多的明軍出現，第一時間便火速派人回盛京（瀋陽，遼寧境內）求援。皇太極在收到緊急回報之後，已下令每牛条增兵十名，準備親赴前線增援。

李自成強攻開封 傅宗龍受命剿賊

李自成在今年初拿下洛陽（河南境內）之後，又將矛頭指向有重兵防守的戰略要地開封（河南境內）。只是官軍早有防備，以堅壁清野、閉門死守的戰略來對付反抗軍。李自成因為在激烈的攻城戰中被流矢射中左眼，加上大明援軍趕至，於是便結束強攻開封的行動，轉而西向攻擊密縣、登封、嵩縣等地，並轉南占領整個伏牛山區（皆河南境內）。明帝朱由檢（明思宗、明莊烈帝）獲報後，立刻下令兵部右侍郎（國防部次長）傅宗龍總督三邊軍務（寧夏、延綏、陝西戰區總司令），專責追剿李自成。

洪承疇布陣前重後輕　皇太極援軍發動反圍

原本包圍多爾袞軍團的洪承疇部隊因陣形配置不當，被前來支援的皇太極給反包圍

皇太極（清太宗）在收到多爾袞（皇太極弟）的求援書信之後，立刻徵得足夠的兵源，然後動身趕往前線赴援。這期間皇太極雖然身體不適，還一直不停的流鼻血，但清軍依然日夜兼程，於八月十九日便抵達松山（遼寧境內）。皇太極一到前線，還沒休息便登上高處去觀察明軍的布陣。他發現洪承疇大軍過於集中在前方的松山、錦州之間，而忽略了松山與杏山之間的後防。於是便將親率的援軍布置在松山、杏山之間，自烏欣河南至海邊，橫截大路，掘三道深八尺、寬丈餘的大壕，斷其糧道，使得原本包圍了多爾袞軍團的明軍，又被清軍給反包圍了起來。如此一來，錦州、松山、寧遠間的明軍便被各

自孤立，無法互援。明軍大本營一見皇太極如此布陣，便開始擔心了起來，參謀們紛紛提出應該立刻出奇兵偷襲清軍，或是應該嚴防清軍偷襲後方的建議。但洪承疇不但沒有採納，反而還說：「我都當了十二年的老督師了，你們這些書生，哪懂得什麼軍事？」八月二十日，明軍發動攻擊，雙方在一陣激戰後雖然未分勝負，但塔山方面卻傳來不好的消息。原來皇太極早已命阿濟格（皇太極弟）另率奇兵，前往塔山奪下明軍十二堆的儲糧，重挫明軍士氣。目前明軍已將所有步騎收攏在松山城中，以免兵力遭到清軍分割。軍事分析家指出，明軍做出這樣的調動，極有可能是要撤軍脫離戰場的前兆。

明軍退兵有人先跑　八路總兵爭相奔逃

據松、錦前線最新傳回的戰報顯示，大明薊遼總都（薊遼軍區司令官）洪承疇於八月二十一日召開高層軍事會議，決定放棄解錦州之圍的計畫，先將所有部隊安全帶回寧遠（皆遼寧境內），做好戰備補充及休整後，他日再與清軍決戰。不過當天晚上，整個撤退計畫就被完全打亂了。原因是八位總兵官（軍長）之一的王樸，因為過於害怕，所以在約定時間還沒到時，就讓自己的部隊拔腿先跑。這一跑可慘了，其他營的兵士們根本搞不清楚是怎麼一回事，還以為是清軍已經攻入大營，於是也開始爭相逃命。就這樣，為數十幾萬的明軍瞬時之間一片混亂，自相踐踏而死的就不知道有多少人。各營只顧著逃命，哪還管得了什麼指揮調度。洪承疇、曹變蛟、王廷臣還來不及突圍，退路就已經被清軍給堵死了，只好率領一萬多名殘卒退守松山城內。吳三桂、王樸、唐通、馬科、白廣恩、李輔明等六總兵，則是率兵沿著海岸線奔逃，不過卻正入皇太極（清太宗）早就設好的圈套之中。那時正是漲潮時分，一路被清軍追趕而溺死在海中的人可說是不計其數。馬科、李輔明等部倉皇逃入塔山，吳三桂、王樸等部則奔入杏山

之中藏匿。到了八月二十四日，吳三桂等認為風頭已過，便從杏山出來繼續往寧遠城的方向前進。不過到了高橋時，又再度被多鐸（皇太極弟）的伏兵阻擊，結果全軍覆沒，吳三桂、王樸丟下部屬，勉強隻身逃回寧遠。此役總計清軍斬敵五萬三千七百八十三人，獲馬七千四百四十四匹、駝六十六頭、甲九千三百四十六副。而明軍另外淹死於海中的人、與丟失的甲冑、馬匹都是數以萬計。整個海面上浮滿了死屍，就好像成群的乘潮雁鶩一樣，隨著波浪上下漂流，景象十分恐怖。

嗶！0364 號選手，你又偷跑，已經好幾次了，怎麼改不了…

對不起，我養成習慣了

明軍在撤退時竟然有部隊先行偷跑，導致全軍慌亂潰敗

洪總督無法脫困
崇德帝急回盛京

將軍，我們逃得出去嗎？

這…我看很難

被圍困在松山的洪承疇遭到重重包圍，難以脫困

明軍撤退寧遠的計畫大失敗之後，清軍向前推進，將松山、杏山、塔山、錦州（皆遼寧境內）等四城給團團圍住。同時又命恭順王孔有德、懷順王耿仲明、智順王尚可喜率領天祐軍、天助軍，帶著紅衣大砲前往錦州助攻。被困在松山的洪承疇雖然發動了幾次的突圍行動，希望能逃出生天，但都被清軍給打了回去，目前還是苦無脫逃的對策。至於大明關內駐寧遠等地的軍隊，則是蜷縮不進，沒有人願意冒險出關援救長官及友軍。不過，據可靠的消息指出，皇太極（清太宗）已於九月十三日緊急返回盛京（瀋陽，遼寧境內），目前並沒有在前線坐鎮指揮。至於皇太極匆忙離去的原因，則還有待進一步的查證。

闖王襲殺傅宗龍　　總督不屈終殞命

「闖王」李自成集團在與「曹操」羅汝才部隊合兵之後，在九月初，以號稱五十五萬兵馬的實力，往汝寧（河南境內）方向推進。這時受命專剿李自成的三邊總督（寧夏、延綏、陝西戰區總司令）傅宗龍，也率領著二萬兵馬，與保定總督（保定戰區總司令）楊文嶽，以及賀人龍、李國奇、虎大威等將領合軍，往項城（河南境內）前進。李自成在探得官軍動向後，便於半途設伏襲殺。在李國奇部隊被擊潰後，按兵不動的賀人龍居然引兵退走，李國奇和虎大威見大勢不妙，也把兩位總督丟下，自顧自的逃命去了。一開始傅、楊二督還以車列陣、併肩禦敵。但當天晚上，楊文嶽便也徑自往項城（河南境內）奔逃而去。到了九月十八日，孤軍奮戰的傅宗龍已經耗盡所有的糧食、火藥、箭矢，只好在夜裡率領僅存的六千兵士，冒死突圍而出。但反抗軍很快便追趕而上，將傅宗龍給俘擄了。本來反抗軍還想利用傅宗龍騙開官軍城門，不過傅宗龍在城下時仍不願屈服。李自成見其已沒有利用價值，便下令將他當場斬殺。

東宮傳殤　宸妃病死

根據盛京（瀋陽，遼寧境內）傳出的消息，年僅三十三歲的宸妃博爾濟吉特‧海蘭珠已於九月十七日去世，從松錦前線趕回的皇太極則是緊握海蘭珠的雙手，痛哭不已。宸妃海蘭珠是皇太極最寵愛的妃子，據聞兩人的感情十分深厚，皇太極還在一六三七年海蘭珠為他生下兒子時大赦天下，有意將其立為太子。只不過這個小孩福薄，在隔年（一六三八年）還不到七個月大時便夭折了，連名字都還來不及取。宸妃無法承受喪子之痛，從此身體狀況也越來越不好，終於在皇太極出征松錦時撒手人寰。

前線打算議和救人　大明皇帝怒斥反對

由於被清軍圍困的薊遼總督（薊遼軍區總司令）洪承疇、總兵官（軍長）祖大壽已陷於絕境，隨時都有斷糧或被殲滅的可能，於是寧前道（寧前軍區指揮官）石鳳臺便派人與清軍聯繫。希望可以透過議和，來救回洪承疇、祖大壽及被困松錦的明軍將士。不過當遼東巡撫（遼東軍區司令）葉廷珪把石鳳臺的行動上報中央時，卻遭到崇禎帝朱由檢（明思宗、明莊烈帝）「道臣誤國、有失體威」的嚴厲斥責。據消息人士指出，朱由檢之所以沒有同意此次的議和行動，最主要是因為群臣中有一大部分人採取堅決反對的立場，並總是給主張議和者扣下大帽子。尤其是袁崇煥因議和被殺後，大明上下對此更感忌諱。不過，該消息來源也指出，其實朱由檢心中是傾向於議和的，只不過礙於皇帝本身的自尊心，所以更不可能在群臣面前主動表達要對大清示弱之意。

大明官員中有人堅決反對與清議和，前線恐將因此全軍覆沒

明‧崇禎十五年　清‧崇德七年

李自成再攻開封 反抗軍冰封撤圍

　　「闖王」李自成集團在去年（一六四一年）擊敗三邊總督（寧夏、延綏、陝西戰區總司令）傅宗龍，並且收編其部隊之後，先乘勝連克商水、南陽、新野、新鄭、陳留（皆河南境內）等地，於年底又第二次嘗試攻打開封（河南境內）。李自成與「曹操」羅汝才兵分二部，分別從不同的方向聯手攻城。轟隆不斷、日夜不絕的砲火與戰鼓聲，一直持續到今年年初都仍未停歇。最後因為天氣轉冷，大地被冰雪所封凍，加上反抗軍的糧食也快要用完，李自成才下令撤圍，轉往近郊休整。

喂！我在這呢！你是餓昏了嗎？

我砍！

搖搖晃晃～

咕嚕！

困守松山的洪承疇因糧盡城破而被清軍所俘

松山糧盡被破 清軍進城搜殺

　　被清軍圍困在松山的洪承疇部隊，陷入嚴重的缺糧危機，二萬名士卒在城中糧盡，對外求援又未得粒米寸薪的狀況下，先是宰殺戰馬充飢，最後則變成人盡相食的慘況。大明朝廷雖然下令各軍赴援，但收到命令的將領不是畏縮不進，就是出兵敗沒。到了二月十八日的晚上，清軍終於在大明副將夏承德的內應之下，由南面登梯而入。不久便攻克松山，生擒薊遼總督（薊遼軍區總司令）洪承疇、遼東巡撫（遼東軍區司令）丘民仰、總兵王廷相、曹變蛟等人。隨後搜殺全城，共斬殺兵士三千零六十人、俘擄婦幼三千一百一十三人、繳獲甲冑一萬五千二百六十七件、各式火器三千二百七十三門、及大量的金銀珠寶與布匹綢緞，並把松山城夷為平地。

張獻忠絕地重生
克廬州震動江南

去年投靠李自成遭到冷落的張獻忠今年東山再起

　　「八大王」張獻忠於去年（一六四一年）八月，先後敗於官軍左良玉及王允成的部隊之後，聲勢遭到重挫。被逼到急的張獻忠只好前往「闖王」李自成那裡投靠，只是一山哪容得下二虎，李自成極盡冷落的態度在短時間內便表露無疑，使得兩人之間又心生嫌隙，張獻忠也只好摸著鼻子帶領少數的心腹部將出走。一直到年底時，趁著官軍集中到開封（河南境內）對付李自成的空檔，才又奪下亳州（安徽境內），並會集了當地「老回回」馬守應、「革裡眼」賀一龍、「左金王」賀錦、「爭世王」劉希堯、「亂地王」藺養成的兵力，再度重振了八大王的聲威。今年入夏，張獻忠集團便又攻陷舒城、六安，進克廬州、無為、廬江（皆安徽境內）等地，然後大敗官軍，使得江南一帶大為震動。

最新官方消息!! 洪承疇寧死不屈　崇禎帝設壇賜祭

崇禎帝決定以最高規格的榮譽奠祭寧死不屈的洪承疇

　　北京方面日前收到最緊急的戰報，內容指出松山城（遼寧境內）已被清軍攻陷，薊遼總督（薊遼軍區總司令）洪承疇，以及遼東巡撫（遼東軍區司令）丘民仰被俘後因不肯屈服而殉難，所率領的十五萬精銳兵馬也全軍覆沒。崇禎帝朱由檢（明思宗，明莊烈帝）聞訊後大感震驚，為了表彰洪、丘二人的忠節烈志，便下詔擇日為二人設壇賜祭。其中丘民仰設祭六壇，對洪承疇則將給予設祭十六壇的最高榮典，並在北京城外為其建祠。

闖王連殺二總督　三度兵圍開封城

　　「闖王」李自成的名號近來可是響亮的緊，不但於去年（一六四一年）捕殺了三邊總督（寧夏、延綏、陝西戰區總司令）傅宗龍，還在今年二月，把繼任的汪喬年也給俘擄並處決而死。隨後又攻克太康、占領杞縣，然後第三度圍攻開封城（皆河南境內）。儘管大明中央又急令督師（戰區總司令）丁啟睿、保定總督（保定戰區總司令）楊文嶽，以及總兵（軍長）左良玉、虎大威等領兵赴援。但李自成率領的反抗軍仍是輕易的就擊潰了各路官軍，並收編了數萬名的投降兵士官將。據記者探得的消息，反抗軍鑑於前兩次強攻開封皆沒有成功，所以這次打算改採長期圍困的戰略，切斷城中所有補給，等著開封糧盡之後自動投降。

闖王李自成第三度以重兵包圍開封

尷尬… 總督沒死 只是投降

哎呀！我剛好沒死成…

快把東西全撤了！

正要替洪承疇致祭的崇禎帝，忽然之間氣到滿臉脹紅的轉頭步出會場

　　就在崇禎帝朱由檢（明思宗、明莊烈帝）替為國捐軀的洪承疇，設好尊榮的十六座祭壇，並準備親自弔祭之時，忽然接到一份緊急報告。這份報告讓朱由檢看的是臉一陣青一陣白，隨後便中止所有祭祀活動，在隨扈人員的陪同之下，忿忿然離開祭壇現場，只留下錯愕的工作人員與新聞媒體。記者事後透過管道，獨家取得這份報告，發現原來之前洪承疇殉國的情報是不正確的，在二月十八日松山（遼寧境內）城破之時，巡撫（軍區司令）丘民仰、總兵（軍長）王廷相、曹變蛟等百餘官員，確實在被俘後已遭清軍處決，但洪承疇則是另行押送瀋陽（遼寧境內）。到了三月十日，困守錦州（遼寧境內）的總兵（軍長）祖大壽，決定開門降清，成了大清叩關以來，官階最高的降將。只是這個記錄並沒有保持多久，到了五月五日，具有總督（戰區總司令）頭銜的洪承疇，也在皇太極（清太宗）不斷的勸誘下，剃髮降清了。

莊妃勸降洪承疇!? 真相大解密

最近鄉民間流傳著一則關於洪承疇降清過程的講法，大致上是說洪承疇被押赴盛京（瀋陽，遼寧境內）後，一心絕食就義，不論經過多少次勸說都不肯答應降清。後來在皇太極的授意之下，便要大玉兒，也就是莊妃博爾濟吉特·布木布泰（孝莊后），親自送飲食到關押洪承疇的地方，然後以身相許、輕聲勸降。最後，鐵漢洪承疇終於屈服在柔情之下，俯首歸順大清。不過，經過記者的徹底追查，發現這根本是一則毫無根據的流言。首先，查遍檔案、問遍莊妃所有的家人朋友，根本沒有人聽過莊妃布木布泰有「大玉兒」這樣一個名字或稱呼。其次，布木布泰貴為永福宮莊妃，又是雅圖（皇太極四女）等三位格格、以及皇子福臨（皇太極九子）的生母，怎麼可能委身相許以勸降一位漢人

莊妃勸降洪承疇的傳聞已經被證實為子虛烏有

軍官，萬一被反過來綁架要脅怎麼辦？再者，莊妃是蒙古人，她的母語自然是蒙古話，而嫁給皇太極之後講的則是滿洲話，對於漢語則是完全沒有接觸的機會。如果是她去勸降漢人洪承疇，那兩人豈不是雞同鴨講？而其實據目擊者描述，真正的情況是，在洪承疇多次拒絕范文程等人的勸降，並絕食多日後，皇太極突然親自來到拘所。看到冷得縮在角落哆嗦的洪承疇，二話不說便解下身上的那件貂皮毛裘，輕輕的披在洪承疇的肩上，然後誠懇的問了一句：「先生一定很冷吧。」為大明皇帝賣命許久，卻從來不知道君臣之間原來可以是這種關係的洪承疇，只能睜大眼睛木然的看著這位戰場上的死敵，最後長嘆一聲：「這真是命世之主啊。」於是起身叩頭請降。

大明官方新聞稿證實　清開出和談具體條件

根據大明官方六月初發出的新聞稿，中央政府已於三月十六日，由兵部尚書（國防部長）陳新甲派遣近百人的特使團，前往瀋陽（遼寧境內）與清帝皇太極（清太宗）磋商雙方和談協議之細節。而清方也對此做出具體的回應，並提出以下之議和條件：一、兩國今後如有婚喪大事，需相互遣使慶弔。二、大明每年送清黃金萬兩、銀百萬兩。大清則送明人參千斤、貂皮千張。

說實在的，這條件還不錯

關鍵時鐘

……

根本就不該和談的……

明清雙方的議和內容及條件引起各界廣泛討論

三、雙方叛逃之人必須相互遣送回國。四、以寧遠雙樹堡中間之土嶺沿海至黃城島做為中線，以西為明國界、以東為清國界，越界妄行者處死。並以以連山為適中地點，進行雙方互市貿易。五、明清雙方的尊卑關係，由明方決定，清沒有意見。資深評論家認為，清方這次所提出的條件並不嚴苛，現在就等明帝朱由檢（明思宗，明莊烈帝）點頭。若明方也同意這些條件的話，相信雙方都可獲得喘息的機會，而且大明也更可專心應付反抗軍的問題。

漢軍擴編八旗

大清中央政府於六月六日宣布，因松錦大戰後繳獲大量的明軍火器及歸降兵士，所以漢軍的編制將增為八旗，並取消原來的黑色旗幟，改成與滿洲八旗相同的旗色。如此大清的八旗軍團轄下，便有滿洲八旗、蒙古八旗、漢軍八旗，共二十四旗的軍力。同一旗色的滿洲、蒙古、漢軍三旗，由一位皇族（可能是皇帝、親王、或郡王、貝勒）兼領。漢軍自一六三一年烏真超哈（漢軍重砲部隊）成軍以來，便隨著歸降漢軍的日漸增多而陸續擴編。先是在一六三三年七月，命八旗下之漢人每十丁抽一人入伍，以石廷柱為固山額真（旗指揮官，都統），漢軍自成一旗。一六三七年七月，分為兩旗，稱左右翼，左翼由石廷柱任固山額真、右翼由馬光遠任固山額真，旗色皆為元青。到了一六三九六月，又重新分編，將每十八個牛条（八旗制度的最基本單位）編成一旗，共分為四旗（元青、元青鑲黃、元青鑲白、元青鑲紅），分別以石廷柱、馬光遠、王世選、巴顏為固山額真。今年則是再擴編為八旗，以祖澤潤、劉之源、吳守進、金礪、佟圖賴、石廷柱、巴顏、李國翰為固山額真，共計一百二十九個牛条，兵力二萬四千五百人。不過，漢軍八旗的固山額真，其地位和力量是明顯低於滿洲八旗的。至於孔有德、耿仲明、尚可喜等「三順王」的天祐軍及天助軍，雖然也是漢軍，可是卻是獨立於漢軍八旗以外的單位。

超級大烏龍!! 書僮誤公開密件 尚書遭下獄論死

日前政府打算與大清議和的新聞稿發出之後，立刻在政壇上引起軒然大波。主戰派的官員強烈的抗議此一未經各部充分討論、也未經皇帝授權的行動，科道言官（給事中、御史等，皆負責監察彈劾之官員）則是交相上疏指摘。崇禎帝為此大怒，下令徹查後發現，這份由兵部尚書（國防部長）辦公室所發出的新聞稿，根本是個大烏龍。由兵部尚書陳新甲所主導的明清議和談判，原本是一件在暗中進行的秘密任務，一切根本都還在磋商階段，而所有的檔案也都被列為「極機密」的等級。只是陳新甲家中的書僮，卻在幫他整理書桌時，誤將其隨手擱置在桌上的密件資料，當作是要發布的新聞稿，然後交給各省駐京辦事處傳抄。由於此事引起極大的反彈聲浪，並涉及嚴重的國家利益與安全，所以朱由檢（明思宗，明莊烈帝）已將陳新甲下獄論死，並下令停止與清方的一切談判活動。資深分析師認為，明清雙方和談的破裂，對大明方面將極為不利。因為以大明政府目前的軍事力量及經濟力量看來，單單是要對付大清或是反抗軍其中的任何一方，都已是力不從心，更何況是要同時處理這兩個對手。所以可能用不了幾年的時間，大明政府就得因為不必要的虛妄、驕傲之心，而付出慘痛的代價。

兵部尚書陳新甲的書僮竟然誤將密件當成新聞稿發出，引發大明政壇軒然大波

明開封守軍引水攻敵
數十萬百姓同遭溺斃

被「闖王」李自成圍困了五個月之久的開封城（河南境內），終於在九月十四日發動反擊，於深夜時偷偷派人炸開黃河大堤，讓洶湧的河水沖擊敵軍。李自成部隊沒有料到官軍會使出這一招，只能在黑夜之中倉皇逃到高地避難。第二天清晨，開封城外已是汪洋一片，反抗軍共有數萬人遭到溺斃而死。到了十六日，不斷灌入的黃河大水反過來衝破了北門，一丈多高的巨浪瞬間吞噬了整個開封城。沒被水沖走的倖存百姓，只能爬到屋頂上等待救援。只不過，適時伸出援手的並不是原本應該守護人民的官軍，而是前來攻城的反抗軍部隊。而官軍們不但見死不救，還乘機發砲攻擊正在救災的李自成部隊，然後趁亂搭船逃出重圍。大明守軍這次的行動，除了淹死了數萬名反抗軍之外，同時也讓幾十萬的無辜百姓葬身水底。曾經號稱有百萬人口的大城開封，如今只剩下不到十萬人，而下令決堤淹敵，同時也淹了百姓的守城將官，則受到升官賞錢的獎勵。

內幕大追擊！！
崇禎帝驚為和議操盤
陳新甲僅是代罪羔羊

之前中央誤將議和密件發布的事件，又有了驚人的發展。一位不願意透露身分的大明高層表示，雖然整個議和是由兵部尚書（國防部長）陳新甲主導，但其實背後真正的操盤手卻是崇禎帝朱由檢（明思宗，明莊烈帝）。從一開始，陳新甲就是在朱由檢的授意之下與清方接觸，而過程中給陳新甲下過的手詔（非正式公文的指示小條子）就不知道有幾十次，都是在商議與清方的談判細節及條件。同時朱由檢還不斷提醒陳新甲要機密行事，在正式簽下和議書前絕不可洩露任何風聲。只是最後竟發生了烏龍事件，朱由檢一來為了維護自己的尊嚴，便把責任全給推得一乾二淨。二來又氣陳新甲不能保守秘密，怕他把整個事件抖了出來。於是便抓他當替罪羔羊，下獄論死，以做為整個事件的止血點。不過，截至目前為止，大明皇室都尚未對上述的說法，做出任何回應及說明。

皇上！明明是您叫我辦這事的啊…

死命抱住

住…住口！別胡說…來人啊，快把他拖出去砍了

崇禎帝被高度懷疑就是和議事件的幕後主使者

清軍現在已經殺紅了眼…啊！我是記者啊…住手…

關內百姓激烈反抗清軍的暴行，結果又引起清軍報復性的屠殺示警

清軍五度破關　各地驚聞屠城

在明清和議宣告破局後，清軍於今年再度破關而入，對大明發動侵略性攻擊。這次的軍事行動，是皇太極繼一六二九年、一六三四年、一六三六年、及一六三八年之後，第五度繞道蒙古，深入大明內地，對北京構成嚴重的威脅。十月底，多羅饒餘貝勒（第三等爵位）阿巴泰（皇太極兄）奉命統率八旗滿洲、蒙古、漢軍共二十四旗的一半兵力及蒙古諸札薩克旗，共八萬餘騎軍力組成的遠征軍，兵分二路向大明進發。同時，皇太極（清太宗）又令多羅豫郡王（第二等爵位，原被降為多羅貝勒，因松錦之役建功而回升）多鐸出兵寧遠（遼寧境內），一方面率制大明山海關（河北、遼寧交界）總兵（軍長）吳三桂，以策應入關的遠征軍，另一方面則是想要勸降吳三桂，以破除明軍之關寧防線（山海關、寧遠防線）。十一月，左、右兩翼遠征軍，分別從長城界嶺口及黃崖口（皆河北境內）破關入境。然後迅速攻占薊州、遷安、三河、霸州、河間、永清、衡水（皆河北境內）等地，北京雖然立即宣布戒嚴並徵調各路兵馬保衛京師，但入援明軍多半膽小怯戰，不敢正面阻擊清軍。阿巴泰隨後又奪下臨清，繼而攻陷兗州（皆山東境內），魯王朱以派被俘後自殺身亡。據戰地記者回報，由於清軍此行入關手段過於殘暴，在薊州、臨清等地都傳出了全城大屠殺的消息，因而在許多地方意外遭到百姓激烈的抵抗。而百姓激烈抵抗的後果，恐怕又將使得憤怒的清軍以屠殺更多的人民來當作示警之手段。

第 三 章

江山易主　皇叔攝政

（西元一六四三年～一六五一年）

大清時報

GREAT QING TIMES

西元一六四三年

癸未

明・崇禎十六年　清・崇德八年

李自成襄京稱王　羅汝才命喪同袍

「闖王」李自成所率領的部隊，於去年（一六四二年）底成功奪下洛陽（河南境內）後，便主動對大明左良玉的主力部隊發動攻擊。並於今年初攻克承天（湖北境內），逼死湖廣總督（湖廣戰區總司令）宋一鶴。到了元月下旬，反抗軍已經攻破漢陽（湖北境內），而原本負責要剿滅亂賊的左良玉則率部逃到九江（江西境內）。一時之間，角色互換，令人弄不清楚到底是官兵捉強盜，還是強盜打官兵。李自

「闖王」二十二劃不吉利，我看改成叫「新順王」運勢會比較好…

嗯！

李自成在謀士牛金星的建議下改稱「新順王」

成隨後回師襄陽（湖北境內），依謀士牛金星的建議，將襄陽改稱「襄京」，自稱「新順王」。並設各級官爵名號，立五營二十二將、上相、左輔、右弼、侍郎、郎中、防禦使、州牧、縣令等文武官員。而就在李自成建立了新順政權的同時，由「八大王」張獻忠率領的另一支反抗軍，則是趁左良玉在躲避李自成的時候，奪下了蘄州、黃州、麻城（皆湖北境內）等地。不過，反抗軍之中也存在著矛盾，據聞，李自成為了獨攬大權，已經把戰友「曹操」羅汝才給誘殺了，然後將其所統轄的部眾全部收歸己有。

清帝身體不適　境內各寺祈福

今年四月初的時候，大清皇室派出代表前往境內各地的主要寺廟，為生病的崇德帝皇太極（清太宗）祈福。據了解，其實皇太極最近這半年來，健康狀況似乎不是很穩定。在去年（一六四二年）十月底時，還一度因為身體不適，而讓和碩鄭親王（第一等爵位）濟爾哈朗（皇太極堂弟）、和碩睿親王多爾袞（皇太極弟）、和碩肅親王豪格（皇太極長子）、多羅武英郡王（第二等爵位）阿濟格（皇太極弟）等四人代理國政。目前醫療小組尚未對外說明皇太極的病情，只表示一切都在控制中，只是做例行性的健康檢查，希望各界不必做過多的聯想。

阿巴泰滿載北還　周延儒飾功報捷

去年（一六四二年）底第五度破關的多羅饒餘貝勒（第三等爵位）阿巴泰（皇太極兄）軍團，今年開春後繼續無所忌憚的肆虐大明內地。據聞，清軍在攻陷萊陽（山東境內）、順德（河北境內）、慶雲（山東境內）等地之後，還趁著春草遍野時解鞍牧馬並四出掠奪財物。而大明各路兵馬，不但未能把握這個機會反擊，還讓只有稍加變裝的清軍間諜，未經任何盤查便通過各個哨口，自由往來於南北各道。四月，清軍在掠取登州、萊州、海州、莒州、沂州（山東）之後兵分二路，左翼由青州、德州（山東）、滄州（河北）、天津衛（河北）、三河（河北），右翼則由東昌（山東）、廣平（河北）、彰德（河南）、真定（河北）、保定（河北）班師北歸。目擊者描述，十天之內光是在盧溝橋（河北境內），便至少有十幾批滿載戰利品的大型車隊通過，而每一批的長度都綿延將近三十里之遠。但屯駐在附近的明軍，竟沒有一隊敢出擊阻截。不過到了六月時，自請督師的首輔（皇帝首席高級秘書官）周延儒便回報，說其親率的大明軍隊，在密雲（河北）對剛合軍的左右二路清兵發動猛烈的攻擊，不但殺得清軍落荒而逃，還砍下一百多顆的敵人首級。崇禎帝朱由檢聞訊後大為讚賞，已表示將論功加周延儒太師（三公之一，為正一品之榮譽官銜）的頭銜，以做為褒獎。不過，就本報前線記者的回報，發現事實根本不是周延儒所回報的那樣。清軍退至密雲時，確實有與明軍交戰，只是兩軍甫一接觸，明軍便各自散逃，根本從頭到尾沒對清軍發過一矢半箭，所有的戰功全部都是造假而來。不久後，盛京（瀋陽，遼寧境內）方面也發布了一些數據，表示此役共克八十八城，擄人口三十六萬九千二百六十人、黃金一萬二千二百五十兩、白銀二百二十萬五千二百七十七兩、珍珠四千四百四十兩、綢緞五萬二千二百三十四、皮衣一萬三千八百四十件、毛皮五百多張、牲畜五十五萬一千四十頭。值得注意的是，這些都只是上繳中央的數據，如果加上那些被各級軍士將領暗中據為私有的財物人畜，以及被破壞的田莊、房舍、物品及生命，大明帝國的實際損失可能還要再高於此數據好幾倍。

大明守軍對於劫掠後滿載而歸的清軍竟然不敢出兵阻截

有創意吧！

驚！

突然蹦出！

你死定了

李自成在張獻忠稱王時送來一張挑釁意味濃厚的賀卡

張獻忠兵進武昌 大西王天授設官

今年五月，張獻忠集團在西取漢陽後，立即渡過長江，並在城中內應的協助下迅速攻占武昌（湖北境內）。在處死楚王朱華奎之後，還繳獲了王宮中所藏數以百萬計的黃金白銀，並將一部分拿來募集更多的兵力。由於年初時李自成已先在襄陽（湖北境內）自稱為「新順王」，所以張獻忠也不甘示弱的改武昌為「天授府」，自稱為「大西王」，然後也開科取士，設立六部及五軍都護府等官署。據聞，與張獻忠互有心結的李自成，還特別讓人帶來一張賀卡，上面寫著：「『老回回』馬守應已經投在我麾下，而『曹操』羅汝才、『革裡眼』賀一龍、『左金王』賀錦也都命喪我手，下一個就輪到你了。」看來，「新順」、「大西」兩大集團的反抗軍，彼此間的競爭可能會越來越激烈了。

關中軍移師洛陽　孫傳庭專剿新順

由於李自成和張獻忠這兩股反抗軍集團，已先後在襄陽及武昌（皆湖北境內）稱王，聲勢正以超乎想像的速度日漸壯大，使得崇禎帝朱由檢（明思宗，明莊烈帝）越發的感到恐懼。於是便在六月，將駐守關中（陝西境內）的陝西總督（陝西戰區總司令）孫傳庭擢升為兵部尚書（國防部長）、督師三邊及豫楚川黔各省軍務（寧夏、延綏、陝西、河南、湖北、湖南、四川、貴州戰區總司令）。孫傳庭在皇帝三番兩次的催促之下，於八月一日率領十幾萬的大軍開出潼關（陝西境內），向洛陽（河南境內）進發，準備一舉殲滅李自成的主力部隊。不過，軍事分析家也對此提出警告，認為目前大明政府可用的兵力僅剩阻擋清軍南下的山海關（河北與遼寧交界）駐軍、專剿張獻忠的左良玉部隊，以及坐鎮關中的孫傳庭軍團。一旦孫傳庭離開關中，將使得北京城失去可以倚恃的武裝部隊。萬一沒有辦法順利擊潰李自成主力，北京將淪入萬劫不復之地。

豪格與多爾袞在皇太極死後的繼承人之爭上呈現勢均力敵的態勢，雙方互不相讓

大清皇太極駕崩　豪格多爾袞爭位

日前，大清帝國發布一項重大消息，崇德帝皇太極（清太宗）已於八月九日因病駕崩，享年五十二歲。回顧皇太極在位的十七年間，不但征服朝鮮、將蒙古各部歸於轄下，還數度入明邊境，為大清的逐鹿中原打下了基礎。資深評論家認為，皇太極的智謀才幹、知人善任、眼光深遠等政治天分，自唐太宗以後的中國歷代皇帝之中，恐怕沒有幾個能及得上。不過，由於皇太極生前並未指定繼承人選，所以大清皇室之間，勢必展開一場激烈的皇位爭奪戰。而目前浮上檯面的競爭人選，最有實力的是三十五歲的和碩肅親王（第一等爵位）豪格（皇太極長子），與三十二歲的和碩睿親王多爾袞（皇太極弟）。兩人實力相當，都是屢立軍功的皇室近親。其中，身為皇太極長子的豪格有正黃、鑲黃、正藍三旗（豪格掌正藍旗，兩黃旗為其父皇太極所有），共一百一十七個牛条的擁護；身為努爾哈赤（清太祖）之子、皇太極之弟的多爾袞，則掌控著正白及鑲白兩旗共九十八個牛条的實力。而掌正紅、鑲紅（原鑲紅旗主岳託已死，由其父代善領旗）兩旗的代善（皇太極兄），與鑲藍旗濟爾哈朗（皇太極堂弟），總共九十六個牛条的力量，則暫時保持中立。

皇位爭奪結果揭曉　六歲福臨意外繼位

大清帝國發言人在八月十四日正式對外宣布繼承大位的人選，結果令各界跌破眼鏡，竟然是由年僅六歲的愛新覺羅・福臨（皇太極九子）繼承皇太極（清太宗）之位，登上了皇帝寶座，並以「順治」為新的年號。原先的熱門人選和碩肅親王（第一等爵位）豪格（皇太極長子），與和碩睿親王多爾袞（皇太極弟）雙雙落馬，意外成為皇帝的福臨（清世祖）以及各地賭盤的組頭，成為最大贏家。多爾袞雖然未能奪寶，但與和碩鄭親王濟爾哈朗（皇太極堂弟）一同輔政，等於也把政權抓在自己手裡，仍算贏面。而最大的輸家則是豪格，從皇帝長子這個最具競爭力的身分，跌落到谷底，不但什麼都沒有，未來還可能遭到多爾袞的清算。

在兩大勢力激烈競逐下，六歲的福臨意外獲得大獎

【濟爾哈朗專訪】順治稱帝秘辛

關於大清皇位繼承事件的轉折，本報獨家專訪了當時人在現場的和碩鄭親王（第一等爵位）濟爾哈朗（皇太極堂弟），還原了整個過程。以下就是訪談的內容：

記者：請問對於這樣的結果，您感到意外嗎？

濟爾哈朗：當然啊！這都不在所有人原本的預期之內。

記者：那您原先是支持哪一方？豪格，還是多爾袞？

濟爾哈朗：（神色略帶緊張）沒有沒有，我和禮親王代善（皇太極兄）是採取中立的，沒有任何預設立場。

記者：那可以請您還原一下當時的情況嗎？

濟爾哈朗：八月十四日那一天，諸王、貝勒及重要大臣都被通知到崇政殿商議繼承帝位的人選。不過，當我到場時，就已經感覺到氣氛不對了。兩黃旗的精銳護軍早已全副武裝，把崇政殿給團團圍了起來。現場人很多，但是卻意外的安靜，是那種詭異、又有點肅殺氣氛的靜默，彷彿空氣都凝結了一樣。

記者：您當時有什麼感覺呢？

濟爾哈朗：我當時心裡毛的很，想說今天的協調結果如果不能取得各方共識的話，只怕要當場濺血了。尤其索尼、圖賴、鰲拜等兩黃旗的大臣，還手扶配劍，一臉殺氣的在會議即將開始前便衝入殿中。

記者：嘩！這麼囂張，這看起來像黑道準備要火拼的場面呢，後來有真的打起來嗎？

濟爾哈朗：是沒有啦，但豪格仍舊一言不發的坐在那，似乎有意縱容手下們這種不像話的舉動。一直到會議要正式開始時，索尼和鰲拜大概是想

當時的情形真是非常的恐怖……

現在是在說鬼故事嗎？

濟爾哈朗現身說法，還原事發當時的現場實況

說有豪格給他們撐腰吧，就先跳出來發言。不過話才講到一半，睿親王多爾袞馬上怒斥：「諸王都還沒有發言，你們有什麼說話的資格？退下！」索尼和鰲拜被多爾袞這麼一嗆，只好閉嘴退下。然後多羅武英郡王（第二等爵位）阿濟格（皇太極弟，多爾袞同母胞弟）和豫郡王多鐸（皇太極弟，多爾袞同母胞弟）便勸多爾袞應該繼任皇帝大位。

記者：多爾袞沒答應嗎？

濟爾哈朗：多爾袞看到兩黃旗大臣誓死擁護豪格的樣子，心中也是有所顧忌。大概是怕如果答應了的話，鰲拜那群人會直接訴諸武力吧。但他也不把話說死，只是顧左右而言他，遲遲沒有做出回應。不過急性子的多鐸可管不了這麼多，立馬站起來說：「你若不答應，那乾脆立我為皇帝好了。我的名字可是有被列在太祖（努爾哈赤）遺詔中呢！」多爾袞當下回道：「人家肅親王（豪格）的名字也被列在太祖遺詔中啊，又不是只有你的名字。」多鐸又接著說：「那不然立年紀最長的禮親王（代善）好了。」

記者：禮親王怎麼說？

濟爾哈朗：禮親王聽到自己名字被提出時嚇了一跳，立刻說：「我年老體衰，無法當此大任。如果睿親王（多爾袞）肯答應的話，那就太好了。不然，身為皇帝長子的肅親王（豪格）也可繼承大統。」不過話一說完，諸王竟然沒有人答聲。這時肅親王（豪格）對於都沒有人支持他的情形大概覺得很不爽吧，就以很酸的口氣說：「哼，我福小德薄，哪有資格擔此重任！」說完便起身，頭也不回的離開會場。

記者：哦，豪格就這麼放棄了嗎？

福臨（中）登位後與輔政的濟爾哈朗（左）及多爾袞（右）合影

濟爾哈朗：我想不是，這八成是他事先安排好的戲碼，想用退席的機會讓底下索尼、鰲拜那幫人跳出來，以武力逼迫在場的所有人讓他繼位。所以他前腳剛走，兩黃旗的大臣果然就離座向前，手握劍柄的大聲呼喝說：「先帝對我們恩重如山，今天如果不能立先帝之子即位，那我們寧可追隨先帝而去。」這意思很明顯啦，就是非要立豪格不可嘛。禮親王（代善）和多羅武英郡王（阿濟格）眼看著就要發生流血火拚，都以沒有意見為藉口先後閃人。

記者：雙方當場打起來了嗎？不然怎麼最後不是豪格繼位？

濟爾哈朗：這睿親王（多爾袞）反應也夠快的，馬上站起來說：「你們說的一點也沒錯，是應該要立先帝之子才對。不過剛剛肅親王（豪格）已經表示說他不適合繼承大位，我們也不方便再去勉強他。我看就立先帝的九子福臨好了，這樣你們沒有意見了吧。」索尼、鰲拜等人被這話一堵，一時之間也說不出什麼反駁的話，就張著嘴巴呆在那裡。睿親王接著說：「不過福臨年紀還小，所以軍國大事暫由我和鄭親王（濟爾哈朗）來輔政，等到福臨成年之後我們再還政於他。鄭親王，您意下如何？」於是這件事就這樣定了下來，沒流一滴血，結果雖然沒有人滿意，但都可以接受。

記者：那您對多爾袞這樣的安排有什麼感想？八月十六日時，他把之後又想拱他奪取皇位的阿達禮（代善孫）、碩託（代善子）給處死。對於此事，您有什麼評論呢？

濟爾哈朗：其實他是有實力可以蠻幹爭得皇位的，但卻為了避免流血衝突而採取了折衷的方式，這一點我倒是滿佩服他的。至於把阿達禮和碩託處死，除了顯示他決無私心之外，更重要的是為了避免給豪格集團逮住謀反的小辮子。畢竟輔政和自己當皇帝其實沒什麼差別，都是大權在握……哦，我自己當然是沒這個意圖啦，你也知道的，我並非太祖（努爾哈赤）直系子孫，能以輔政的身分來輔佐皇上，已是最大的恩寵了。

記者：感謝您撥時間接受採訪。

大西軍攻湖廣奪袁州 左良玉兵淫掠惹人嫌

自稱為「大西王」的張獻忠，於八月的時候又率領大軍南下，先後攻占岳州、長沙、衡州（皆湖南境內）等地，然後又奪下了袁州（江西境內）。雖然左良玉帶領的官軍不久便發起反攻將袁州奪回，但是因為左良玉部隊的士兵軍紀太差，反而使得城中變成一片混亂。江西巡撫（江西軍區司令）郭都賢只好上疏劾奏，將暴虐的左良玉部隊調走，改成自行招募軍士戍守。於是，張獻忠便又抓住了這個官軍調防的時機，發動突擊，再次奪回袁州的控制權。

> 我是警察，來保護你的，快開門…

> 我自己請保全就好了

左良玉部隊的軍紀太差，江西巡撫只好自行招募軍士防守

順王李自成誘敵 督師孫傳庭敗死

大明督師孫傳庭先盛後衰，遭李自成擊殺身亡

督師（戰區總司令）孫傳庭自關中（陝西境內）出發之後，於洛陽、龍門、汝州、寶豐（皆河南境內）等地接連打敗李自成的部隊，一路勢如破竹、聲勢大好。但就在此時，孫傳庭發現軍團的進攻速度似乎過急，糧草供給未能即時補上，於是便下令回軍到汝州接應後勤部隊。不料，這一切都在李自成的算計之中，接連退敗原來只是誘敵深入，讓對手陷於缺糧恐慌的手法。就在官軍調頭的同時，李自成一面派遣部隊繞到汝州去阻截官軍的糧草，一面趁著官軍士氣低落時發起反攻。於是孫傳庭的前軍才剛回轉掉頭，後軍便已自亂陣腳紛紛逃散。李自成抓準這個千載難逢的機會猛力追殺，官軍則是一路爭相奔逃，終至潰不成軍。十月時，孫傳庭在逃亡中被殺身亡，李自成則揮軍攻破潼關、占領西安（陝西境內），關中險要之地盡歸新順王所有。

大西軍擊破左良玉

年底，大明官軍在江西總督（江西戰區總司令）呂大器帶領下，開始發動逆襲。在收復吉安（江西境內）之後，左良玉又移鎮武昌，並分兵兩路，收服岳州（湖南境內）、袁州（江西境內）兩地。不過，大西王張獻忠也不是這麼好打發的，立刻就率部北上，然後在嘉魚（湖北境內）設下伏兵，一舉擊潰尾隨而至的左良玉精銳。同時並收降官軍，納部編營，控制了湖南全境、湖北南部，以及廣東、廣西北部的廣大地區。軍事分析家認為，左良玉部隊經此挫敗，已完全喪失精銳戰鬥力量，將無法再與張獻忠的大西軍相抗衡。

親王不再兼六部事
攝政二王總攬大權

大清中央政府宣布，因和碩鄭親王（第一等爵位）濟爾哈朗（福臨堂叔）、和碩睿親王多爾袞（福臨叔父），身負輔政大任，不便再兼管部事。所以自即日起，廢除由諸親王、貝勒兼管六部的規定。同時，鄭親王、睿親王自今以後稱為「攝政王」，各部承政（實際負責部務的部長）直接向兩位攝政王負責，不再另行召開各旗親王及貝勒之議政會議。政治分析家指出，此舉明顯的削弱了各親王、貝勒的力量，負責決斷所有軍國大事的兩位攝政王，其地位將遠遠的超過其他人之上。和碩禮親王代善（福臨伯父）、和碩肅親王豪格（福臨長兄）等人，將逐漸失去政治舞台。

多爾袞一連串的動作，已讓代善及豪格等人逐漸失去政治舞台

大清時報

GREAT QING TIMES

西元一六四四年　甲申

明・崇禎十七年　清・順治元年

大順西安建國
通牒約戰北京

嗯，強盜當上皇帝…這題材實在太勵志了，應該翻拍成電影，一定賣座

今年元旦，李自成於西安（陝西境內）宣布建立「大順國」，以「永昌」為年號正式登上帝位。任命宋獻策為軍師（軍事總參謀長）、牛金星為大學士（皇帝高級秘書官），增六部為六政府，任職授官並大封功臣。同時宣布免徵百姓三年賦稅錢糧，鑄每枚值銀一兩的「永昌通寶」大錢，及十錢、五錢之小錢為流通貨幣，以平抑物價。又以「問鼎長安賦」為題，開科取士，選拔人才。不過，對於轄下的大明官紳則採取殘酷的手段追贓助餉，強迫徵收錢糧或沒收家產以充軍資，以彌補三年免稅所產生的財政漏洞。李自成隨後於二月初兵進山西，對大明政府發出約戰通牒，表示將於三月十日兵臨北京，這樣的動作，已引起大明朝廷極度的震撼與恐慌。

周延儒東窗事發
飾戰功被賜自盡

你這傢伙…原來從小就是個吹牛大王！

皇上饒命

吹牛大賽冠軍 周延儒

周延儒謊報戰功一事終於被人戳破

去年（一六四三年）督師（戰區總司令）周延儒在清軍入關時謊報戰功一事東窗事發，被錦衣衛指揮使（皇帝直屬特務機關指揮官）駱養性給踢爆真相。崇禎帝朱由檢（明思宗，明莊烈帝）為此感到十分生氣，大罵說：「周延儒這老傢伙居然使乖騙我，給我拿條繩子去命他自盡，以消我心頭之恨。」於是駱養性便帶了聖旨和繩子在傍晚前往周府，周延儒得旨後向家人一一哭別，拖到第二天早上才上吊自盡。不久後，YOUTUBE上便廣為流傳這一首歌謠來諷刺他：「周延儒，字玉繩，先賜玉，後賜繩。繩繫延儒之頭，一同狐狗之頭。」而同一役中，被控畏敵不前的薊遼總督趙光抃、關外督師范志完，也同樣難逃被處死的命運。

濟爾哈朗識相的退讓，讓多爾袞成為更專權的首席攝政王

鄭親王自居其次 多爾袞攝政獨專

攝政鄭親王濟爾哈朗（福臨堂叔）於日前諭令大清各部院，表示從今以後所有事務，不論是口頭或文件，都要先向攝政睿親王多爾袞（福臨叔父）奏報，所有的文件、坐立班次、行禮儀制，也都以睿親王排列在前。一般認為，濟爾哈朗自居其次，讓多爾袞成為首席攝政王的做法，應該是為了明白的表示支持多爾袞，以免成為政治鬥爭的犧牲者。可能是濟爾哈朗在去年（一六四三年）底，領軍進攻寧遠（遼寧境內）失利後，已經明顯感覺到自己的政治實力無法與多爾袞相抗衡，所以乾脆識相一點將大權拱手讓出，以求明哲保身。只是如此一來，大清國政將完全由多爾袞一手把持，勢必導致其更加的獨裁。加上日前多爾袞也否決了都察院（中央監察院）承政（負責實際院務之院長）滿達海的建議，不讓順治帝福臨（清世祖）接受皇帝該有的基礎教育，以培養身為國家領導人的基本學養。都讓人直接聯想到多爾袞想獨霸政壇，甚至壓抑福臨皇權的野心。

大學士 領兵抗順　軍士卒 逃亡過半

元月底，大明政府獲報大順帝李自成軍隊已經進入山西的消息後萬分緊張，大學士（皇帝高級秘書官）李建泰便自請領兵，並願以家資充當軍餉，出師抗擊大順軍。不過這支大明皇室的救命部隊，才剛出京城，便發生嚴重的士兵逃亡事件。據估計，依逃兵的速度估算起來，在遇到李自成的時候，李建泰手上可用的兵士可能會連一千人都不到。同時，由於戰況一再失利，也使得朱由檢（明思宗，明莊烈帝）對各地將領越來越不信任，便又加派了高起潛等十個太監，到各戰略要地去監軍。只是如此一來，勢必導致事權愈加分摯，而無法有效的指揮部隊，也將使得大明國的未來更是晦暗不明。

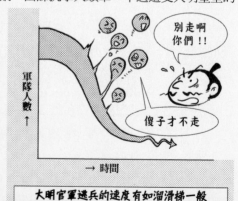

大明官軍逃兵的速度有如溜滑梯一般

大西王兵進四川　大順帝逼近京師

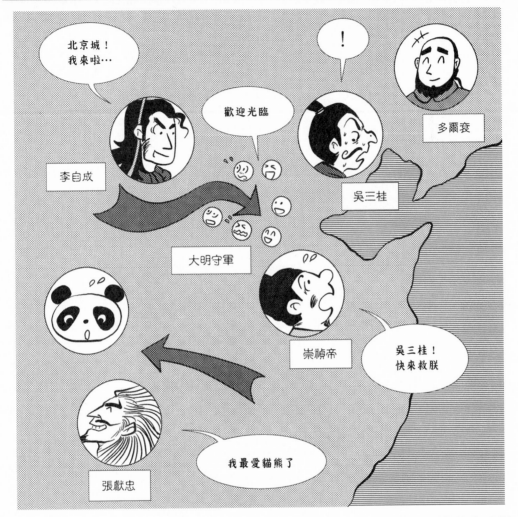

　　張獻忠所率領的大西軍，在年初向四川進發後不久便攻克夔州，並往前推進到萬縣（四川境內）。但是剛好遇到河水高漲，大軍一時之間無法渡過，所以只能暫時屯兵於此。據當地居民表示，河水可能要等兩、三個月的時間才會消退，所以四川的明軍還有一段時間可加強戰備。另一方面，大順帝李自成的部隊，則已由關中（陝西境內）渡河東進山西，破寧武關、斬殺明總兵（軍長）周遇吉，並拿下太原。而往後的行程則異常順利，在三月初抵大同（山西境內）時，明總兵姜瓖未戰而降。到了宣府（河北境內），總兵王承胤、以及監軍太監杜勳禮數更為周到，竟然出城三十里迎降。由於大順軍距離北京城越來越近，而李建泰的部隊又多數散逃，大明中央只好緊急封吳三桂為平西伯，命其放棄寧遠（遼寧境內），火速入衛北京。

崇禎煤山自縊　大明帝國覆亡

上課鐘響了，不必進教室嗎？

沒關係啦！反正老師要換人了…

崇禎帝在亡國前試著鳴鐘召集大臣，但卻無一人願意前來

大順軍在三月十五日開抵距離北京不到百里的居庸關（河北境內），原本受命死守的總兵（軍長）唐通以及監軍太監杜之秩，依然沒能替明帝守住這一關，仗還沒打，就急著開關投降了。李自成部隊輕鬆通關後，已於十七日兵臨北京城下開始攻城。而這時奉召緊急入援的吳三桂，在花了十一天的時間後，竟然才走到只需兩日路程的山海關（河北、遼寧交界），令人不禁懷疑他是否故意拖延觀望。到了十八日，北京外城陷落，京營官兵不戰而散，朱由檢（明思宗，明莊烈帝）緊張的在殿庭中來回踱步。不久又聽到內城亦被攻破的消息，只好回到乾清宮，讓太子朱慈烺、定王朱慈炯、永王朱慈炤換裝逃出宮中。然後自己則手握長劍，搖搖晃晃，眼神空洞的走到後宮，先是逼皇后上吊自盡，然後再拔刀砍殺自己的女兒長平公主及昭平公主。其中長平公主被砍斷左臂，因流血過多昏了過去，而年僅六歲的昭平公主則是一劍穿心斃命。之後朱由檢在十幾個太監簇擁下，企圖換裝出逃。但這時宮門緊閉，守城兵士不知道是認不出身著便服的皇帝，還是知道卻故意不開門，竟在城樓上放箭，逼得朱由檢只好退回宮中。到了十九日破曉，朱由檢試著鳴鐘召集大臣，但並無一人前來，萬念俱灰的崇禎帝便含淚在煤山樹上自縊，得年僅三十五歲。自明太祖朱元璋建國後，經歷十六任皇帝、享祚二百七十六年的明朝，就此覆亡。二十一日時，朱由檢的屍體終於被大順軍發現。據聞，吊死在樹上的朱由檢死狀極為淒涼，披髮覆面、光著左腳，只有右腳穿著一隻紅鞋。袍服衣襟上則是以斑駁的血跡寫著：「朕登極十七年，致敵入內地四次，逆賊直逼京師。雖朕薄德匪躬，上干天咎，然皆諸臣之誤朕也。朕死，無面目見祖宗於地下，自去冠冕，以髮覆面，任賊分裂朕屍，勿傷百姓一人。」而旁邊樹上掛著的另一具屍體，則是從他嬰兒時期便照顧他，一直陪他走到最後的忠僕太監王承恩。

李自成釋出善意 吳三桂決定歸降

奉命入京勤王的吳三桂，在豐潤（河北境內）聽到了北京陷落的消息之後，又逢大順帝李自成派降將唐通帶著四萬兩白銀前來犒賞，積極招撫並保證將給予高官厚祿、封侯賞爵。吳三桂幾經思考決定歸降大順，便遣使回報大順帝，然後把山海關交由唐通駐守，自己則率領所部，準備入京朝見新皇帝。沿途還大張告示，說：「本鎮率所部朝見新主，所過秋毫無犯，爾民不必驚恐。」軍事分析家指出，原本鎮守關外、令清軍無法跨越山海關（河北、遼寧交界）一步的吳三桂，其力量併入李自成的大順帝國之後，將有可能對大清帝國造成一定程度的衝擊，成為爭奪中原霸主的強力敵手。

呼…還好有找到新工作

明將吳三桂改投大順帝李自成

大順追贓助餉　得手七千萬兩

北京城破之後，數千名的大明官員歸降大順帝國，希望可以繼續在新政府中謀個差事，繼續當官污錢。不過，事情的發展卻不如預料中那般的順利。首先，光是三月二十一日那天一大早，明朝舊官吏三千多人便聚集在承天門外，等著拍新主人的馬屁。過了中午，大順高層才開始從四品以下的官員中選出了九十二人留用，降級授以在京職務的有三百多人、派外任職的有四百多人。加起來只有不到三分之一的人謀得了差事，另外還有五百多個武職官員被下令處死。而李自成接下來於二十三日展開派餉活動，更是讓這些明朝遺官當場哭了出來。由於李自成起兵之初以「迎闖王，不納糧」的口號打出了口碑，在立國時又開出「三年免稅」的支票來爭取百姓支持，以致政府和軍隊所需的龐大經費便沒了來源。所以大順政府便將腦筋動到了

這些明朝遺官身上，要求內閣中堂（皇帝高級秘書官員）每人繳交十萬兩白銀、部院京堂錦衣（部長級官員）每人三到七萬兩、以下部屬數千兩不等。如果交不出來怎麼辦？很抱歉，就只好大刑侍候了。只是這樣還是彌補不了財政缺口，於是又以各種名目，對各級官員及富紳展開追贓。追的是貪污所得的贓款嗎？名義上是，但實際上就是不分青紅皂白要從你身上把錢挖出來。例如大學士（皇帝高級秘書官員）魏藻德不知道怎麼算的，就被要求交出十萬兩贓款，但家中籌措了半天只能交出一萬兩。於是魏藻德就被活活拷掠五日夜而死，然後又逼著他兒子追贓，結果也是因籌不出錢而被打死。據統計，短短幾天之中，僅在北京城內所追繳出的贓銀就將近七千萬兩，是之前大明全年歲收的十幾倍之多。

豪格廢為庶人 清軍發兵叩關

日前，駐盛京（瀋陽，遼寧境內）記者傳回關於大清中央的最新消息。首先是對攝政王多爾袞（福臨叔父）最具威脅的和碩肅親王（第一等爵位）豪格（福臨長兄），因被屬下何洛會告發謾罵攝政王是「有疾之人，連個孩子都蹦不出來」，並曾說「當時我沒有極力爭位，今天想起來真是失策」等等不當言論，且有謀反之跡象而被撤去封爵、廢為庶人，並奪所屬七牛條（八旗的基本單位）、罰銀五千兩。一般認為，這極明顯是多爾袞排除異己的拙劣手段，藉著收買何洛會來給豪格羅織罪名，以逐步鞏固自己的政治地位。但於此同時，多爾袞也依大學士（皇帝高級秘書官）范文程所提的建議，決定率兵入關，問鼎中原。資料顯示，在范文程的提議中，除了認為此時是進軍中土的最好時機外，還強調此行必是與李自成爭天下。為了達此目的，必須要特別強調軍紀，不能再像以往那樣以掠奪為目的，而是要安撫百姓，以得民心。做到不屠人民、不焚屋舍、不掠財物的要求。同時應在攻下關內據點時，派兵留駐，以做長期經營之計。於是在四月時，多爾袞便親率十幾萬的大軍出發，準備衝破邊關，與李自成爭奪北京。

衝冠一怒為紅顏
三桂決裂大順帝

原本已經說好要入京朝見大順帝李自成的吳三桂，其歸降之旅突然出現重大轉折。才行至半路便調頭回軍，攻擊駐軍山海關（河北、遼寧交界）的大順將領唐通，並奪回山海關的控制權。據記者所得到的內幕消息顯示，吳三桂之所以對大順降而復叛，最主

要是在四月五日行軍途中，接獲由北京逃出的家人告知一連串的噩耗所致。原來，先前已歸降大順、並寫信來勸降的吳三桂之父吳襄，竟然也在拷打追贓之列。當家人述及父親被殘忍虐待的情形時，吳三桂便已憤恨難忍。加上得知連他的愛妾陳沅（陳圓圓）都被李自成的手下大將劉宗敏據為己有，這讓他整個爆發開來，立刻下令奪回山海關。隨後以討伐國賊李自成為號召，將兵馬擴充到將近五萬人之多，準備與李自成展開決戰。而李自成方面在得到消息後，也親領六萬精兵，號稱二十萬雄師，兵伐山海關。

多爾袞在李自成與吳三桂連番激戰後加入戰局，一舉擊潰大順軍，向北京城進發

吳三桂降清 山海關大戰 李自成率大順軍殘部敗逃

大順皇帝李自成親率大軍，於四月二十一日開至山海關（河北、遼寧交界），與吳三桂展開激戰。雙方一交鋒便卯足了全力拚殺，戰場上可說是沙塵蔽天、血流滿地。一直戰到二十二日傍晚，就在吳三桂軍勢已逐漸疲弱，即將崩潰之時，其右側突然繞出一軍，以萬馬奔擊之勢，直衝大順軍陣尾而來。原來，早在四月十五日的時候，吳三桂的使者便已到多爾袞帳中請求派兵助戰。一開始吳三桂是以事後割讓土地為交換條件，請求清軍出兵相助，但在與多爾袞書信往返之後，才終於決意歸降大清王朝。多爾袞聽聞李自成軍已經趨近的消息後，立刻日夜急馳，僅花了一天一夜的時間，便連趕了二百里的路來到山海關外，與拖拖拉拉花了八天才走七百里的大順軍同日抵達。但多爾袞一來怕吳三桂詐降，二來是想等吳、李雙方先鬥個兩敗俱傷，所以便先駐軍在山海關外十五里

處以觀察情勢變化。二十二日那天，吳軍已明顯落居下風，但清軍在使者往返八次求援後仍未見任何動作。再無退路的吳三桂只好在砲火掩護下，冒險出城求見多爾袞，這時多爾袞才終於與他歃血盟誓，並在吳三桂跪伏叩首之後下令全軍出擊。吳三桂回到山海關後，立刻下令所有部將依照與清軍的協議，以白布繫肩作為識別，大開關門，迎清軍入關。後來，當清軍以奇兵之姿出現時，李自成才驚覺是大清的正白、鑲白兩旗鐵騎。由於李自成完全沒有料到吳三桂竟會降清，又從來沒有和八旗兵交過手，所以很快便全軍潰散，李自成也只好在慌亂中倉促撤兵。當日大勝之後，吳三桂率全軍剃髮歸降，並受封為「平西王」。隨後，多爾袞令吳三桂統兵一萬，跟隨多羅武英郡王（第二等爵位）阿濟格（福臨叔父）追擊李自成殘部，自己則親領大軍往北京城進發。

北京都城再度易主 官仍其職民復其業

李自成自山海關（河北、遼寧交界）敗歸北京之後，出人意料的不是召集為數尚有幾十萬的大順軍反擊，而是先殺了吳三桂的老爸吳襄全家，然後於四月二十九日在武英殿，慌慌張張的補行登基大典，在放火燒了部分宮殿之後，倉皇的退出北京。清軍則是在攝政王多爾袞的帶領下，在五月初風風光光的踏入北京城。並採范文程之議，立刻開榜安民，宣布「官仍其職、民復其業」。也就是一般百姓仍舊像平常一樣，該上班的上班、該打卡的打卡、要在 FB 上按讚的一樣去按讚，軍隊不得加以騷擾。而故明官員則是仍穿著原來的大明官服、在原來的職位上、領同樣的薪俸，與新進來大清官員一同辦公。同時，下令全國官民為已故的崇禎帝朱由檢（明思宗，明莊烈帝）服喪三日，並以大明原有之禮儀等級，厚葬崇禎帝、后、公主等人，以收攏人心。又諭令故明諸王，如肯歸降者，不奪其爵，仍可保有財產並享有原來的各種福利。種種的措施，與當初李自成進京時，可謂是天壤之別。

新政府剛剛宣布：
明天正常上班上課

宣布了嗎？

可惡！本來以為可以放假的說⋯

上次颱風來也沒放⋯

大清軍入主北京城之後，立刻宣布官仍其職，民復其業，一切作息照舊，以穩定民心

魯王南京稱帝
南明弘光建朝

南明弘光建朝崇禎帝自盡的消息傳到江南以後，在南京（江蘇境內）的大明臣僚便集議擁立新君。以大臣馬士英為首的一夥人，想要擁立福王朱由崧（朱由檢堂兄）為帝。可是史可法、姜曰廣、呂大器等人，卻認為朱由崧的品行不佳、風評一向很差，所以傾向於擁立潞王朱常汸（朱由檢堂叔）。不過礙於馬士英等人手握重兵，又與許多將領相互勾結，所以最後也只能同意。於是福王朱由崧便於五月十五日，在南京即皇帝位，改元「弘光」。並以馬士英、高弘圖、史可法等人為大學士（皇帝高級秘書官），入閣辦事。只不過馬士英等人毫無作為，

南明弘光帝即位後宣布減免田賦的地區碰巧都不在其管轄的範圍內

除了想辦法排擠史可法，使其自請督師揚州（江蘇境內）之外，便只一心想著與清議和，打著讓清軍幫他們剿滅大順軍的如意算盤。同時，記者也發現，在弘光帝的即位詔書中，很體恤百姓的詔示了「北直隸、山西、陝西，全免田賦五年」。只是，這幾個地方根本就不在他的管轄範圍之內，要收也收不到就是了。

大清決定遷都 聖座將移北京

大清政府發言人日前表示，攝政王多爾袞（福臨叔父）等人在六月十一日已經決議，將把大清帝國的首都由盛京（瀋陽，遼寧境內）遷到北京。據了解，之前多羅武英郡王（第二等爵位）阿濟格（福臨叔父）還對此持反對意見，認為為了避免漢人起來反抗，應該大肆屠殺，以立兵威，然後大軍北還，只留置諸王鎮守北京即可。可是多爾袞卻不以為然，仍強烈主張應以天下中心、歷朝故都的北京為新都，才能慰天下仰望之心，有利於國家的統一。最後多爾袞的意見得到諸王、貝勒的贊同，便遣使告知順治帝福臨（清世祖）這項決定，並詔告天下。大清的根據地，最早是由努爾哈赤（清太祖）在一五八七年於費阿拉所建立的，之後在一五八七年遷到赫圖阿拉，到了一六二一年又遷到遼陽，一六二五年再遷到瀋陽（皆遼寧境內），並於一六三四年由皇太極（清太宗）下令改名為盛京，今年在多爾袞的主張之下，才終於定都北京。

張獻忠派人在挖好的地道中引爆炸藥摧毀城牆，成功的奪下成都

大西軍深入四川　張獻忠奪下成都

轉往四川發展的大西王張獻忠，在萬縣（四川境內）花了三個月的時間，等到河水消退之後，終於繼續渡河前進，並連克梁山、忠州和涪州等地，又攻破佛圖關，然後兵進瀘州。六月二十日時，大西軍占領了川北重鎮重慶（皆四川境內），俘擄了瑞王朱常浩等一批明朝宗室與官員，並將他們處死。而故明四川巡撫（四川軍區司令）龍文光，在探得大西軍即將進軍四川首府成都的消息之後，馬上從順慶發兵馳援，並緊急調集附近的部隊前往阻截。結果，一時之間，援軍由四面八方湧入，成都一片混亂，連張獻忠的部隊都經過偽裝而混雜於其中。到了八月七日，

大西軍已就定位，便從四方同時攻城，秘密開挖一條長達數里，直抵城牆根部的地道，並在裡面埋放了一萬斤的炸藥。八月九日凌晨，先前已經潛入的部隊在城樓上舉火為號，一時之間大西軍砲火齊發，猛向城內轟擊。就在守軍一陣慌亂的時候，地道中的火藥炸開，巨響震天、煙霧迷漫，城牆裂開十餘丈。早就蓄勢待發的大西軍湧入城中，與之前已潛伏城中的先行部隊裡應外合，對守軍發動激烈的肉搏戰。到了當天下午，戰鬥終於結束，三萬多名守軍全數潰散，蜀王朱至澍、太平王朱至淥自殺，巡撫龍文光等官員，則因為拒不投降而遭處死。

蝦蟆天子選女 南明君臣荒唐

南明弘光帝朱由崧坐上大位還不到半年，負面新聞已經占滿各大報版面。首先是代表弘光帝北上議和的使節團，沒搞清楚狀況，帶著要貢獻給大清的歲幣白銀十萬兩、黃金一千兩、蟒緞二千六百匹，便想要和多爾袞談條件，說什麼願意將山海關以北割給大清，不過雙方要聯手對付李自成。結果當然是連個高階官員的臉都沒見到，帶去的東西便全給北京方面沒收了。而朱由崧在這種國難當頭的情況之下，竟然還以大婚為名，花錢大修宮殿，並派官在南京、蘇州（皆江蘇境內）、杭州（浙江境內）各地，搜選美女入宮。只要家中有未嫁之女者，就要在門額上貼一張黃紙，隨後太監便會來把人帶走。如有隱匿者，鄰里連坐治罪。於是引起民間極度的恐慌，連日連夜趕辦嫁娶，還有許多的少女因此投水自盡。貪酒好色的弘光帝，還常派宦官們扛著「奉旨捕蟾」的牌子，督促百姓捕捉蛤蟆進貢，以便調製供其淫慾之用的春藥。因此，還被百姓們私底下取了個「蝦蟆天子」的外號。至於他的大臣們，也是問題重重。不但內鬥嚴重，把持朝政的馬士英等人，還公開的賣官謀利。武英殿中書的價碼是九百兩、文華殿中書一千五百兩、內閣中書二千兩、待詔三千兩、拔貢一千兩、監紀與職方開出的價則千百不等。也難怪民間有人編成這樣的順口溜：「中書隨地有，都督滿街走。監紀多如羊，職方賤如狗。萌起千年塵，拔貢一呈首。掃盡江南錢，填塞馬家口。」看來弘光朝的前途是一片黯淡了。

南明弘光帝為了調製春藥，特別下旨要百姓們捕捉蟾蜍進貢

順治帝北京登大位 多爾袞叔父攝政王

順治帝移駕北京之後，多爾袞令阿濟格及多鐸分兵征討敗逃的李自成及南明的弘光朝軍隊

福臨

搬家好好玩哦

多爾袞

北京城都讓給你了，怎麼還窮追不捨…

是嗎？那我就叫他們腦袋也搬家吧…

李自成

阿濟格

多鐸

張獻忠

哇～江南果然盛產美女和蟾蜍呢…

潘達

朱由崧

八月二十日由盛京（瀋陽，遼寧境內）出發的順治皇帝車駕，於九月十九日平安抵達北京。並在十月一日，於南郊行定鼎登基大禮，正式遷都北京。同日還頒布由欽天監（國家天文台）官員湯若望（Johann Adam Schall von Bell，天主教耶穌會教士，神聖羅馬帝國人）制定的順治二年「時憲曆」。數日後，大清皇帝福臨（清世祖）也頒布詔書，取消故明加派的「三餉」。同時晉封多爾袞（福臨叔父）為「叔父攝政王」、濟爾哈朗（福臨堂叔）為「信義輔政叔王」，並回復豪格（福臨長兄）和碩肅親王（第一等爵位）的頭銜。同時以山海關之役有功，封阿濟格（福臨叔父）為和碩英親王、多鐸（福臨叔父）為和碩豫親王。並定攝政王的俸祿為三萬兩、隨扈三十人；輔政王一萬五千兩、隨扈二十三人；和碩親王一萬兩、隨扈二十人；多羅郡王五千兩、隨扈十五人；多羅貝勒二千五百兩、隨扈十人；固山貝子一千二百五十兩、隨扈六人；公爵六百二十五兩、隨扈四人。然後由多爾袞傳下諭令，命阿濟格率領吳三桂、尚可喜等部共三萬大軍，進剿李自成的大順軍。多鐸則率領孔有德、耿仲明等部共二萬大軍，征討南明弘光朝的軍隊。

張獻忠成都稱帝

說實在的，這帽子的視線真是不太好

張獻忠的大西軍團，在一番征戰，控制了四川大部分的地區之後，於十一月六日在成都（四川境內）正式稱帝，改元「大順」，成都改稱「西京」。以汪兆齡、嚴錫命為左、右丞相（總理），總決行政諸事，分別命他的四個義子：孫可望為平東將軍、李定國為安西將軍、劉文秀為撫南將軍、艾能奇為定北將軍。然後學李自成「追贓助餉」的手法，從富民世紳身上壓榨錢糧，以應付龐大的軍費開支。又將原本三年一試的科舉考試，改為一年一次，以廣收人心，並將當地的知識分子拉入統治階層當中。同時也舉行以騎馬發砲等各項軍事技能為錄取標準的武舉考試。

清廷下達圈地令　無主田地歸八旗

十二月底，叔父攝政王多爾袞（福臨叔父）以滿洲勳臣兵丁等無處安置為由，諭令戶部（財政部）開始圈地。將近北京各州縣中的無主荒田，以及舊明皇室王勳、公爵、太監等死於流賊之亂而遺留下來的莊田，都分給八旗諸王、勳臣、兵丁以便居住及耕作。同時，為了避免無謂的爭端，也要以換地的方式，將滿、漢分屯別居。資深分析師認為，圈地政策雖然可以解決大量滿人湧入關內的居住問題，但對早已久居當地的漢人來說，將造成極大的衝擊。因為在實務操作上，除了真正的無主田地之外，極可能大筆一畫，明明登記在某人名下的土地，也會變成要被圈給八旗的無主田。而為使滿、漢分居的圈換政策，也容易產生以大換小，以劣地換良田的弊端。

這…什麼時候變成紅線了？昨天還是停車格的說

嗚…我的車也被拖了

北京政府大筆一揮，許多土地都被圈為無主田地，然後分給八旗諸王、勳臣及兵丁耕種

羅剎部隊試探性入侵東北

據東北地區傳來的消息，一支去年（一六四三年）由雅庫次克（俄羅斯境內）派出的羅剎（沙俄）部隊，意圖侵占大清帝國黑龍江流域一帶，沿途還燒殺掠擄，無惡不做，造成百姓極大的損失。不過，由於當地人民已經主動武裝起來，並對入侵者採取反制行動，所以也給羅剎部隊沉重的打擊。雖然目前大清政府尚未注意到此一事件，但已有評論家認為，羅剎的南侵企圖已十分明顯，此次雖然只是試探性的行動，但大清仍應有完整的反制計畫，才是長治久安之計。

謎一般的北方之國羅剎，殘暴入侵黑龍江一帶

── 八旗馬軍編驍騎 投降明軍歸綠營 ──

由於大清入關後，軍隊任務型態及組成有很大的變動，所以大清中央於年底又頒布了新的軍制規定。於北京專設「京師提督九門步軍統領（京城警衛司令）」，統領八旗駐京步兵。而滿、蒙、漢八旗的馬兵戰力，則編為二十四營的「京師驍騎營」。每旗設固山額真（旗指揮官，都統）一人，梅勒章京（副都統）二人。滿、漢軍下轄五個甲喇章京（參領），蒙古軍則是兩個。駐防各地的八旗驍騎營，則由滿、蒙、漢混編為營，由駐地將領統轄。同時，由於入關後歸降的明軍極多，所以這些官兵一律使用綠色旗，稱為「綠營兵」。在京師的綠營兵編成「巡捕營」，與八旗步兵一樣隸歸步軍統領管轄。而綠營兵中歸各省總督（戰區總司令）所屬的稱為「督標」、河道總督所屬的稱「河標」、漕運總督所屬的稱「漕標」、巡撫（軍區司令）所屬的稱「撫標」、提督（軍團司令）所屬稱為「提標」、總兵（軍長）的稱為「鎮標」。值得一提的是，綠營軍與八旗漢軍並不相同。八旗漢軍有部族關係，旗下之人有挑補兵丁的義務。而綠營軍則是自由應募而來，與長官之間沒有主僕關係。

不能選小黃鴨或小白熊嗎？

公司規定，慢來的只能領小綠蛙哦…

入關後才歸降的明軍都一律使用綠旗，稱為綠營兵

多鐸追擊西安　李自成敗逃武昌

　　由和碩豫親王（第一等爵位）多鐸（福臨叔父）所率領的大軍，與大順帝李自成手下的劉芳亮部隊在潼關（陝西境內）遭遇後，雙方發生激烈戰鬥。一開始的時候，大順軍連續發動兩次夜襲，使得清軍攻勢受挫。不過後來多鐸緊急調來「紅衣大砲」，對大順軍施以猛烈的轟擊，才終於攻破潼關。李自成在多鐸大軍攻下西安（陝西境內）後，只好南下湖廣，但隨即又在襄陽遭到南明左良玉部隊的阻擊，只好兵分三路轉向武昌（湖北境內）一帶逃竄。

真假太子無法辨　　南明政府心慌慌

　　三月初時，南明政府高層接獲密報，表示有一稱明太子朱慈烺的少年從北而來。由於崇禎帝朱由檢（明思宗，明莊烈帝）在煤山自縊之前，先讓太子朱慈烺與朱慈炯、朱慈炤兄弟逃了出去，至今也尚未尋獲其下落。於是南明弘光帝朱由崧便命太監將其迎至南京（江蘇境內），不過不是奉為上賓，而是打下大獄審訊。據聞，在偵訊結果出來之前，弘光帝還提心吊膽、來回不停踱步說：「如果太子是真的，那我這皇位豈不就泡湯了，這可怎麼辦？」在相關單位回報說此人原名為王之明，只是假冒的太子之後，弘光帝才鬆了一口氣，大學士（皇帝高級秘書官）王鐸也立即以偽太子定案。而當權大臣馬士英則是想利用此案來排除異己，便下令司法部門追究背後的主使者及附逆之徒，結果弄得南明政府人心惶惶，大家都擔心自己會被無辜牽連。民間更是耳語滿天，紛紛謠傳說被拘禁的其實就是真正的太子，只是王鐸及馬士英為了邀寵福王，所以故意將其謀害。此事鬧得沸沸揚揚，連左良玉等大臣也上疏疾呼，認為太子未必是假，有再詳加查證的必要。於是整個南京朝野震盪不安，眾說紛云，已經分辨不出這太子到底是真的還是假的。

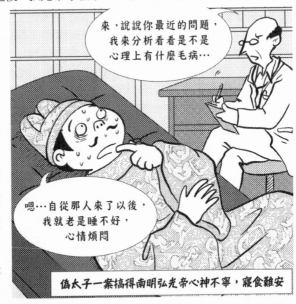

來，說說你最近的問題，我來分析看看是不是心理上有什麼毛病…

嗯…自從那人來了以後，我就老是睡不好，心情煩悶

偽太子一案搞得南明弘光帝心神不寧，寢食難安

左良玉清君側 多鐸欲渡淮河 南明處境危機四伏

李自成在左良玉撤離武昌之後趁機進據，但城中物資早已被搜括一空

　　南明政府的內鬥問題，在三月底時終於浮上檯面。手握重兵的左良玉，於日前召開記者會，聲稱奉太子密詔，宣布當權大臣馬士英的罪狀，並以清君側為名，領兵自武昌（湖北境內）南下，使馬士英在聞訊後急調黃得功的部隊入援。而此時，受到清軍追剿的李自成，則是趁左良玉撤離武昌之時趁機進據。只不過大順軍入城之後，才發現武昌根本有如一座空城。因為左良玉在離開前早就把東西都給搶光了，連來不及躲藏的百姓也都慘遭毒手。評論家認為，左良玉此時領兵南下，

除了表面上的說辭之外，其實還有其他的盤算。因為這樣不但可以暫時避免與大順軍硬碰，還方便在富庶的江南之地就地索餉。而由馬士英所把持的南明政府目前要對付的除了左良玉之外，還有一路勢如破竹的多鐸（福臨叔父）部隊。因為在將進剿李自成的任務交給和碩英親王（第一等爵位）阿濟格（福臨叔父）之後，多鐸大軍已連克歸德（河南境內）、穎州、太和（皆安徽境內），再陷徐州、泗州（皆江蘇境內），準備渡過淮河，直逼南明了。

寧死拒降史可法　揚州十日清屠城

揚州城破史可法拒降而死

南明大將史可法一得知清軍大舉南犯，便決定先退保揚州（江蘇境內）並緊急向中央求援，但告急文書火速投到南京（江蘇境內）後，竟然沒有任何回應。原來此時南明弘光帝朱由崧仍在元暉殿忙著挑選美女，根本沒空去理會這些煩人的緊急軍報。而南明諸臣在得知清軍圍攻揚州之後，雖然建議派兵速援，但掌權的馬士英卻表示攘外必先安內，堅持先調黃得功的部隊對付左良玉。還說：「我寧可命喪清軍刀下，也不要死於左良玉之手。」就這樣，死守揚州的史可法，終於在清軍「紅衣大砲」的猛烈轟擊下，於四月二十五日城破被擒，不降而死。清軍隨後對揚州的頑抗展開報復性的屠城，大肆殺戮、姦淫婦女、搜括財物，一直到五月二日才宣布封刀。據記者統計，在不到十天的時間裡，全城被殺人數高達八十餘萬人。而落河投井、閉門自焚、上吊自盡的人數都還不在計算當中，繁華的揚州如今竟宛若死城一座。

忙著挑選美女的南明弘光帝對於戰報毫不關心

左良玉病亡其子降清　李自成敗死通山九宮

兵鋒直指南京（江蘇境內）的左良玉，在攻陷九江之後，竟突然病死。但其部隊攻勢並未因此停止，仍由其子左夢庚續統其眾，一路攻陷湖口、彭澤（皆江西境內）等地。不過到了五月初，卻被南明黃得功部隊擊敗。左夢庚只好率領十二總兵，以全軍十萬人、船四萬艘，向和碩英親王（第一等爵位）阿濟格（福臨叔父）投降。而此時的李自成，也因遭到阿濟格的突襲，從武昌（湖北境內）撤出，由保安（陝西境內）往咸寧（湖北境內）一帶敗走。據本報記者所得到的第一手消息，

只帶著二十八騎倉皇逃亡的李自成，已經於日前在通山縣九宮山（湖北境內），被當地不知情的民兵亂槍刺死。而大順軍殘部則分裂成兩個集團，劉體純等部流竄湘陰（湖南境內）一帶，李過等部則趨往荊州（湖北地區）避難。只是由於清軍至今為止尚未尋獲李自成的屍體，所以也有傳聞說李自成根本沒死，只是隱姓埋名躲了起來。更有人指證歷歷的說，石門（湖南境內）夾山寺的和尚「奉天玉」，和李自成本尊的相似度有九成五，懷疑就是他本人喬裝隱身。

李自成日前在九宮山遭民兵刺死，不過亦有傳聞他化身為和尚躲在寺廟中，但此傳聞未能證實

南京城陷落　弘光朝告終

　　和碩豫親王（第一等爵位）多鐸（福臨叔父）軍乘著大霧迷漫之時夜渡長江，以迅雷不及掩耳之勢攻下鎮江，使得南明沿江守軍一聽到清軍壓境，全都嚇得不戰而逃。五月十日，沉迷於觀戲酗飲的南明弘光帝朱由崧終於驚醒，才急忙帶著四五十個太監偷偷逃出南京城（江蘇境內），投奔蕪湖（安徽境內）的黃得功營區去了。第二天，文武百官上朝時發現皇帝早已落跑，

平時作威作福的南明大官被氣憤的百姓們拔鬚痛毆，樣子極為狼狽

於是大臣馬士英也趕快跟著逃命，導致全城陷入一片混亂之中。城中百姓聽到大臣逃走了，都跑進去官邸裡面搶奪財物，而動作較慢的大學士（皇帝高級秘書官）王鐸則是被百姓逮個正著。平時作威作福的大官，竟被打得鼻青臉腫，連頭髮鬍鬚都被拔個精光，模樣極其狼狽。十五日，多鐸風光進入南京城，南明文武百官奉輿圖冊籍，冒雨跪道迎降。七天後，清軍再破蕪湖，黃得功戰死，南明弘光帝朱由崧被俘，押還南京。途中還被百姓夾道唾罵、丟石擲瓦。隨後，在南明降將引領下，南昌、南康、九江（皆江西境內）、常州、無錫、蘇州（皆江蘇境內）等地皆望風而下，明潞王朱常淓（朱由檢堂叔）也率大小官員大開杭州（浙江境內）城門迎降。統計清軍此番南下征戰，連同途中歸降者，共得馬步軍二十三萬八千三百名，實力更為增強。

多爾袞下令全國男丁一律剃髮，只能在後腦勺留一長辮，若有不從者則一律從重治罪

「皇叔父攝政王」下令剃髮 江陰嘉定「頭可斷髮不剃」

　　封號剛從「叔父攝政王」又升為「皇叔父攝政王」的多爾袞（福臨叔父），於六月十五日傳下諭令，要求全國軍民一律剃髮，若有遲疑者便一律從重治罪。其實一開始的時候，多爾袞並沒有太嚴格要求所有人都要剃髮，頂多是為了證明降清官員將領的真心，才會特別要求他們把長髮剃光改留一撮鼠辮。但日前有官員以此不合禮樂制度為由，上疏請求停止剃髮，才因而惹惱了多爾袞。多爾袞為此不悅的表示：「如果說身體髮膚受之父母不敢毀傷的話，還算有那麼一些道理，居然給我扯什麼剃髮不合禮制。我原本對於那些不願剃頭的也不甚強迫，想說任由他們自便。如今既然有人要鬼扯，乾脆從今天起，全國所有人一律剃頭，違者重懲，並不許再為此事上奏。」只是多爾袞可能沒有想到，光是要求百姓剃個頭髮，竟然會引起驚人的反彈，使得江南各地民情激憤，紛紛起兵反清。其中尤以江陰（江蘇境內）一城，反抗最為激烈。在新任的知縣（縣長）採取強硬手段執行剃髮令時，學生們便喊出了「頭可斷、髮不可剃」的口號。一時響應者竟達十幾萬人，全城罷市抗爭，隨後更引發暴動，殺死知縣，然後公推典史（縣府小官）陳明遇、閻應元為首起兵抗清，連城中富商大戶亦紛紛出錢資助。大清政府只好派降將劉良佐率兵前往平亂，但由於城中頑強據守無法攻入，只好聚兵十萬開始圍城。而在嘉定（江蘇境內）也發生了同樣的情形，因剃髮令下而群情激憤的民眾，也在日前攻入軍營、焚燒船艦，並樹起「嘉定恢剿義師」大旗，公然抗清。

唐王建元隆武
魯王紹興監國

我才是正統

魯王 朱以海

我動作比你快

唐王 朱聿鍵

南明弘光帝朱由崧事敗後，張肯堂、黃道周、鄭芝龍等人又於福州（福建境內）奉唐王朱聿鍵監國（由宗室代理皇帝行使權力）。而同時，於寧波起兵的錢肅樂、王之仁，及據有餘姚的孫嘉績、熊汝霖等人，則遣張煌言往台州（浙江境內）迎魯王朱以海，打算擁立他接續南明政權。唐王陣營聽到這個消息之後，決定先下手為強，於六月二十七日立刻頒詔稱帝、建元「隆武」，改福州為天興府，以黃道周等人為大學士、封鄭芝龍等為侯。慢了半拍的魯王陣營，只好於二十八日跟著宣布「監國」於紹興（浙江境內），並以張國維等為大學士、封方國安等為侯。魯王、唐王兩大陣營之間，都主張自己的合法性，誰也不肯讓誰，使得彼此之間的矛盾日益嚴重。不但如此，唐王手下的要臣其實也都各懷鬼胎，相互抵制，導致相關各股也相繼翻黑收市。

鄭芝龍長子獲賜國姓名成功

娘，我新名字叫成功呢！

糟了…有一句話叫「失敗為成功之母」，以後朋友一定會給我取這外號的…完了…

手握兵權的鄭芝龍在獲知黃道周打算北伐的計畫後，竟以糧餉短絀為辭，拒不出兵。使得胸懷大志的黃道周，在兵餉被鄭芝龍扣住不給的情況下，只能帶著一千名的弟子啟行，連些像樣的武器也沒有，聽說行伍當中還有拿農具木棒要去打清兵的。不過鄭芝龍倒也不是什麼事都不做，他對於自己家族的人事安插還是挺勤勞的。八月二十四日的時候，鄭芝龍就帶著兒子鄭森前去晉見隆武帝朱聿鍵，並獲賜姓朱、名成功，任命為宗人府宗正（皇族事務部主管）、御營中軍都督（皇帝警衛軍司令）、儀同駙馬都尉（儀仗排場等同駙馬都尉）。也因此，從此江湖上大多改稱鄭森為「鄭成功」，或是「國姓爺」。

嘉定三屠百姓枉死　江陰護髮代價慘重

在大清政府命洪承疇以原官總督軍務、招撫江南各省之後，清軍的軍事行動有了突破性的進展。七月四日，李成棟率兵攻破嘉定（江蘇境內），反抗軍緊急撤出，入城的清軍展開報復性的大屠殺。不久，反抗軍又乘隙入城，再度舉起反清大旗。清軍也毫不客氣的予以強烈的反擊，又於十六日攻破之後，再度屠城。到了八月十八日，清軍第三度下令屠城，嘉定城內二萬多的無辜百姓就這樣魂歸西天。而另一方面，與二十四萬清軍奮戰了八十一天的江陰（江蘇境內）百姓，也在清軍調來「紅衣大砲」後，於八月二十一日牆垮城破。只是清軍入城後，守軍竟無一降者，繼續在巷弄之間與清軍進行游擊戰。最後守城軍全數被殲，戰死者多達六萬七千多人，不過清軍方面也損失慘重，計有七萬五千多人陣亡。平定之後，清軍又下令屠城三日，造成城中百姓數十萬慘死，僅老少五十三人倖免於難。由於此役過於慘烈，「八十日戴髮效忠，表太祖十七朝人物。六萬人同心死義，存大明三百里江山。」的詩句，已在網民間瘋狂轉載。

在歷經清軍前後三次的大屠殺之後，原本繁華喧鬧的嘉定街道，現在已經宛若一座死城

張獻忠下令屠殺四川居民

原本時常劫官濟貧、頗受百姓愛戴的張獻忠，在自稱大西皇帝之後，態度竟然產生了一百八十度的大轉變。今年夏天的時候，竟以百姓通敵為由，開始下令屠殺當地居民，以至於在十一月的時候，四川各地都掀起反大西的浪潮。因為不斷有人用馬糞去塗抹布告上的「大順」年號（此為張獻忠的年號大順，非李自成的國號大順），還有人將官員謀刺而死，於是張獻忠便決定採取報復手段，以開科取士為由，

張獻忠屠殺四川士紳後，將大批屍體直接拋下橋

小童，你幹嘛要搬家啊？

沒辦法，我家變凶宅了，好可怕哦…附近有沒有房價便宜一點的地方啊…

將各州縣來西京赴考的士紳，都集中在大慈寺中應試。然後以教官要將諸生領回肄業為名，持著「某處紳士隨牌出寺」的牌子，依次領各地士紳到城外東關濯錦橋集合，再下令兵士以亂刀砍殺，並將屍體拋落橋下順水而去。一批結束之後，又依次領下一批出城，自凌晨三點開始，一直到下午五點為止，才把這批士紳都處理完畢。自此之後，張獻忠已化身為殺人魔王，開始踏上其血腥屠殺之路。有人還將張獻忠二月才安立的「聖諭碑」中「天有萬物與人，人無一物與天。鬼神明明，自思自量」的字句，改成「天有萬物與人，人無一物與天，殺殺殺殺殺殺殺」，並戲謔的將其稱為「七殺碑」。

大順餘部歸南明何騰蛟

李自成死後四處流竄的大順軍餘部，已經確定投效隆武陣營。其中劉體純、郝搖旗所部十萬人，以及李過、高一功軍二十萬，都投入南明總督（戰區總司令）何騰蛟旗下，並獲「忠貞營」之賜名。在接收這批武裝部隊以後，何騰蛟已成為南明軍團中勢力最強盛者，連隆武帝朱聿鍵都把鄭芝龍留在福州（福建境內）籌措兵糧，而隻身前往投靠。十一月時，南明張家玉又在許灣擊敗清軍，解了撫州（江西境內）之圍，同時周至、涇陽、三原、臨潼、白水（皆陝西境內）等地，也都歸順南明政權。雖然一時之間南明情勢有轉強的跡象，但魯王朱以海集團仍然不願妥協。就算隆武帝朱聿鍵不斷釋出善意，甚至還表示說死後要傳位魯王。但魯王仍堅不讓步，不願稱隆武為「陛下」，只照輩份稱為「皇叔父」，看來南明陣營的內部糾紛戲碼，短期之間還沒有那麼快落幕。

禁朝參又罷織造　太監地位大衰落

就這了…

經理，董事長說您的位置要從大辦公室換到這邊哦…

．．．．

太監的地位在大清入主北京後一落千丈

大清「皇叔父攝政王」多爾袞鑑於前明權宦為亂，危政害國，但宮中又不能沒有這批人提供服務，所以便採取了一系列抑制太監權力及利益的相關措施。首先是去年（一六四五年）七月，太監吳添壽等請求按照故明舊例，派遣內員前往涿州寶坻縣（河北境內）徵收皇莊（皇帝私人名下的產業）錢糧時，便遭到當局否決。因為多爾袞發現了這正是故明時期，太監藉以謀取個人不法利益的手段之一。於是便以擾民為由，下令今後此項任務都不再由太監負責，而改由所在地的官府以另項起解。年底時，禮部（教育部）官員們，又對前兩年元旦時，內監們援用魏忠賢時所定之舊例，於朝參大禮時率班搶先在文武百官之前行禮一事，以不倫不類、有失大體為由上疏劾奏。在多爾袞裁示之下，今年元旦朝參大典時，已經看不到太監的影子，大大的打擊了太監的地位。同時，亦有傳聞指出，中央政府也計畫在今年四月間，裁撤故明時期派駐在南京、蘇州（皆江蘇境內）、杭州（浙江境內）三處織造局（專為中央織造各項衣料及制帛誥敕的部門）的提督織造太監。同時也將禁止京城以外各地的太監私自入京，以免勾結中央政府人員，從事不法之行動。政治評論家認為，多爾袞政府一連串打擊宦權的行動，已經有效的剝奪了宦官們的政治地位及經濟實力，只要不再重蹈令其監軍或武裝之覆轍，預計將可一舉革除故明時期太監亂政的惡習。

清兵掃蕩江南　大軍暫止錢塘

去年（一六四五年）七月間，受命替換和碩豫親王（第一等爵位）多鐸（福臨叔父）平定江南任務的多羅貝勒（第三等爵位）勒克德渾（代善之孫），於今年初兵抵武昌後，南明諸鎮便已聞風潰逃。隨後勒克德渾軍團又在荊州（湖北境內）等處擊潰歸降南明的大順軍餘部，俘獲船千餘艘、馬牛一萬二千頭，徹底瓦解了何騰蛟手下「忠貞營」的精銳部隊。不過到了三月初，當清軍轉征福建、浙江，南明王之仁的部隊又在錢塘江（浙江境內）大敗清軍，推遲了清軍南下的行程。但是清軍方面並沒有放棄的打算，目前已經重新進行整補，準備在適當的時機點再次發動攻勢，以一舉鏟除隆武帝朱聿鍵以及福王朱以海兩大勢力。

投充永行禁止　逃人立法嚴懲

在大清政府圈地政策開始實施之後，由於京城附近的大部分土地都被圈占，必須有大量的人力來從事耕作，所以政府在去年（一六四五年）春天，便又頒布了「投充法」，允許八旗官民招收貧民，使這些生活無以為繼的貧苦百姓，得以成為其家奴而從事屯墾的工作。不過，這項措施才剛實施不久後便開始出現弊端，首先是許多市井無賴之民，一投身入旗之後，便打著家主的名義欺壓百姓。再者，又有許

現在跟著我唸…
我宣誓，自願成為奴隸…
還不快唸！

…．．

去年「投充法」頒布之後，已經陸續發生許多的弊病

多人是在滿人威逼之下，無奈的「自願」投充為奴，而失去人身的自由。也有許多原本有地可耕的小農，只因耕地忽然之間被圈，就由自耕農的身分變成了農奴，失去了原有土地及財產的所有權。此外，還有被強迫「帶地投充」的情況，在各地也是屢見不鮮。種種的弊病不但造成社會的動盪不安，也讓司法部門對於土地所有權的爭訟不已感到十分頭痛。於是中央政府便於今年四月十五日，下令永遠禁止投充一事，以免再滋生事端。不過，對於那些已經投充為奴，或是原本就因戰爭擄獲或分配到旗人名下的奴隸，則是嚴禁脫逃。甚至在五月五日修改「逃人法」，將窩藏逃人者處以重罪，以企圖遏止近來日益嚴重的奴隸脫逃現象。

【專題報導】逃人法

「逃人法」實施以後，時常有因接待陌生人而被誣指為窩藏逃人的事件發生

　　依最新頒布的「逃人法」規定，除了隱匿逃人者從重治罪外，還會連坐鄰里受罰。當逃人被舉報緝獲時，逃亡的奴隸要鞭打一百下，並歸還原主。而隱匿窩藏逃人者，除了會被判處死刑之外，如果家中資產不多，則會由司法部門全數判給逃亡奴隸的原家主，以做為補償。如果是家資豐厚的，則在向上級請示後再視情況判全給或半給。第一個告發的人，可以得到窩藏逃人者三分之一的家產，但最多以一百兩為上限。而窩藏逃人者的鄰里九家之長，則要各鞭一百，並處以流徙邊遠之地的刑罰。如果窩藏逃人者的身分是地方官員，則予以降級調用。如隱匿逃人者自首，則罪罰僅止於逃人，不對隱匿者處分。法政專家指出，此法的要點在於嚴懲窩藏逃人者，而對於逃人本身則只施與輕罰。其目的在於保護滿洲貴族之利益，免得逃人因受到過重的懲罰而導致損傷，無法再為家主供役。此法一旦施行之後，必定會造成弊端百出，使得許多有心人士，以地方無賴冒充逃人，並妄指無辜平民為窩藏逃人者，然後趁機勒索或告官以瓜分其家產。日後可能只要有陌生人一踏入你家大門，你馬上就會被控以窩藏逃人之罪，落得腦袋搬家、家產盡被侵吞的悲慘下場。

南擊魯王西打蒙古 清軍兩路大奏凱旋

　　由於今夏浙江一帶適逢大旱，使得錢塘江的水位驟降，成為可以涉水而過的淺灘，清軍便抓緊了此一時機，策馬渡江，一舉撲向無險可守的紹興（浙江境內）。據聞，手握重兵的魯王陣營大將方國安，對於江水逐漸乾涸，清軍極可能渡江來襲一事，竟然完全未做準備。當清軍攻入大寨時，醉臥帳中的方國安才被砲火聲嚇醒而驚慌出逃，全軍當然也跟著不戰自潰。於是清軍就在六月一日，輕鬆的占領了紹興，魯王朱以海則是遠遁舟山島（浙江境內），勢力嚴重受挫。而這個時候，受命征討蒙古蘇尼特叛部的和碩豫親王（第一等爵位）多鐸（福臨叔父），也順利完成任務，先於歐特克山大破蒙古騰機思叛部，然後又渡過土喇河追擊，斬殺了千餘人、俘八百餘名，擄獲馬牛駝三萬多頭、羊十三萬隻，又在札濟布喇克擊敗喀爾喀部數萬叛軍，然後光榮的班師回朝。

鄭芝龍降清隆武朝終結　鄭成功與父決裂續抗清

　　清軍於八月底時，閃電突擊福州（福建境內），成功的捕獲了南明的隆武帝朱聿鍵，並於二十八日將其殺害。據記者深入了解，清軍此次之所以能夠如入無人之地般，輕鬆的終結了唐王（朱聿鍵）政權，是因為南明重臣鄭芝龍早已和「招撫江南各省總督軍務大學士（兼任皇帝高級秘書官之江南戰區總司令）」洪承疇秘密達成了協議，以擔任閩粵總督（福建、廣東戰區總司令）一職為交換條件，先盡撤關隘水陸之兵，好讓清兵能直趨而下。不過，鄭芝龍的一些部屬們似乎不支持此項降清的決定，其中鄭鴻逵（鄭芝龍弟）便引兵據金門，鄭彩、鄭聯的部隊也帶領自己的班底固守廈門，而銅山的朱壽、南澳（皆福建境內）的陳霸，也都在不降之列。最引人注意的是鄭芝龍二十三歲的長子鄭成功（鄭森），與老爸之間因為降清問題起了嚴重的爭執，最後率領了九十多人，乘著兩艘巨艦入海。並在南澳募得三百名兵士，現在正於廈門鼓浪嶼積極訓練，準備繼續與清軍周旋。

你這不孝子…快過來剪頭髮！真不聽話…

不要！！醜死了…

鄭芝龍因降清的問題與子鄭成功鬧翻決裂

文武舉初行殿試

大清政府於今年三月及九月，分別舉行了定都北京之後首次的文、武舉殿試。其中從四百個文試舉人中，選出傅以新為第一甲第一名（狀元）、授內翰林弘文院修撰，第二名（榜眼）授內翰林秘書院編修，第三名（探花）則授內翰林國史院編修（皆為中央要職之預備官）。又從第二、三甲中選出年輕而資質出眾者四十六名為「庶吉士（翰林院之見習生）」，令其在翰林院（職掌修史編書、文詞翰墨、皇室侍講的核心官員儲備所）中讀書

請問二位狀元，考試都考些什麼科目呢？

呵…武舉就考騎射、步射，還有策論啦

文舉考作文，作文…還有作文…

大清定都北京之後的首榜文武狀元出爐

及歷練。武舉的部分，則在二百名進士中，依騎射、步射、策論的成績，選出郭士衡為第一甲第一名的武狀元，授與參將之職，第二名及第三名則分別授與游擊與都司的職位。不論文武舉，凡殿試得第一甲者賜「進士及第」，第二甲賜「進士出身」，第三甲賜「同進士出身」。

桂唐二王廣東內鬥　芝龍降清被挾北上

在南明隆武帝朱聿鍵兵敗覆亡，魯王朱以海流亡舟山島（福建境內）之後，南明兩廣總督（兩廣戰區總司令）丁魁楚、廣西巡撫（廣西軍區司令）瞿式耜、湖廣總督何騰蛟等人，又於十月十四日在肇慶（廣東境內）迎奉桂王朱由榔監國（由宗室代理皇帝行使權力），並建元「永曆」。只是到了十一月五日，南明大學士（皇帝高級秘書官）蘇觀生等人，又於廣州（廣東境內）擁立朱聿鍵之弟唐王朱聿鐭監國，也建立了一個「紹武」年號。於是在短短的方圓二百里之內，竟然出現兩個南明政權，彼此還互不相讓。十一月十八日的時候，桂王朱由榔更是搶先一步登基稱帝，宣稱自己才是正統的皇位繼承人，並遣使要求唐王朱聿鐭即日起立刻廢去所用的「紹武」年號。但唐王集團的掌權大臣蘇觀生可不吃這套，不但將使者逮捕後於市街上公開處死，更下令召集軍隊，準備對肇慶的永曆集團發動一場攻擊。而清軍則是趁著南明內鬥不已的機會，將勢力由福建伸入廣東。至於先前已經和洪承疇談妥條件的鄭芝龍，則於日前僅率五百名衛隊親至福州（福建境內）降清，在快樂的飲宴三日後，突被清軍挾持隻身北上，只留下一臉錯愕的隨行人員。

頒布迎送皇帝禮制　百里來朝百步跪迎

根據最新規定，凡是皇帝巡經地方時，附近官員必須於大道旁的百步之外跪迎拜送

　　大清中央政府日前頒布皇帝、攝政王，及親王貝勒的迎送禮制，規定皇帝經過地方時，文官知縣以上、武官游擊以上，於本境主要道路右側百步之外跪迎及跪送，百里範圍之內的地方官員須前來朝見，百里外者則免。若是攝政王出都，知縣、游擊等級以上的官員，於六十步外跪地迎送，六十里內地方官來朝。至於親王、郡王、貝勒奉命出征時，經過地方之州、府、縣官，則分別於四十、三十、二十步外跪迎送。不過親王、郡王、貝勒如果是私自出行的，各地方官則不許迎送，違者治罪。

豪格領清兵入川　張獻忠一箭斃命

嘿

嘿

HEAVEN

你身上有危險物品，
不能進天堂…

今年年初受命征剿張獻忠的和碩蕭親王（第一等爵位）豪格（福臨長兄），在五月攻克漢中（陝西境內）後，兵指四川，對大西政府造成了嚴重的威脅。而張獻忠由於同時遭到大清、南明兩方面的夾殺，便於七月時盡焚成都（四川境內）宮舍及民房，命四個義子孫可望、李定國、劉文秀、艾能奇，各統兵十萬，往川北撤退。十一月底，豪格以大西降將劉進忠為嚮導攻川，在西充（四川境內）射死張獻忠，連破大西軍一百三十餘營、斬首數萬級、獲馬一萬二千餘匹，大西軍餘部則一分為四，各自撤逃。據隨軍記者描述，清軍在探知張獻忠列營於西充時，便令先鋒部隊火速開抵與大西軍僅一溪之隔的地方。當天大霧迷漫不見五指，大西軍哨兵在聽到清軍聲響後，大聲喊道：「營後大路有盔甲撞擊的聲音，是清兵來了。」但張獻忠認為清軍不可能這麼快到，便以擾亂軍心之名將哨兵給斬了。但不久後，又有哨兵回報同樣的消息，張獻忠也開始覺得疑惑，便僅著便裝，抓了一把箭跨馬而上，率領幾個部將上到鳳凰坡欲一探究竟。這時在溪對面的劉進忠一看到張獻忠出現，馬上指著說：「那個人就是八大王！」張獻忠驚見清兵而正要搭弓引箭之時，一枝飛箭便已經貫穿其胸膛，當場倒臥馬下痛苦掙扎。年僅四十歲的大西帝張獻忠，幾分鐘後便這樣死在鳳凰坡上。

唐王廣州自縊　桂王奔逃梧州

　　唐王部隊在十二月初於三水（廣東境內）擊敗了桂王部隊之後，好運並沒有持續太久，因為僅在幾天之後，清軍便以十四騎偽稱援兵先賺進廣州城門，然後接著大隊蜂擁而入。當時唐王集團的兵士大都受命西出攻擊肇慶（廣東境內），只留少數人宿衛。而大臣蘇觀生緊急召來的部隊，則是根本不堪一擊。十二月十五日廣州城陷，唐王朱聿鐭、蘇觀生等只好自縊而死，僅持續了四十一天紹武政權，就此告終。清軍隨後繼續攻占東莞、新會等地，一路進逼肇慶。不過永曆帝朱由榔則是在聽到風聲時，早就迅速逃往梧州（廣西境內）避難去了。

清・順治四年

清政府第三度圈地　受害民眾範圍擴大

　　大清政府繼一六四五年十一月，第二次下令大規模圈地，並將範圍擴大到河間、灤州、遵化（皆河北境內）等地之後，又於今年年初准戶部（財政部）所奏，進行第三次的圈地行動。這次戶部是以之前八旗所圈得的田地之中甚多貧瘠薄地，且今年新入關者尚無地可分為理由圈地。把京城附近的土地，無論是有主或無主，一律全行圈占。用以更換去年所圈之薄地，並分配給新來的旗民。同時規定於尚未圈地之州縣內清查屯、衛等公有地，以撥補給土地被圈走的百姓，並依其遷移路途之遠近，豁免一至二年錢糧。雖然政府已表示以後不再圈民地，但前後三次的圈地共占去約一千四百餘萬畝，為明朝時期皇莊或封王莊田總數的五倍以上。而且原本是要圈無主荒地，結果所圈的大部分都是已經開墾的熟田。雖然政府已經表示永遠不再圈地、投充，但評論家認為，這兩種嚴重侵害百姓自由及財產的惡法弊政，不可能會在短時間內完全消失。

大西軍盡收雲南
鄭成功崛起福建

國姓爺 鄭成功

　　在張獻忠死後，大西軍餘部在清軍的追擊下，轉往昆明（雲南境內）發展。以「共襄勤王、恢復大明天下」為口號，招撫百姓返家復業。並主動出借耕牛及種子給有需要的人民，所以一時之間又聚集了相當數量的百姓前來投靠。在對富戶強加追餉，籌足餉銀後，李定國等便率所部東向，連破呈貢、曲靖、晉寧、師宗、通海、河西（皆雲南境內）諸地，平定整個雲南東部地區。孫可望、劉文秀等則率另一部西征，攻取富民、廣通、武定、楚雄、姚安（皆雲南境內）等地。隨後又招撫各地土司（經政府認可的邊境部落頭目）來歸，武裝力量又回復到二十餘萬之多，成為大清政府在西南方向不可忽視的反抗力量。而在東南方向，鄭成功的勢力也逐漸崛起，不但攻入海澄，還在泉州（福建境內）重創清兵，軍聲響遍東南半野。

【專題報導】清軍的兵餉

依照大清政府最新頒定的軍餉薪俸來看，職業軍人中，以綠營兵（入關後由歸降的明兵所編而成）的守兵月餉一兩最低。其次是綠營的無馬戰兵一兩五錢，八旗的步軍雖然月餉也是此數，但每個月所配給的米糧為二斗，是綠營兵的兩倍。再好一點的是綠營的有馬戰兵，月餉為二兩銀子。八旗的精銳部隊軍、前鋒、護軍則是每月餉銀四兩、米四斗，福利明顯較綠營兵好很多。軍官的部分副將月餉為三十五兩、總兵官（軍長）為五十兩、提督（軍團司令）則可以領到六十兩。另外各級軍官還有數額不等的賞銀可經手發放，其中一部分也有中飽私囊，自行當作福利的情形。

永曆帝面臨清軍的追剿，逃跑工夫可算是天下一絕

清軍續推進
永曆連環逃

曾經率領清軍三屠嘉定（江蘇境內）、兩滅明帝（隆武帝朱聿鍵、紹武帝朱聿鐭）而立下大功的明降將李成棟，在被升任為廣東提督（軍團司令）後，又率兵攻破東莞，直取肇慶（廣東境內）。不斷進逼的大清軍隊，嚇得永曆帝朱由榔如驚弓之鳥般，一逃再逃。清軍前進肇慶，朱由榔便逃到桂林（廣西境內）；清軍攻桂林，朱由榔便逃到武崗；清軍吞下武崗，他就又溜到柳州、象州去了。幸好南明陣營中還有何騰蛟的部隊比較能打，在全州（廣西境內）擊敗了孔有德、耿仲明的軍隊，迫使清軍退回湖南，朱由榔才能暫時結束這個躲貓貓的遊戲，回到桂林繼續做他的永曆皇帝。

由於抗清情勢大好，使得很久沒人辦公的南明朝廷，又生氣勃勃的擠滿了回來上班的官員

兩位提督帶頭叛清 抗清力量情勢大好

今年開春不久，便傳出原降清將領江西提督（江西軍團司令）金聲桓於南昌（江西境內），迎弘光朝閣臣姜曰廣為盟主，並剪辮復反的消息。結果九江（江西境內）以東望風趨附，連安徽地區也趁勢假史可法之名，起兵攻下無為、巢縣、廬江（皆安徽境內）等地。三月時，甘肅地區的回民又趁清軍入川之際，聚眾十萬，起兵反抗，連克涼州、岷州、蘭州、臨洮（皆甘肅境內）等地。同時，南明何騰蛟的部隊也於桂林（廣西境內）大敗清軍，並一路追殺，最後在榕江（貴州境內）列陣與清軍對峙。四月時，大清廣東提督（廣東軍團司令）李成棟因為自以功高，謀兩廣總督（兩廣戰區總司令）之職未得而心生怨恨，便趁機挾持兩廣總督佟養甲，於廣東樹起「靖國安民」大旗，命軍民解辮、改奉「永曆」為正朔，同時派人至南寧（廣西境內）向永曆帝朱由榔稱臣謝罪。當李成棟的奏章遞到南寧時，南明上下滿朝驚喜，一下子又恢復了希望。原本已經很久沒有辦公的官員忽然入朝辦事，異名隱居之士也趨邀拜相。不管是村師巫童、倡優書役還是遊手白丁，都謊報說自己曾在政府任職。一時之間南明的小朝廷擠滿了人，章服錯亂、上下倒置，看上去就好像市場一般，熱鬧卻又亂成一團。而湖廣大部分地區也都被南明軍隊收復，全國抗清力量進入前所未有的大好景況。

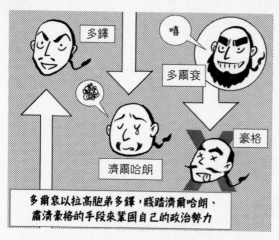

多爾袞以拉高胞弟多鐸、賤踏濟爾哈朗、肅清豪格的手段來鞏固自己的政治勢力

多爾袞肅清異己
豪格遭幽禁猝死

「皇叔父攝政王」多爾袞（福臨叔父）最近痛下殺手，對「信義輔政叔王」濟爾哈朗（福臨堂叔）及和碩肅親王（第一等爵位）豪格（福臨長兄）進行整肅清算。首先是在去年（一六四七年）初，以濟爾哈朗府第台基逾制及擅用銅獅龜鶴，給予罰銀二千兩的處分。今年三月四日時，又以濟爾哈朗在順治帝入關時，擅令原定後行之鑲藍旗越次與帝同行並立營，又令正藍旗行於鑲白旗之前等罪名，革其親王爵位，降為多羅郡王（第二等爵位）、再罰銀五千兩。隨後，又以出征四川兩年，地方全未平定，且隱瞞屬下冒功之事，將剛班師回朝不久的豪格給幽禁起來，並收奪其主領之正藍旗歸皇帝所有。豪格被幽禁後沒多久，便忽然暴斃而死，死因至今成謎。而多爾袞對於自己的同母胞弟和碩豫親王多鐸，則是以定陝西、平江南、敗喀爾喀蒙古有功，於去年七月進封為「輔政叔德豫親王」，並賜黃金千兩、白銀萬兩，來提高其政治地位，以鞏固自己陣營的力量。至於濟爾哈朗，雖然在兩個月之後又被恢復親王的爵位，但被多爾袞這樣玩弄之後，已逐漸失去其政壇上的影響力。

政府頒令 嚴禁高利貸

大清政府日前發布一項金融命令，禁止所有官民藉高利貸謀利取財。這項命令中明定一切債務之月息，每一兩銀最高只准收息三分（相當於年利率36%），且不可以息上加息以複利計算。同時也規定不准放債給即將赴任的官員，也嚴禁外任官員放債於民，諸王府及旗下官員家人也不得於外省從事貿易，以免官員藉職務之便謀取不當利益。

清軍各地展開反擊
禁止民間私藏兵器

大清政府對於各地的反抗軍，開始採取強力的掃蕩。首先是陝西總督（陝西戰區總司令）大破回民部隊，一口氣收復臨洮、蘭州等地，然後兵進涼州（皆甘肅境內）。同時，又將大軍開抵南昌（江西境內）城外，以俘虜掘深壕築土城，徹底圍困叛將金聲桓。另一方面，又命和碩英親王（第一等爵位）阿濟格（福臨叔父）前往山東征剿榆園叛軍，並誘使榆園軍首領李化鯨等七人出城談判，然後將之生擒。和碩鄭親王濟爾哈朗（福臨堂叔）則是受命與勒克德渾同征湖廣，追剿大順軍殘黨李過、高一功等餘部。東南方面，則派兵奪回了之前才被鄭成功攻下的同安（福建境內），並屠殺了當地的百姓將近五萬人。而針對各地旋踵而起的抗清風潮，政府也下達命令，嚴禁民間蓄養馬匹、私藏兵器。若有違反者一律處斬，家產妻小入官，鄰里十家杖流。習武的童生及武舉，只許擁有馬一騎、弓一張、披子箭九枝，但不許私借與人，希望以此杜絕反抗軍的武裝來源。

叔叔忽然變成老爸　多爾袞升「皇父攝政王」

大清政府的實際掌權者多爾袞（福臨叔父）的稱謂，自一六四三年當上「攝政王」之後，便一路由一六四四年的「叔父攝政王」，升到一六四五年的「皇叔父攝政王」，再到今年又提升到「皇父攝政王」的地位。不只如此，去年（一六四七年）底時，多爾袞還從朝臣之請，以「體有風疾，不勝跪拜，且國家既定，享有昇平，皆皇叔父王福澤所致」為由，表示今後不再對皇帝行跪拜之禮。評論家表示，這種種的跡象，處處都顯明了多爾袞的獨裁野心。而「皇父」的身分，更明白的宣告了自己的地位遠在當朝皇帝之上，連皇帝都要叫他一聲老爸了。如此的一些布局，也不禁令人懷疑，當福臨（清世祖）成年後，是不是有辦法能真的親政，還是永遠淪為一個政治布偶。

李成棟北援反遭擊潰

南明政府在收到金聲桓被圍南昌（江西境內）的消息後，便三番兩次的敦請李成棟出兵相援。只是手握重兵的李成棟似乎意興闌珊，並沒有想要解救金聲桓的打算。所以在拖了很久之後，才終於點領十幾萬兵馬，慢慢的往前推進。到了十月二十六日，大軍才在日暮時分抵達贛州（江西境內），但由於軍士都已相當飢餓疲倦，所以也沒有設立營柵就讓全軍就地休息。誰知到了半夜，不知從哪冒出來的清軍居然發動夜襲。李成棟從夢中驚醒後，發現自己的部隊已經失去控制，便急忙策馬先奔。沒了主帥的南明軍團，諸營皆潰，亂成一團，所有的軍資器械都被清軍所奪。

阿濟格受命防範蒙古 大同軍驚駭先行叛變

入冬之後，大清政府因得報喀爾喀蒙古二楚虎爾部於近內地行獵，企圖不明。為了防範於未然，便調派和碩英親王（第一等爵位）阿濟格（福臨叔父）率兵前往大同鎮守，不過卻意外引發了大同（山西境內）總兵（軍長）姜瓖的叛變。原來，姜瓖本是大明總兵，之前曾投靠過大順軍，後來又歸降於清。因其部將多驍勇善戰者，所以長久以來便心存異志，有自立門戶的打算。結果一聽到阿濟格率軍前來的消息之後，以為是清廷想要把自己給滅了，所以便索性率兵登高一呼，扛起反清大旗。結果山西、陝西各地原本已經降清的部隊，都紛紛起來響應。阿濟格在得知姜瓖叛變之後，也已經緊急向中央提出申請，準備調派「紅衣大砲」來協助攻城。

你這黑仔！又來偷東西，看我不宰了你才怪…

完蛋！被發現了

原本就心存異志的大同總兵姜瓖誤以為阿濟格大軍要對自己不利，索性起兵造反

南明折損三大將　反清力量受重挫 ·················

　　被圍困超過半年的南昌（江西境內），終於在元月十九日因糧食耗盡而被攻破，守將金聲桓投水而死。清軍隨後也平定了九江、南康、瑞州、臨江、袁州（皆江西境內）等地。然後趁著湘潭（湖南境內）空虛時發動猛攻，捕殺了南明的另一個大將何騰蛟，攻克衡州、永州、保州、郴州（皆湖南境內）。過沒幾天，又在信豐（江西境內）夜襲正帶著五萬兵馬打算捲土重來的李成棟，逼得他上馬逃竄後，因不勝酒力而在渡水時溺死。南明陣營在得知一下子折損了三位大將後，舉朝大駭，深怕清軍不久就要攻入肇慶（廣東境內），還有人冒著大雨就從朝廷中逃奔而出的。與之前氣勢大好時，大夥爭相入朝為官的歡樂氣氛，形成了強烈的對比。

豫親王出痘病死　多爾袞手握三旗

　　和碩豫親王（第一等爵位）多鐸（福臨叔父）於今年三月十八日，因痘疹（天花）病逝於北京城，享年僅三十六歲。已於二月份領兵親征大同的「皇父攝政王」多爾袞，原本已連克渾源、應州、山陰（皆山西境內）等地，一聽到多鐸出痘的消息，便馬上班師返京。在多爾袞的所有兄弟中，就以同母胞弟多鐸和他感情最好，原本想說看能不能見上他最後一面。但才趕到居庸關（河北境內），便獲報多鐸已經病逝的消息，多爾袞傷心的換上素衣，忍不住悲痛的號啕大哭奔回京城。不過，傷心歸傷心，該做的事還是得做。多爾袞在接收了多鐸的鑲白旗之後，又以兩黃旗之人足為禁衛之用，自己外出須增加衛兵為由，將順治帝福臨（清世祖）的正藍旗「暫時」調歸己用，待親政後再返還。於是，多爾袞手下便同時擁有兩白及正藍共三旗的所有牛彔，實力遠遠高過皇帝及其他親王。

嗚…我可憐的老弟啊…哇…

記得把鑲白旗收過來，還有，去借皇上的正藍旗來用…

是！

多鐸因痘疹病逝，多爾袞在傷心之餘不忘盡收三旗實力

清軍陷大同　百姓再受屠

　　之前由於清廷禁止人民持有兵器，結果叛軍反而因為地方失去自衛能力而得利，使得政府只好取消此一禁令。但這時，響應姜瓖的反抗軍卻已接連拿下延安、榆林（皆陝西境內）等十九州縣，並殺死延綏巡撫（延綏軍區司令）等官員。而山西地區的反抗軍也擁眾十數萬，攻陷了汾州（山西境內）等地。只不過這股氣勢並沒能持續多久，到了八月底，大同（山西境內）反抗軍領袖姜瓖便因部下楊振威等人叛變，而被斬交清軍獻降了。清軍入城之後，除了楊振威等獻降有功者之外，狠下心來對大同及附近州縣的居民展開殘忍的大屠殺，隨後並盡毀其牆垣。於是山西一帶的叛亂之火，陸續都被清軍給一一撲滅。

太急著畏罪自殺　耿仲明被赦枉死

耿仲明不知道多爾袞赦免了他的罪，白白自縊而死

　　在今年五月十九日，清廷下令改封孔有德為定南王、耿仲明為靖南王、尚可喜為平南王，並分別派駐廣西、廣東之後，耿仲明便在十一月底，於吉安（江西境內）畏罪自殺。據記者了解，原來耿仲明在九月的時候，因為屬下隱匿逃人一事被刑部（司法部）劾奏，而被中央論以查明後據實回報。耿仲明詳察後證實部屬隱匿逃人者竟有三百人之多，便趕緊上疏請罪。由於隱匿逃人是一項重罪，所以耿仲明便天天惴慄不安，越想越緊張，最後便想不開自縊而死了。只是他這個決定下得真是太早了點，因為雖然司法部門建議應當削奪耿仲明的王爵，但多爾袞（福臨叔父）卻裁示予以寬免，不追究其責任，同時赦免其部屬所犯之死罪。只是耿仲明等不及這道命令，便衝動的結束了自己的一生，而餘部則由其子耿繼茂繼續統領。雖然耿繼茂向中央提出了承襲靖南王爵位的請求，不過目前看來多爾袞似乎並沒有同意的意思。

大清時報

GREAT QING TIMES

庚寅

西元一六五〇年

清・順治七年

先迎豪格遺孀再娶朝鮮女　多爾袞新婚又修避暑山莊

「皇父攝政王」多爾袞（福臨叔父）今年可真是豔福不淺，先是在元月二十五日，繼娶了豪格（福臨長兄）的遺孀福晉之後，又在五月迎娶了朝鮮公主為妃。據聞，這兩人可都是具有傾城之姿，也難怪多爾袞不顧一六三一年「禁止收繼婚」的禁令，也等不及與朝鮮公主舉行儀式，便親至連山（遼寧境內）迎娶。不知道是不是新婚之後心情大好，便在七月又下令於邊外灤河鎮（喀喇河屯）修建避暑山莊「灤陽行宮」。只是這項工程預計將花費白銀二百五十萬兩，而國庫又沒有事先編列這筆預算，所以只能另外由直隸等九省加派。同時也鼓勵官民自願捐助，並依照捐助的金額酌量給予恩敘。

孫可望自稱秦王　入四川人煙縹茫

盤據雲南一帶的大西軍孫可望餘部，於八月時致書永曆帝朱由榔，表示希望可以和南明聯手抗清。不過孫可望也提出了一個條件，就是要朱由榔冊封他為「秦王」，以彰顯其地位。雖然此項封王的提議已經被南明的群臣所否決，但孫可望仗著他人多勢大，仍是以「秦王」的身分，領兵進入貴州。在連破貴陽、遵義（皆貴州境內），吞併了各地兵馬之後，又遣兵進入大西的老巢四川。只不過這時的四川已非天府之國，在久經戰亂又慘遭張獻忠屠殺後，人口已十分稀少，現在存留的戶口數僅約之前的百分之三左右。而且由於緲無人煙，使得當地野獸成群，虎豹為害，還有全縣居民都被虎吃光的傳聞。這個傳聞或許誇張了些，但就南充（四川境內）一地的真實數據：「原有人丁五百零六人，被老虎吃掉二百二十八人，病死五十五人，新招人丁七十四人，其中又被老虎吃掉四十二人，僅存二百五十五人」看來，還是令人覺得十分恐怖。

喂！別跑啊，給我說清楚為什麼人這麼少？

我也要閃人了

四川在經歷張獻忠大屠殺事件後人煙稀少，虎豹吃人為患

這結婚照很明顯是經過 PS 變造的，你看，這裡的光影根本不對…

原來又是假的啊…

皇太后下嫁多爾袞的傳言經調查後已經確認為謠傳

皇太后下嫁多爾袞!? 繪聲繪影查無實證

近來網路上瘋狂轉載一則「太后下嫁」的傳言，說當朝皇帝福臨（清世宗）的生母皇太后博爾濟吉特‧布木布泰（皇太極之莊妃，孝莊后），在當初為了能讓福臨承繼大位，委身於多爾袞（福臨叔父）以爭取其支持，最後並頒布詔書正式以太后之尊下嫁。傳言中還提到，有一首〈建夷宮詞〉這樣寫道：「上壽觴為合卺尊，慈寧宮裡爛盈門，春官昨進新儀注，大禮恭逢太后婚。」足以證明太后下嫁這一件事。但是經過本報記者的深入追查，發現這首詞的作者是張煌言，經網友起底肉搜之後，也發現他的真實身分是南明的反清之士。也就是說，這一首詞的內容，極有可能是敵對陣營為了詆毀清室所作的汙

蔑之辭。再者，記者透過特殊管道查證了所有詔書的歸檔記錄，並沒有發現有所謂的「太后下嫁詔書」，足證此點也是好事者所妄自捏造。而且資深的政治評論家也表示，福臨之所以能夠登上帝位，是多爾袞、豪格（福臨長兄）之間，兩大集團的政治及軍事力量相互較量，最終妥協所產生的結果，不是莊妃或多爾袞能說了就算的。另外，也有可能是鄉民們誤將今年多爾袞迎娶豪格福晉一事，傳成是太后下嫁所致。綜合以上所說，可以證實太后並沒有下嫁給多爾袞，但當皇太極（清太宗）死時年僅三十二歲的莊妃，究竟和多爾袞之間有沒有擦出一些愛的火花，就不得而知了。

鄭成功同室操戈
強據金廈

今年三月間，清軍趁著鄭成功西取潮陽（廣東境內）之時，發兵進襲廈門（福建境內），並奪走了鄭芝龍（鄭成功父）的畢生積蓄及所有家資。據鄭家人表示，此次的損失估計約黃金九十餘萬兩、米糧數十萬斛、及其他財寶無數，都是鄭芝龍從事海外貿易的多年所得。八月時，鄭成功從廣東返回福建，並在叔父鄭芝鵬的建議下，以精兵五百、船四艘的實力，乘中秋之夜泊舟鼓浪嶼，以伏兵斬殺同為反清陣營的鄭聯，然後兼併了鄭彩、鄭聯手下的部眾。實力大增之後，又發兵取銅山、閩安、南澳諸島，同時據有金門、廈門（皆福建境內）。隨後，鄭成功便以廈門為根據地和對外通商的港口，一時之間聚眾六萬，兵船、糧餉都比之前要增加了十倍之多，成為清廷在東南方最有威脅性的對手。

現在，這邊的鄭家軍已經對那邊的鄭家軍發動了總攻擊，這邊的鄭家軍把那邊的鄭家軍打得是落花流水，可以預測的是鄭家軍將奪得最後的勝利…

鄭成功襲取同陣營的鄭聯部隊後實力大增，強據金廈一帶

南明軍力大衰退　永曆破膽奔南寧

南明永曆政權的勢力範圍在今年大衰退，軍力由全盛時期的四十幾萬，驟減到只剩幾萬人。年初清軍攻克南雄（廣東境內）後，已經領有專業逃跑證照的永曆帝朱由榔便直奔梧州（廣西境內）。而清軍在占領韶州不久，便將廣州（廣東境內）緊緊圍死，然後花了半年的時間，在十一月的時候陷城屠民。同一時間，孔有德的部隊也拿下桂林（廣西境內），南明重臣瞿式耜被執不屈而死。嚇得朱由榔又一路逃往潯州、南寧（皆廣西境內），只是身邊的官員越來越少，除了隨扈人員之外，已經沒有一卒一民是永曆帝可以號令調動的了。

由於之前多爾袞刻意不讓福臨接受正統教育，使得許多字都不認得的皇帝親政後只能從頭學起

多爾袞病逝　順治帝親政

　　上個月才因身體不適，決定到邊外行獵散心的「皇父攝政王」多爾袞（福臨叔父），於十二月九日突然病逝於喀喇城（遼寧境內）。消息傳回北京之後，十四歲的順治帝福臨（清世祖）便於二十一日，命大學士（皇帝高級秘書官）剛岷取回之前被多爾袞拿到攝政王府的所有印信軍符，然後在二十六日親政，諭令以後所有軍國要事，都由諸王貝勒組成的議政會議討論，然後上呈皇帝批示。隨後還以吏部（文官任免考核部）、刑部（司法部）、戶部（財政部）三部因業務繁多為考量，將尚書（部長）的職位都增設為二名，以利政務之推行。不過，據不願透露身分的皇帝隨侍人員表示，由於順治帝在親政前，多爾袞都沒有讓他接受過系統教育，以致於在閱覽奏章時，很多字都不認得，就算認得了也對文義茫然不解，十分痛苦。不過值得鼓勵的是，福臨並未因此而放棄，反倒是充分的利用時間發奮讀書，每天也都有極大的進步。

阿濟格謀權遭幽禁
多爾袞削爵又罷封

順治帝福臨（清世祖）親政之後，開始肅清多爾袞（福臨叔父）的餘黨。首先是在年初，以謀亂罪幽禁和碩英親王（第一等爵位）阿濟格（福臨叔父，多爾袞同母胞兄）。根據起訴書的內容，阿濟格被指控於去年（一六五〇年）多爾袞病逝於邊外之時，曾私下派其子勞親至京脅迫多爾袞所屬人員歸附自己，有謀權亂政之嫌。在順治帝迎喪於石門（河北境內）時，阿濟格不但沒有在駕前摘去佩刀，還令旗下部屬張纛分兩隊夾柩車而行，舉動悖亂，不合規法。以上種種罪行被告發後，和碩鄭親王濟爾哈朗便派兵於途中攔截，並將阿濟格監守至京。最後經諸王貝勒會議以心懷異志、舉動悖亂為由定罪並幽禁。原屬阿

呵呵…別急，我相信你們三兄弟很快就可以重聚了…

濟爾哈朗，你給我記住…

原本想要承襲攝政王權力的阿濟格被濟爾哈朗逮捕後，多爾袞三兄弟的勢力正式宣告瓦解

濟格的旗下屬人，其中十三個牛条歸順治帝所有，七個牛条則撥屬多尼（多鐸之子），投充旗下之漢人全數釋出為民。其子勞親亦由多羅郡王（第二等爵位）降為固山貝子（第四等爵位），並奪之前所給之四牛条。其他涉案的兩白旗將領則分別處以斬首、革職等處罰。二月時，福臨以極嚴厲的刑責重懲了多爾袞的親信黨羽，然後以謀逆等十大罪狀議追論多爾袞的犯行。多爾袞不但被削爵位罷追封、撤廟享停恩赦，連所屬家產人口也都全數籍沒入官。至於那些之前被多爾袞極力排擠者，福臨則是以恢復爵位、任命為議政大臣（中央政治常務委員）等手段來加以攏絡，以穩固自己的權力地位。

皇帝收回正白旗　從此自將上三旗

多爾袞（福臨叔父）被論罪之後，其所領之正白旗被順治帝福臨（清世祖）接收。而從多鐸
（福臨叔父，多爾袞同母胞弟）那裡接收來的鑲白旗，以及之前被多爾袞「暫借」的正藍旗，
則與鑲紅旗一起充作封殖宗藩任命之用，從此這三旗的旗主都由皇帝直接指派。而正紅旗、鑲
藍旗則仍由滿達海（代善之子）、濟爾哈朗（福臨堂叔）主領。由皇帝親領的鑲黃旗、正黃旗、
正白旗自此稱為「上三旗」，由諸王、貝勒主領的正紅旗、鑲白旗、鑲紅旗、正藍旗、鑲藍旗
則稱為「下五旗」。上三旗的地位比下五旗要高，上三旗的包衣（家奴）只為皇帝服役，而下
五旗的包衣則只能侍候諸王貝勒。若是諸王貝勒家有被選為后妃的，則服侍這些后妃的包衣們
便會被抬入上三旗之中。

孫可望刀架南明朝　無奈中秦王受冊封

　　大西軍遺部孫可望派出部將帶領了五千兵馬，前往南寧（廣西境內）迎奉南明永曆帝朱由榔之後，已由永曆帝正式冊封為「秦王」。不過，在記者深入調查後發現，原來這個「秦王」的稱號，根本是用暴力手段威脅而來的。因為孫可望表面上雖然接受永曆政權的冊封，但上書時卻仍然只以「合師北拒」為名，並不以臣屬自居。而他所派遣的部將進入南寧之後，還直接把當初否決其封王之請的大學士（皇帝高級秘書官）嚴起恒等人給砍了，嚇得南明朝廷上下心膽俱裂。而可憐的朱由榔也只好含著眼淚，別無選擇的頒布冊封詔書了。

國庫缺錢不夠官俸　清帝自掏腰包補足

　　順治帝福臨（清世祖）親政之後，才發現國庫中的錢已經被多爾袞（福臨叔父）給花得差不多了。在立刻下令停建邊外的避暑山莊工程，將加派的錢糧全數按戶歸還，並實施了一些撙節措施之後，財政部門仍於三月發出警訊。據主計單位統計，預計四月份要發出的官俸共需六十萬兩，但目前國庫中只剩下二十萬兩左右的白銀存量，還有四十萬兩的財政缺口需要補足。雖然各界預測中央政府會以加稅來渡過此一難關，但福臨

老婆，我回來了

你怎麼還笑得出來？不是說下個月薪水領不到嗎？我們還有一堆帳單呢

嘻，安啦…皇上已經把他的私房錢拿出來發給我們了，走，吃大餐去

卻出人意料之外發布一項聲明，宣布所缺銀兩全由內庫（皇帝的私人帳戶）撥款補齊，務必要按時讓各級官員領到他們的薪俸。這和之前明朝時期，皇帝動不動就用各種名目來聚斂錢財，把民脂民膏都搜括到自己口袋之中花用的情形，簡直有如天壤之別，令人有氣象一新的感覺。

國姓殺叔洩憤　施琅父死投清

　　清軍趁鄭成功率軍前進廣東時，於二月遣兵攻入廈門。雖然鄭鴻逵（鄭成功叔父）立刻趕回防守，並率軍阻截清軍總兵（軍長）馬得功的後路。但是馬得功以鄭鴻逵母親的性命作為要脅，鄭鴻逵不得已只好將他放走。當鄭成功四月率舟師返回廈門時，就對廈門失守一事大不高興，不但立刻下令將懼敵畏戰的叔父鄭芝莞處死，又忿恨鄭鴻逵縱走馬得功，而飭令諸將不得赴其衙署，逼得鄭鴻逵將所部兵士全都交出，然後退休隱居不再問事。只是鄭成功這種嚴厲高壓的管理方式，也引起了一些反彈，使得猛將施琅轉而投效清軍。據了解，之前鄭成功兵進廣東時，施琅就因為在戰略上與其有不同的見解，而曾經被處以停職的處分。不久，施琅手下有個犯了死罪的兵卒，逃到鄭成功那裡當了親隨，後來被施琅發現給抓了回去。鄭成功知道後便馳令不得斬殺此人，但施琅仍以軍法難赦將其處死，於是怒不可抑的鄭成功便下令將施琅父子三人給囚禁了起來。雖然施琅後來使計脫逃，但其父親及弟弟卻也因此被處死。於是施琅忿而投靠清軍，並被授與副將之職，反過來與鄭成功作對。

鄭氏集團大將施琅因父親及弟弟被鄭成功處死，在逃難後忿而投靠清軍

御史巡方之制頒定　四出考核各地官員

大清皇帝福臨（清世祖）於日前批准了都察院（中央監察院）的提案，頒定了「御史巡方」的制度，讓御史（監察官員）充為皇帝之耳目，前往各地考核地方官員之施政績效，並查緝有無違法瀆職之情事。辦法中也規定，即將奉派前往各轄區的三十二差御史，在奉差後，應自行利益迴避，不見客也不收書，也不能用投充書吏員役，只能自帶經承文卷書吏。同時，也不能赴宴會踐行，必須在領敕三日後立即離開都

又欺負同學！這次老師一定要到你家去告訴你爸爸這件事…

這恐怕有困難，依最新規定他是不能見客的…

依據新頒定的「御史巡方」制度，收到出巡命令的御史不能見客赴宴

門。入境之後，至當地政府提取書吏、快手各八名以當作助理，事畢發回，並嚴格禁止鋪設迎送。在差期間，所有條陳、舉劾、勘報等事，也都要按日登記，以做為考核之憑證。資深評論家指出，以御史正官風的立意雖然很好，但實際上卻容易淪為官員之間相互攻詰之工具。加上御史大都是年輕有才學者擔任，缺乏社會經驗，常常會不考慮事實得失、國家利害，便暢發議論，藉以展露頭角。要是御史本身就素行不良，那不善巴結的正直官員便會吃足苦頭。例如號稱明代第一清官的海瑞，就是御史時常彈劾的對象。

順治大婚冊立皇后

　　早在順治帝福臨（清世祖）登位之初，就由多爾袞安排婚約的博爾濟吉特・孟古青，在科爾沁蒙古部壯盛的軍容及一望無際的騎兵護送下，八月十三日於北京城與福臨舉行了盛大華麗的大婚典禮，並被冊封為皇后。不過聽說，順治本人對於這個安排不太高興，因為這個婚約是他最痛恨的多爾袞所定。想到以後只要見到皇后，便會記起在小時候一直踩著他頭的叔父，讓福臨怎麼也嗅不到幸福的味道。

被囚禁在獄中的阿濟格暗中僱人挖掘
地道想要逃出生天，但卻未能成功

獄中企圖掘道縱火 阿濟格被下令自盡

　　年初就以謀亂罪被幽禁的阿濟格（福臨叔父），終於在十月十六被下令自盡，其子勞親則是在被降為固山貝子（第四等爵位）後又被廢為庶人。據司法部門提供的資料顯示，阿濟格遭囚之後，不但在三月被發現於獄中私藏了四把刀，還被舉發與心腹人員約定出逃時間，並暗中僱人挖掘地道。最後則是被發現企圖在獄中放火，想要製造混亂來藉機脫逃。於是在相關單位上奏之後，由順治帝福臨（清世祖）親手批示，令其自盡。至此，多爾袞之殘餘勢力完全被剷除，而其手法與當初多爾袞清算豪格時如出一轍。

第 四 章

剿滅南明　權臣凌主

（西元一六五二年～一六六九年）

皇上，您慢慢吃啊，醃蘿蔔很健康的…

將軍，頂級松露牛排大餐訂好了

．．．．

永曆帝朱由榔寄人籬下，不但生活拮据，還屢屢受到孫可望的言語霸凌

永曆帝寄身孫可望　挾天子不知令何人

去年（一六五一年）清軍攻陷肇慶（廣東境內）、南寧（廣西境內）後，南明永曆帝朱由榔又展開了他那馬拉松式的逃亡之旅。先是由水道抵瀨湍（廣西境內），然後焚舟登陸奔往新寧（湖南境內），今年則是再逃廣南（雲南境內），又往安龍（貴州境內）投靠南明秦王孫可望，而跟得上他長跑的廷臣卻只剩五十餘人。雖然孫可望承諾以每年八千兩白銀、六百石米的條件供應皇室的生活所需，但實際上並非如此。從記者所拿到的帳目影本中，記載著「皇帝一員，月支米若干。宮眷八口，月支米若干。」便可看得出孫可望分給南明皇室的物資其實少得可憐。據說除了皇帝之外，所有的宮眷、內監都只

有稀粥可以裹腹。內監還要負責汲水，宮婢則要洗衣炊食，完全看不出皇室的尊榮之處。倒是孫可望自己的生活還比較像天王老子，不但有新築的宮殿，連出入也是乘坐金龍步輦代步。而當孫可望聽到有傳言說他挾持天子時，便不客氣的上疏給朱由榔說：「有人說我想要挾天子以令諸侯，但這些人實在是不知道歷史的典故。在以前的時代，各地還有諸侯的存在，而諸侯也還知道尚有天子。現在天子都已經沒有能力自己發號施令，叫我要挾持這樣的天子來命令哪個地方？命令哪個人？這傳言真是無稽之談。」寄人籬下的朱由榔，看了講得這麼白的奏章，也只能苦笑然後裝作看不懂了。

宗人府開設　掌皇族事務

　　大清政府於四月二十四日，正式開設宗人府（皇族事務部）衙門，以掌管皇室宗族屬籍、定期纂修玉牒譜系、辨別宗族親疏及爵位等級、處理皇家事務及訴訟、執行賞罰圈禁等事務。並以和碩敬謹親王（第一等爵位）尼堪出掌此部門，其下設置左右宗正、左右宗人、啟心郎、理事官等職位，以協助辦理府務。

李定國戰象衝陣　定南王有德身死

　　今年春，大西軍餘部在得知清廷以定南王孔有德、平西王吳三桂分別進軍湖廣、四川的消息後，孫可望立刻分遣李定國、劉文秀率大軍與其爭鋒。在湖廣戰線的李定國，帶領著十萬大西步兵，於夏季先出兵攻克靖州，大敗清總兵（軍長）張國柱部隊，斬殺了五千餘人。隨後又下武岡，再次大敗清軍。在接著狂攻寶慶（皆湖南境內），造成清軍嚴重傷亡後，又急轉廣西攻陷全州，然後與清軍孔有德部隊在桂林（廣西境內）城外的大榕江激戰。據戰地記者回報，此役一開始雙方勢均力敵，但不久後李定國便祭出了秘密武器，以大象強行突破敵軍戰陣。清軍從沒看過這種怪獸，在巨獸衝撞之下僥倖逃過

大象踐踏的也隨即慘死敵軍劍下，當塵煙漸消之時，放眼望去只見屍橫遍野，連主將孔有德也棄甲負傷，僅以身免退入桂林據守。到了七月二日，李定國破城而入，退無可退的孔有德只能閉戶自焚而死。兵勢無人能擋的李定國，就這樣很快的平定了廣西全境，讓清廷大為震驚。而四川戰線的劉文秀部隊也是奮力的擊退了清軍，先是收復了敘州，接著又進奪了重慶，逼得吳三桂只能退守保寧（皆四川境內）。由於這兩路大西軍都獲得勝利，已有「秦王」頭銜的孫可望，便要求永曆帝朱由榔，下詔冊封李定國為「西寧王」、劉文秀為「南康王」，讓大西軍集團諸將身分更為提高。

這…怎麼跟情報上的完全不一樣…

首次見識到象陣威力的孔有德部隊遭到完全擊潰

全國氣候異常 各地災情特報

今年全國各地的氣候都出現異常的現象，先是五月的時候，嘉祥一帶不但下起了斗大的冰雹，還颳起一陣陣將大樹連根拔起的大風。而德州（山東境內）的景況更是嚇人，足足有甜瓜那麼大的冰雹從天而降，還砸沉了一艘停泊在岸邊的漕舟，所幸的是沒有造成任何人員傷亡。八月時，直隸、河南、山東、山西等地則是大水為患，據說南和一地積水有七尺之深，而武強（河北境內）的水深更達一丈五尺，不但城牆被沖毀，連百姓居住的房舍及賴以維生的田苗，也全都浸沒在一片汪洋之中。反而是江南、江北、湖廣、浙江等平常雨水較豐的地區，卻是連月滴雨未下，大地赤旱遍野，人民叫苦連天。

哇！這拿來做成剉冰剛好…

有沒有芒果

德州竟然降下如甜瓜一樣大的冰雹

專長是什麼？

嗯…服侍老闆、跑腿、拍馬屁，還有耍特權、欺負人…

夠了夠了…就介紹你去當議員的助理吧，你一定能發揮所長的

大清政府表示預計將裁撤掉明朝時期99%的太監員額

裁員通知

大清政府日前了公布近期內政府的部門裁員計畫，預計將於九月進行第一波的裁員，對象是工部各監局的太監共計五十五人。而第二波的裁員則將於十月進行，對象同樣是工部各監局的太監，只是人數增加為一百三十人。政府發言人表示，由於舊明時期的宦官人數過於氾濫，所以未來將計畫性的逐年刪減太監人數，預計將從明朝時期的十萬人，分批汰除百分之九十九的員額，最後只留下五百人供宮中使役。而宮女同樣的也在計畫性裁員之列，預計從九千人陸續裁減到一、二百人左右。

李定國計斬親王尼堪　孫可望扯腿清軍脫逃

不是叫你下午四點要帶資料和我到客戶那裡嗎？怎麼沒來！客戶都跑了…

對不起啦，副總…是總經理交代我不准去的，我也沒辦法啊

孫可望怕李定國立功過多日後爬到他頭上，竟然密令破壞其計畫，使得清軍得以僥倖逃脫

雖然劉文秀的部隊在保寧（四川境內）慘遭吳三桂率領的清軍反襲打爆，但大西軍的另一支李定國部隊，卻連下永州、湘陰、岳州（皆湖南境內）、吉安（江西境內），闢地三千里之廣。十一月下旬，李定國的十五萬大軍開至湘潭（湖南境內），與大西將領馮雙禮、馬進忠約好，要佯敗誘清軍深入，然後由馮、馬兩支伏兵於後夾擊，以全殲敵軍。結果清軍統帥和碩敬謹親王（第一等爵位）尼堪果然中計，在衡州取得小勝後，便不顧一切的驅兵追趕，而被反襲的李定國於陣中給斬殺。隨後，李定國乘勝追至岳州（湖南境內），眼看著全殲清軍的計畫就要成功，

但馮、馬二軍卻遲遲未能出現，結果只能讓清軍餘部從手指縫中溜去。據記者調查，原來早在孫可望替李定國討了個「西寧王」的封號後，就有近臣不斷的警告，說李定國一向專斷，日後恐難節制。於是孫可望也對李定國起了忌心，在得知其作戰計畫後，便密令馮、馬退兵，以破其合圍之計。而這支清軍雖然因此逃過被殲滅的命運，但在一連失了定南王孔有德、和碩敬謹親王尼堪兩位重量級人物之後，也令清廷上下聞警震動，甚至有人提議要棄湘粵桂贛川滇黔七省與南明媾和，只是目前中央仍未做出任何結論。

地方惡霸與政府高層往來密切，連犯了法都沒有官員敢真的加以嚴審，無辜百姓只能自認倒楣

勾結權貴魚肉百姓　京師大豪終遭正法

　　過年前北京政府可說是送給了民眾一個大禮，處決了橫行京師的首惡分子李應試及潘文學，讓平時受盡欺壓的百姓們無不鼓掌叫好。據資料顯示，李應試又名黃臉李三，長時間以來於京師交通官員、打點衙門、豢養流氓、強收保護費，做盡不公不義之事。做惡的程度到甚至連他的姪子殺了人，受害者的家屬都還不敢向官府提起告訴。而潘文學則是身充馬販，暗中與各地的盜賊交往並供應馬匹讓盜賊更為猖獗。與一般小市民買賣馬匹時，也多有訛詐欺騙之事，賺盡黑心錢。只是因與官府相互勾結，使得受害者全都申訴無門。如今兩人一舉正法，真是大快人心。此二人已連續犯案多年，罪行可說是天下皆知，而朝中竟然無一官員敢言及此事，甚至在本案審訊之時，諸臣仍是畏不敢言。經記者深入調查後發現，原來李應試等人不但勾結官員，連跟高層的諸王、貝勒們也是交往密切。所以不但基層官員動不了他們，連言官、部臣也都因為畏懼滿洲貴族的權勢而不敢言、不敢辦。而在權貴們收了賄賂，在享受美食、把弄珍寶的同時，可憐的百姓們就只能這樣日復一日，遭到這些特權分子的壓榨及欺凌。

【專題報導】補服

「補服」即是官員身上繡有區分身分及品級的朝服，為沿續明代體制，再稍做修改而來。各種不同階級都有特定的紋樣代表，不可隨意逾制穿著。其中和碩親王的補服圖案為：身前、身後五爪正龍各一團，兩肩五爪行龍各一團。多羅郡王的圖案則為：身前、身後、兩肩五爪行龍各一團。多羅貝勒為：身前、身後四爪正蟒各一團。固山貝子為：身前、身後四爪行蟒各一團。鎮國公、輔國公為：身前、身後四爪正蟒各一方。公、侯、伯為：身前身後四爪正蟒各一方。而文官身前、身後的補子圖案，則依品級而有所不同：一品仙鶴、二品錦雞、三品孔雀、四品雲雁、五品白鷴、六品鷺鷥、七品鸂鶒、八品鵪鶉、九品練雀。武官則為：一品麒麟、二品獅、三品豹，四品虎，五品熊，六品彪，七、八品皆為犀牛，九品海馬。而御史等監察官員，補子的圖案則是獬豸（音「謝志」，為一種頭頂有獨角、類似麒麟的神獸，傳說中若見二人相鬥或爭吵，就會用角去撞或咬理虧者，俱有辨別是非，公正不阿的本能）。

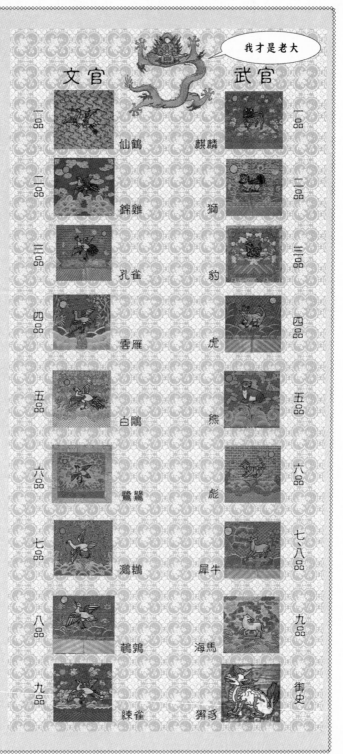

我才是老大

文官　武官

一品　仙鶴　麒麟　一品
二品　錦雞　獅　二品
三品　孔雀　豹　三品
四品　雲雁　虎　四品
五品　白鷴　熊　五品
六品　鷺鷥　彪　六品
七品　鸂鶒　犀牛　七、八品
八品　鵪鶉　海馬　九品
九品　練雀　獬豸　御史

鄭成功不受清廷招降 國姓爺掌控山海五商

鄭成功靠著嚴密的山、海五商組織，獲取巨額的貿易利潤

去年（一六五二年）三月，鄭成功在奪取長泰、平和、詔安、南靖後，將漳州（皆福建境內）給圍困了七個月之久。結果等到大清援軍前來解圍的時候，城中的大部分百姓早已餓死，僅剩下不到二百個人存活。由於鄭成功在東南的勢力越來越大，清廷只好開始想辦法拉攏他。先是在今年要求鄭芝龍（鄭成功之父）從北京派人至廈門（福建境內）加以招撫，企圖動之以情。但鄭成功卻回復他父親說：「兒南下數年，原本已做方外之人。但由於張學聖無故擅發大難之端，使得兒不得不應。如今的情況已是騎虎難下，兵集難散。」隨後，清廷又繼續釋出善意，封鄭芝龍為同安侯、鄭成功為海澄侯。並遣官攜印敕諭降，不過鄭成功仍然堅持反清的立場，絲毫沒有動搖。清廷見勸降無效，便派兵硬攻海澄（福建境內），但依舊被鄭成功給打得落花流水。分析師表示，鄭成功之所以有這麼大的膽子跟本事，可以憑一己之力與大清對抗，最主要的原因是他雄厚的經濟實力。因為鄭成功此時已是海上霸主，不但擁有戰船數千艘，其手下的「五商」組織，更嚴密掌控著東南沿海的進出口商品銷售管道。其中「山五商」設於杭州，由金、木、水、火、土五行負責將從中國境內收購來的絲綢、瓷器等物品，轉運至廈門。然後以「海五商」仁、義、禮、智、信五行的船隊，經由海路將貨品運銷至境外各地，以獲得巨額的利潤。據統計，鄭成功名下五十艘左右的商船，往來中國、日本、東南亞各地，所得利潤每年約有二百五十萬兩銀之多。尤其在對日貿易上，更是占了八成以上的貨源。同時鄭成功也利用這樣的管道，自海外採購各項軍需用品，以支撐其抗清的事業。

大西軍窩裡反 清鐵騎收湖南

由於大西軍首腦孫可望心忌李定國兩蹶名王，聲勢有逐漸壓過自己的危機，便想邀李定國於沅州（湖南境內）開會議事，然後趁機將他殺掉。不知情的李定國行至半途時，才突然接獲密報警告，於是便立即調頭急返，率所部五萬人由靖州退入興安、全州（皆廣西境內）以觀其變。此一變動，不但使得李定國、鄭成功聯師北上的計畫破滅，也讓清軍找到空隙，一舉連敗南明軍於岳州、益陽、衡州、永州等地，然後在寶慶（皆湖南境內）與孫可望大軍會戰。而孫可望

疑心病超重的孫可望因為怕遭暗算而下令友軍不可妄動，結果使得自己被清兵給打到潰不成軍

在李定國引兵避走之後，開始懷疑他的部將中有人私通李定國，甚至極有可能會對自己採取不利的行動。為免遭到暗算，孫可望便下令諸將各率所部因山為壘，在沒有得到他下達的軍令之前都不得妄動，違動者以軍法論斬，然後自己率領著他的「駕前軍」獨自迎戰來擊的清軍。結果在兩軍激戰時，因為各部不敢行動，只能呆立原地，便讓清軍撿了個大勝的便宜。在寶慶大潰孫可望軍之後，士氣如虹的清軍，又敗李定國於肇慶（廣東境內），使得南明之前辛苦打下的湖南所屬州縣，盡為清軍所得。

― 內府開立十三衙門 宮廷事務全交太監 ―

順治帝福臨（清世祖）於今年六月二十九日，在親信宦官吳良輔的建議下，把明朝的宦官二十四衙門縮編成十三衙門，以太監接替原屬「內務府」的職掌，接管所有關於皇帝的事務。依其組織章程，十三衙門的職掌各為：「司禮監」掌皇城內所有儀禮刑名內外章奏、「御用監」掌內府庫藏出納、「御馬監」掌群牧之政及內廄御馬、「內官監」掌內府帑項、「尚衣監」掌御用冠冕袍服靴襪、「尚膳監」掌御膳筵宴及畋漁供應、「尚寶監」掌寶璽、「司設監」掌鹵簿儀仗雨具大傘諸事、「尚方司」掌內府刑罰、「惜薪司」掌宮廷柴火木炭、「鐘鼓司」掌出朝鐘鼓及內府祭祀、「兵仗局」掌御用武備及兵器製造、「織染局」掌織造業務。但為了避免宦官專權干政，也同時規定十三衙門中滿洲近臣與宦官兼用，而宦官的品級不得高於四品，內員非奉差不得出皇城，職司以外的業務亦不許干涉一事，不准招引外人、結交外官，也不能以弟姪名義購買田屋置產。評論家表示，十三衙門的設立，等於削去原本內務府（宮廷事務部）的職掌而助長宦官之氣燄。若管制不當的話，則可能再次踏上明代宦官為害的老路。

吳三桂歡欣娶媳婦 順治帝鬱悶廢皇后

在八月十九日，順治帝把妹妹（皇太極十四女）嫁給吳應熊（吳三桂長子）的一周後，福臨（清世祖）自己的婚姻便觸了礁，博爾濟吉特‧孟古青被廢去皇后之位降為靜妃，改居側宮。雖然在之前命大學士（皇帝高級秘書官）馮銓、陳名夏等人察考前代廢后事例時，朝臣便紛紛上疏阻諫，但福臨仍是執意為之。而熟悉皇室事務的人推論，可能是因為此婚是順治帝所痛恨的多爾袞（福臨叔父）在其幼時所訂，使他本人喪失了自己選擇皇后的權利，加上婚後兩人彼此感情又不和睦，才會引發此次廢后的事件。而此事件是否會因此引起蒙古科爾沁部的反彈，也是需要加以觀察的。

傳聞中太后因為發現順治皇帝與董鄂氏之間的不倫之戀，因而下令取消了命婦入侍后妃的規定

命婦不再入侍 皇帝二次大婚

　　清廷在皇太后（孝莊后）的要求下，於四月五日頒布了一道頗啟人疑竇的詔令，停止了往常讓命婦（經皇帝敕封爵位的官員正室夫人）更番入侍后妃之舊例，以「嚴上下之體、杜絕嫌疑」。由於案由目的過於曖昧，所以在本報記者打探下，發現有以下之傳聞，說之前博穆博果爾（福臨之弟）從軍出征之時，其妻董鄂氏因經常到後宮侍候后妃，在機緣巧合之下被順治撞見。由於董鄂氏姿色豔美、性情婉約，福臨因此驚為天人，也在言談中不自覺表露出愛慕之意。但此事馬上被眼尖的太后發現，為免兩人發展成不倫之戀，於是太后才做出停止命婦入侍的決定。不過此事的真實度到底有多少，因為始終找不到關鍵人證，而皇室高層也未做任何解釋，所以至目前為止，本報的立場仍持保留的態度，並由記者繼續追查真相。不過可以肯定的是，順治帝已經在六月冊立蒙古科爾沁部博爾濟吉特氏為第二任皇后。至於為何福臨大婚的時機點如此敏感，是不是太后想藉此避免兒子的不倫戀情發展成什麼醜聞，就不得而知了。

陝甘地區傳強震 死亡人數破三萬

　　今年入夏之後，各地又陸續傳出天災致禍的消息，不只在五月時山東觀城等三十個州縣大水成災，到了六月，黃河的滾滾大水接著也在沿岸潰堤而出，附近地區又淹沒在汪洋之中。而西安、延安、漢中（皆陝西境內）、平涼、慶陽、鞏昌（皆甘肅境內）等處則是又傳出嚴重地震，導致城垣毀壞房舍傾倒，各地都傳出災情。據統計，目前罹難的官民人數已達三萬一千餘人，而被壓死的牛馬牲畜則無法計算。

政府從嚴修訂逃人法

由於投充的漢人逃亡情形十分嚴重，已經影響到八旗權貴的利益，所以大清政府在九月，又從嚴更定窩逃罪。新法規定：隱匿逃人者正法、家產入官，兩側鄰戶責以杖四十、流徙之刑，鄰十家之長亦杖責四十。窩藏逃人者若自行出首則免罪，但若是被旁人檢舉的，則將窩主家產的三分之一歸檢舉之人。逃人第一次、第二次逃走被緝獲，責以鞭一百之刑、並歸還原主，但若第三次者再逃則予以正法。若在商船上查獲逃人，則船主正法、船內財物入官。若是頂戴閒官、進士、舉人貢生、監生及休致官員，有隱匿逃人的情形，則本官及妻小流徙、家產入官。若是生員、僧道敢隱匿逃人，則與平民相同，一律正法不貸。

永曆帝密召東窗發
孫可望修書罵老闆

南明政府之間的內鬥越演越烈，永曆帝曾密召李定國對付孫可望的事爆發後，孫可望立刻派人脅迫永曆帝朱由榔，強將參與此事的十八位重臣處死。更為此寫了一封極不客氣的書信，語帶責備的告訴朱由榔：「皇上駕蹕安龍（貴州境內）三年，國內四境才剛獲得安寧，你卻又無端掀起風波。如果你實在覺得安龍地處偏僻，所供給的錢糧也不敷使用，而想要移幸到別的地方。那我也悉聽尊便，自會幫你備辦必要的伕馬錢糧，立馬派人護送你到想去的地方，以免又落個要挾之名。」朱由榔在收信後，也是如同意料之中，連吭也不敢吭一聲，只能在心裡巴望著李定國能趕緊來救他。只是李定國還在廣東一帶，與大清平南王尚可喜、以及剛獲准襲得靖南王爵位的耿繼茂作戰，只怕是一時半刻間恐怕無法滿足永曆帝的期待了。

@#*%※€$#...

快來救我…

這是皇帝

這是大臣

現在沒空

屢遭孫可望責難的永曆帝朱由榔期待李定國前來援救的願望短期之內只怕無法實現

黎民百姓因受天災之苦　皇帝太后自省開支賑災

近年來因各地天災不斷，導致各地百姓民不聊生，也使得大清政府不得不實施一連串的救濟賑災計畫。去年（一六五三年）順治帝福臨（清世祖），就在和碩鄭親王（第一等爵位）濟爾哈朗（福臨堂叔）等人的議請之下，停建了宮殿工程，以錢糧來賑濟災民。而皇太后（孝莊后）也在宮中勵行簡約，並將節省下來的白銀八萬兩，拿出來賑濟滿漢災民與八旗貧人。今年二月，政府又撥戶部（財政部）、禮部（教育部）、兵部（國防部）、工部（國家工程部）四部的庫銀共

皇上！您褲子破了，要不要換一條新的？

沒關係啦…我媽說要把錢省下來救濟災民，褲子補一補就好了…

裂！

十六萬兩，加上皇太后宮中節省銀四萬兩、皇帝宮中節省銀四萬兩，共二十四萬兩，派專員攜往賑災。光是錢糧減免還不夠，十一月十六日時，福臨又以地震、水旱災之故大赦天下，除貪贓害民、城池失守者之外，其餘犯行皆予寬宥，只希望天下百姓能早一天脫離受苦之日。

剃髮事兜談不攏　延平王漳州探囊

清廷去年（一六五三年）約降鄭成功未達目的後，一度放棄和談而改採強攻的方式，卻沒想到又被打個大敗而歸。今年夏季只好再走回頭路，派出鄭芝龍次子（鄭成功弟）與特使一同前往招撫鄭成功，並開出更優渥的條件，包括允許其率領原部駐扎泉州、漳州、惠州（皆福建境內）、潮州（廣東境內）四府。不過已受永曆封為「延平王」的鄭成功，卻因剃不剃髮的問題與清廷談不攏，而使得議和宣告破裂。十月時，鄭成功原本與李定國約好先從東、西合力進攻廣東，合流之後再沿長江北伐，攻取江西、安徽、江蘇各省，以復興大明江山。但鄭成功所派遣的部隊因為愆延軍期，而使得李定國孤軍奮戰，雖然一度克復肇慶，卻又於廣州（皆廣東境內）城外大敗於尚可喜、耿繼茂的部隊。而鄭成功方面則於十一月進兵漳州，使得漳州府屬的十縣盡皆向鄭成功投降。清廷見事態嚴重，便於十二月，命和碩鄭親王（第一等爵位）世子（法定繼承人）濟度（濟爾哈朗子）率領大軍，準備以強勢武力，南下征討鄭成功，以徹底解決此一問題。

順治下詔廣開言路　言忤聖聽仍遭流徙

不必顧慮啊…什麼建議都可以提出來講…除了我不愛聽的以外

皇上英明

元月十九日，順治帝福臨（清世祖）下詔廣開言路，要上下臣官對朝政極言無隱，以求能聽到最真實的聲音。於是許多官員紛紛對國事提出自己的看法，希望能在皇帝面前有一番表現。只是，話如果說的動聽，那當然會讓福臨留下一個好印象，以後升官加爵都不是問題。但要是說錯了話，剛好講到皇帝不喜歡聽的，那可吃不了兜著走。例如戶部侍郎（財政部次長）趙開心便因請寬逃人之禁，而被降五級調用。順治帝還特別規定說什麼都可以，就是不准臣官再對逃人一事提出建言，因為此事牽涉了滿洲皇族、貴族享有的利益。只是沒多久，不怕死的官員李裀便又再建言逃人之弊，結果就被流徙到尚陽堡（遼寧境內）去了。另外，還有彭長庚、許爾安等人，也因為上疏稱頌多爾袞（福臨叔父）的功績，踩到了順治的地雷，而被流徙寧古塔（黑龍江境內）。資深評論家開玩笑的指出，千萬不要以為皇帝廣開言路，就可以無所顧忌的大鳴大放。所謂伴君如伴虎，當你說了皇帝不喜歡聽的話，下場可能會跟被老虎啃了沒什麼兩樣。

訃　聞

和碩鄭親王（第一等爵位）濟爾哈朗（福臨堂叔），已於五月八日病逝，享年五十七歲。據聞順治帝福臨（清世祖）親往探視時，已經病危的濟爾哈朗仍心繫取雲貴、殄桂王，統一四海之事。順治悲慟的握著濟爾哈朗的手，並讓宮廷畫師臨摹其畫像之後，次日濟爾哈朗便嚥氣了。清廷因此輟朝七日，並賜銀萬兩，置十戶專守其墓園，並立碑為其紀功。

濟爾哈朗

鄭延平王北伐長江 荷蘭求商只允朝貢

沒有海洋商業觀念的清廷拒絕了荷蘭提出的貿易請求，只准其每八年朝貢一次並順便交易

據本報派往前線的記者表示，大西軍今年戰事真是處於一路挨打的狀況，不但劉文秀的部隊在湖南慘遭六連敗，搞得只能率殘部退回貴陽（貴州境內），連李定國的部隊也是接連遭受挫敗，而悲情的一路退回梧州（廣西境內）。倒是東南抗清勢力的延平王鄭成功集團，近來又轉為主動出擊，不但派遣張名振為前鋒先攻入長江，鄭成功還自己親率主力部隊揮師北上。而清廷為了抵制鄭成功，竟然在六月下令不許片帆入海，企圖以此切斷鄭氏所有的後勤補給。但缺乏海洋主權概念的大清政府所沒有想到的是，由於鄭成功的海上勢力過於強大，貿易網遍及整個東亞，禁止中國船隻下海，反而使得鄭成功因此坐

收壟斷貿易之利。而一向將鄭成功視為最大敵手的荷蘭東印度公司（VOC），此時也企圖跨過鄭成功，直接和中國本土從事貿易。只是大清政府沒有搞清楚這商機所帶來的巨大利益，便以天朝大國的角度敕諭荷蘭國主，然後贈以緞綾絲羅等物，只允其八年一次來朝。還規定每次來朝員役不得超過百人，其中二十人獲准進京，所攜之貨物則必須於廣州（廣東境內）館內交易，不准於廣東海上私自買賣。在清廷眼中，這種特准的朝貢貿易是對「蠻夷之邦」的一種恩賜。但對荷蘭來說，八年才可以做一次生意的方式，規模實在太小，根本無法與鄭成功廣大貿易網的利潤相抗衡。

民眾目睹白晝隕石畫空

在河南寧陵附近有目擊者指出，二月九日中午時分，天空中忽然出現爆烈聲響，抬頭一看，只見一顆發出耀眼光芒的流星畫空而過，在斗亮的天際中留下一條長長的黑氣。在持續了十來秒之後，流星撞擊地面，發出了轟隆巨響，也在當地形成一個巨大的坑洞。而在坑中找到的隕石殘骸，大小有如硯台一般，重量則足足有五十三兩之多。

尚可喜率清軍收復普寧
李定國護永曆改定滇都

在清軍尚可喜、耿繼茂不斷進逼，收復揭陽、澄海、普寧（皆廣東境內）等地後，李定國於三月率師自南寧（廣西境內）轉入安龍（貴州境內）以避其鋒。隨後並聯手白文選，擁立永曆帝朱由榔進入雲南，與劉文秀等部隊合軍。終於脫離孫可望箝制的永曆帝，隨即將昆明（雲南境內）改稱為滇都，並進封李定國為「晉王」、劉文秀為「蜀王」。據聞，李定國方面有意與孫可望盡釋前嫌，所以在六月的時候，便遣使向孫可望表達願意合作以共下黔楚的善意。不過，孫可望仍然不改其傲慢的態度，終致雙方和議以失敗收場。

同為南明陣營的李定國有意與孫可望盡釋前嫌，但卻遭到無情的拒絕

鄭成功左手抗清右手打荷
濟度水戰吃大虧 臺灣貿易遭封鎖

以定遠大將軍之名南征的和碩鄭親王（第一等爵位）世子（法定繼承人）濟度（濟爾哈朗之子），於四月時率領大軍與鄭成功的水師戰船，在泉州（福建境內）東南的海面上爆發大規模戰鬥。但由於清軍不諳水性，行舟操船亦不甚熟練，結果使得剛逢父喪的濟度遭受雙重打擊，讓鄭成功得了個大獲全勝。近來叱吒東南半壁的鄭成功，不但力壓清軍，連盤據臺灣的荷蘭人都不放在眼裡。在得知去年（一六五五年）荷蘭想跳過他，直接找大清政府貿易的企圖後，鄭成功便想給荷蘭一點顏色瞧瞧。碰巧鄭、荷雙方最近又有一些貿易的糾紛，於是鄭成功便下令於今年六月二十七日，對臺灣實施貿易封鎖。一般估計，由於鄭成功操控的國際貿易比率太高，此一封鎖勢必對臺灣方面造成極嚴重的經濟損失。若荷蘭東印度公司（VOC）不設法突破此一困境的話，所引發的連串效應將使得後果的嚴重性難以估計。

清廷下令嚴禁白蓮教

大清政府於十一月四日，頒布了禁止邪教之令。其中規定除了教人為善去惡的儒、道、佛三教之外，白蓮、無為、聞香等教，因邀集結黨、夜聚曉散，小者貪財圖利、恣為奸淫，大者招納亡命、陰謀不軌，所以都在禁教之列。據資料顯示，白蓮教最早起源於宋朝時期，一開始是佛教淨土宗的一個分支。但因允許俗家弟子自行吸納門徒、宣揚教義，使得教義及組織越走越偏。後來不但崇奉彌勒佛，還混合了明教「赤焰生白蓮」的象徵，又混雜了其他的民間信仰，因而漸生風俗壞亂之弊。信眾常僭稱活佛如來，婦人則擅號佛母大士，開口妄談般若因果，發語亂道災變預兆，蠱惑人心、危亂世道。之後又常聚眾起事，所以早在明朝時就已數度遭到鎮壓禁止，但至今仍無法根絕。

吾乃彌勒活佛附身，你最近招惹了衰鬼，即將破財

跳個不停

那怎麼辦？

別怕，拿錢來就幫你祭改化解

白蓮教因蠱惑人心、危害社會而被清廷下令禁止

【後宮劇場】順治帝與董鄂妃

I LOVE YOU

嗚…我才是皇后

寵冠後宮的董鄂妃是順治帝的最愛

順治帝福臨（清世祖）在一六五三年廢去第一任皇后之後，雖然在隔年（一六五四年）便又冊立中宮，但仍然和新任皇后之間處得不是很融洽。不過福臨這種在感情路上跌跌撞撞的情形，在今年卻有了徹底的改變。據皇帝身邊的近侍透露，順治帝在新迎娶了妃子董鄂氏之後，每天都是情話綿綿，兩人之間的感情如膠似漆，已經到了無法一日不相見的地步。而我們由皇室所提供的資料可以看出，董鄂氏為正白旗內大臣（侍衛親軍統領）鄂碩之女，在今年夏季進入後宮之後便寵冠群妃，地位可說是如同三級跳一般大躍進。先是在八月二十五日被冊封為「賢妃」，九月二十八日又再晉封為僅次於皇后地位的「皇貴妃」。這樣的升遷速度不僅絕無僅有，順治帝還在十二月六日特地為董鄂妃舉行了一場十分隆重的冊妃典禮，並破例頒詔天下，恩赦全國秋決各犯，除謀叛、強盜、貪贓者外一律減等。但由於皇室願意提供的個人資料意外的少，所以在記者不斷挖掘下，又爆出了關於董鄂氏身分驚人的內幕。根據傳聞，董鄂氏原為博穆博果爾（福臨之弟）的妻子，因為在博穆博果爾隨軍出征之時，有一段時間依命婦（經皇帝敕封爵位的官員之正室夫人）入宮隨侍后妃之舊例，被福臨意外發現而陷入情網。雖然這種情形很快就被太后（孝莊后）發現而下詔停止命婦入宮之例，但福臨始終無法忘懷他的真命天女。甚至有人臆測順治就是為了能製造更多接近董鄂氏的機會，才會在一六五五年二月，將沒有什麼功績的博穆博果爾封為和碩襄親王（第一等爵位）。而在隔年（一六五六年）七月初博穆博果爾病逝之後，董鄂氏便很快被召入宮中了。雖然大清皇室已經正式否認上述傳聞，並指出和碩襄親王博穆博果爾的福晉（夫人）為博爾濟吉特氏，並非董鄂氏。但由於各項事證時間點過於巧合，所以許多人還是對清皇室的證實持懷疑的態度。

皇上叫我用這金簪來刺殺你，還特別交代一定要刺一百下才可以

喂！我哪有…

可惡…

原來受命前往調停的張虎竟然煽風點火、加油添醋，使得孫可望氣到與永曆帝反目發兵

金簪竟變行刺證物 孫李即將兵戎相向

去年（一六五六年）與孫可望和議未成的李定國，仍然不願放棄合作的機會，於今年五月再遣白文選前往游說。只是白文選一進入貴州，孫可望一句話也沒聽便馬上將他給抓了起來，然後收奪其兵，李定國只好再派出與孫可望關係較好的張虎前往斡旋。而由於事關南明的存亡，永曆帝朱由榔在張虎臨行之前還特別召見，希望他可以盡力說成此事。並當場脫下髮上的金簪，當作功成封爵的信物。但沒想到張虎到了貴州之後，不但沒有勸孫可望與李合作，反而加油添醋、誇

大其辭的說：「現在滇都（昆明，雲南境內）之中全由李定國作主，朝官只知終日加賞，兵馬尚且不滿三萬，滿朝上下沒有一個胸懷大志的人。依我看，只要我們出兵，南明天下唾手可得。而且你看這金簪，就是在我臨行前永曆親手交給我，叫我拿來一把刺進你胸口的。朱由榔和李定國恨你到這種地步，怎麼跟他們合作，不如先下手為強。」孫可望一聽說永曆想把他刺死，整個人氣到雙目噴火，立刻派人到雲南聯絡內應，準備發動大軍奪下滇都。

鄭芝龍籍沒家產徙寧古塔
國姓爺解除臺灣貿易封鎖

清軍南征大將濟度（濟爾哈朗之子）無功而返後，朝廷便把怒氣出到鄭成功的老爸鄭芝龍頭上，將其與家人全都流徙寧古塔（黑龍江境內），並籍沒所有家產。甚至為了預防脫逃，還給了鄭芝龍外加鐵鍊三條及手鐐腳銬的特殊待遇。不過，鄭成功方面可是一點也沒有受到影響，不但又攻克興化（福建境內）、台州（浙江境內），連對荷蘭的經濟制

天下第一衰人

嗚…別人降清都升官發財，為什麼只有我這麼慘…

由於鄭成功堅持不願降清，結果連累了老爸鄭芝龍

裁也收到預期的效果。荷蘭東印度公司（VOC）的第十二任臺灣長官（VOC所委任的行政官員，負責全臺行政事務）揆一（Fredik Coyett），因無法再繼續承受貿易封鎖所造成的損失，只好完全接受鄭成功在貿易方面所提出的條件，並答應每年輸餉銀五千兩、箭十萬枝、硫璜一千擔，才讓鄭成功同意於八月起解除貿易封鎖。不過，據記者所得到的可靠消息指出，鄭成功私底下還以極優渥的條件，聘請在東印度公司擔任通事（翻譯員）的何斌，做為他的代理人，直接在臺灣向要前往廈門（福建境內）貿易的各艘商船，先行代收關稅。因為如果在船裝貨啟程之前就可以先收關稅的話，就可以免去許多走私逃漏的關稅損失。而何斌不久後也向鄭成功回報，說臺灣長官揆一已經答應了這樣的安排，即日起可以讓他在臺灣代收廈門的關稅。

孫可望遭敗降清　北軍得南明虛實 ....

孫可望在調集了十四萬大軍之後，於八月正式以清君側為名，發兵師渡盤江攻打李定國。九月時，永曆帝朱由榔宣布削黜孫可望「秦王」的封號，命「晉王」李定國、「蜀王」劉文秀領軍迎擊，與孫可望軍在交水（雲南境內）會戰。但其實孫可望的部將們一開始就不贊同這一次的軍事行動，於是馬進忠、馬寶等人便密與白文選合謀密助李定國，並說服孫可望讓白文選帶領原部一同出征。於是十九日兩軍戰於交水時，白文選和馬盡忠便陣前倒戈，隨後馮雙禮及馬寶亦歸降李定國陣營。眾叛親離的孫可望在大敗東逃之後，只好於十月帶著家口至寶慶（湖南境內）降清。而李定國雖然掃定滇黔並積極部署，但自從孫李交惡、同室操戈之後，猛將精兵多有損失，已使得抗清勢力銳氣大衰。加上孫可望歸降大清，所有的虛實險易盡輸於敵，已使得南明軍心震搖，人心惶惶。

榜單一出眾口譁然　丁酉科試爆弊案 南北兩場皆不公

今年的丁酉科（一六五七年度）考試，分屬北、南的順天、江南兩科場，竟然都傳出嚴重的舞弊事件。此次在北京順天科場舉行的考試，有生員四千人及貢監生一千七百多人參加，但因為預計的錄取人數只有二百零六人，錄取率不到百分之四。在這麼激烈的競爭下，許多與試者便私下營求賄賂，而諸位主考官也欲藉此斂財並攀附權貴。但由於花錢囑託之人已遠遠超過錄取名額，使得這些主考官員為了錄取誰而煞費苦心。最後決定了幾項原則，就是考生家人中有爵高權重者優先錄取，爵高而黨羽少者次之，而富豪子弟也在錄取之列。放榜之後，在京三品以上官員及富二代全數中榜，但也由於舞弊太過明顯而引起眾考生譁然及檢舉。此案爆發後，經吏部（文官任免考核部）、都察院（中央監察院）嚴訊，立即奉旨將已查證屬實的受賄主考官五人、行賄有據之舉人二人處決、家產籍沒、家人流徙尚陽堡（遼寧境內），並持續追查所有涉案人員。一個月後，江南科場的弊案也被揭發出來，由於收賄舞弊的情形太過誇張，所以主考官方猶、錢開宗在離去時，考生們還隨舟唾罵或投磚擲石。甚至有人作成詩文來諷刺，其中就有編成戲曲生動描寫主考官的醜惡嘴臉，及以「賈斯文」、「程不識」、「魏無知」為名，來諷刺三鼎甲錄取者空無才學的狀況。還有人寫了一篇「万金記」以諷通賄之狀，其中以方字去一點為万，錢去其旁為金，以暗喻方、錢二位主考官。此案也因鬧得風風雨雨而被言官奏上，順治帝聞知詳情之後大為震怒，已下令將涉案考官全都革職查辦。

南北兩科場都爆發主考官超額收取賄賂的舞弊案件，在引起各界譁然之後，政府已下令嚴查

大清時報

GREAT QING TIMES

西元一六五八年

戊戌

清‧順治十五年

順治帝最寵信的太監吳良輔日前被司法單位依律求處重刑，但最後皇帝竟然下令從寬免罪

皇帝寵宦觸法　死刑改判無罪

　　順治帝福臨（清世祖）最為寵信的太監吳良輔，在日前被司法單位以結交外廷官員、請託營私等罪名，議請依法嚴懲。但順治帝卻以涉案官員過多，為免影響政務的推行，而詔示將吳良輔從寬免究，只將確有行賄證據者處以革職流徙的處分。法界學者認為，福臨此舉無異是自打嘴巴，因為他才剛在一六五五年六月底，設立了內十三監鐵牌，以防宦官干政。依他自己所頒布的規定，如果內監結交外官經查屬實者，是要一併正法的。如今只因為犯案的是他最寵信之人，便網開一面輕輕放下，只訓斥其不得再犯便草草結案。如此一來，將使得言官不敢再論，法司不敢議處，極有可能讓太監的地位重新站上高點。

總督被霸凌自盡亡　順治帝輕放滿洲官

原任直隸、河南、山東三省總督（三省戰區總司令）的張懸錫，於日前在聖安寺中自縊身亡，意外牽扯出滿籍官員種族歧視、公然索賄的內情。原來在去年（一六五七年）孫可望降清後不久，滿洲大學士（皇帝高級秘書官）麻勒吉便奉命擔任特使，專程前往齎送敕印，封孫可望為「義王」，並偕其一同回京。但在返回京師途中，原任三省總督的張懸錫於順德（河北境內）迎接麻勒吉等一行人時，但卻意外遭到麻勒吉的惡言凌辱及無端索賄。張懸錫拒不納賄，但又害怕日

因為他霸凌我，我受不了才想要自殺的，只是下手太小力了，所以沒死成…

你白痴啊！都幾歲的人了，還鬧自殺…政府的臉都被你丟光了…

遭到大學士麻勒吉索賄及霸凌的三省總督張懸錫，在第二次尋短之後終於自盡身亡，但麻勒吉最後卻只被處以降級但留任原職的處分

後受到迫害，竟然想不開而舉劍自刎。但卻又手軟，導致傷口畫得不深而沒死成。順治帝福臨（清世祖）在得知竟然有大臣自尋短見的消息之後，十分忿怒的訓斥張懸錫殊失大臣之禮，將其降三級調用，並令其到京師居於僧寺，聽候勘察。一開始司法部門在審訊時，張懸錫因懼怕而不敢盡吐實情，質審的諸位大臣也有意偏坦麻勒吉而不加詳察。但福臨看了報告之後不甚滿意，又下令吏部（文官任免考核部）詳察議奏。最後張懸錫才把整個事情的來龍去脈清楚的交代出來。但個性膽小的張懸錫在說出真相後，又畏懼會遭到迫害，便於聖安寺中自縊身亡。承審官員議請將麻勒吉依侮辱朝廷重臣、公然索賄、致總督不勝迫害而自殺的罪名，處以革職、籍沒家產、並鞭一百為奴的刑罰。但議上後，順治卻只將麻勒吉革去所加之級、再降三級、仍留原任。其實，如果依順治一貫強調的肅貪宗旨，理應將麻勒吉加以嚴懲，以正官風。但可能是由於麻勒吉也是順治駕前當紅的滿洲權貴，所以這麼嚴重的犯行到最後等於沒有處分。如是今天犯案的是漢人的話，有可能早已判定一百個死刑了。

許多原本已經上榜的人在經過複試之後
都被當場革去錄取的舉人身分

皇帝親為丁酉科複試 兩場革去廿二名舉人

　　去年（一六五七年）底爆發的科舉弊案繼續延燒，順治帝還親自於元月十七日，在太和門複試順天舉人，結果其中一百八十二名仍准會試，而八名文理不通者，當場就被革去舉人之銜。三月十三日，又複試江南舉人，取中一人准同今科會試中試者一體殿試，另七十四人仍准為舉人，二十四人准作舉人但罰停二科不得報考，而被因文理不通被革去舉人者則有十四人。四月底，又繼續追究餘犯，許多官員都被牽扯在內，一時之間各衙門官署幾乎空了一半，全都蹲到牢裡去了，造成監獄人滿為患。

數百名羅剎武裝部隊 入侵松花江遭擊斃

　　羅剎（沙俄）斯捷潘諾夫部在一六五四年六月，以三百七十人侵入松花江一帶，遭到清軍六百人、偕朝鮮鳥槍兵一百人痛擊，向黑龍江上游撤退之後，又於今年七月再率五百人沿松花江而上，準備四處劫掠。但守備的清軍早已得到情報，便分乘四十七艘船，於松花江及牡丹江合流處嚴陣以待，將這批羅剎的入侵者給包圍殲滅，同時也繳獲不少的武器彈藥，以及其掠取之貂皮三千零八十張。此大快人心的訊息在臉書發布之後，按讚人數已不斷攀升。

超強烈颱風忽來襲
鄭成功艦隊
遭重創

今年五、六月間，鄭成功率領大軍十七萬、戰船千艘北上，連陷平陽、里安（皆浙江境內）等地。但到了八月時，卻意外遭到颱風吹襲，造成五千艘戰船翻覆，士卒八千人漂沒的慘劇，其中鄭成功的六名妻妾及三個子女也慘遭滅頂。鄭成功經此打擊之後，只好先行移駐舟山（浙江境內）重新進行整補。

原本率領大軍要北上與清軍對抗的鄭成功，意外遭到強烈颱風襲擊

大清重定官制　設殿閣大學士

大清政府於今秋重定官制，將滿漢官員的品級畫一，並把內三院（內國史院、內秘書院、內弘文院）改稱內閣（皇帝高級秘書顧問處），大學士改加殿閣大學士，仍正五品。同時增設翰林院（職掌修史編書、文詞翰墨、皇室侍講的核心官員儲備所），設掌院學士及學士，均正五品。六部的滿漢尚書（部長），俱正二品；侍郎（次長）正三品；理事官改稱郎中，為正五品；副理事官改稱員外郎，從五品；主事正六品。都察院左督御史（監察長）正二品，副都御史（副監察長）正三品，左僉都御史正四品，監察御史正七品。通政使司（章疏奏摺收發部）通政使正三品，左右通政正四品、左右參政正五品。大理寺（最高法院）卿正（院長）三品，少卿正四品，寺丞正五品。除宗人府（皇族事務部）外，各部裁撤啟心郎（政風人事官）的職位。隨後，任命巴哈納、金之俊為中和殿大學士兼吏部（文官任免考核部）尚書，額色黑、成克鞏為保和殿大學士兼戶部（財政部）尚書，蔣赫德、劉正宗為文華殿大學士兼禮部（教育部）尚書，洪承疇、傅以漸、胡世安為武英殿大學士兼兵部（國防部）尚書，衛周祚為文淵閣大學士兼刑部（司法部）尚書，李霨為東閣大學士兼工部（國家工程部）尚書。

災情特報

入秋以後,鳳陽(安徽境內)一帶連續多月的大雨,已經使得附近的農田房舍盡成無際汪洋,城垣隨之傾壞崩塌。荊州、安陸、襄州(皆湖北境內)等近河地區,也因江水溢漲,導致一萬多人喪命水底,無以計數的居民無家可歸。

放心好了,到時打仗光是靠這兩隻變態金剛我們就贏定了…

嘩…

方士賈大師向李定國宣稱可以驅動數百個一丈餘高的木偶人來幫忙對付清軍

清軍三路入滇　定國信神被騙

清廷在十一月時,以洪承疇及洛託留守貴陽,另命三路大軍對南明發動總攻擊。其中以吳三桂為北路,自遵義經七星關陷烏撒(皆貴州境內);中路由鐸尼率領,兵出貴陽之後破曲靖抵昆明(皆雲南境內);南路趙布泰部隊則自永順(湖南境內)出發,在擊敗李定國部隊後進據安龍(雲南境內),逼使南明永曆帝朱由榔西奔。據聞,李定國此役大敗的原因,與過於聽信術士賈自明有極大的關係。原來號稱法術高強的賈大師,不知道用什麼方法,讓李定國相信只要他搭壇施法,便可以把數百個一丈餘高的木偶人,在特定的時間點變成超凡的天兵天將,借天神之力為李助戰。只是每次李定國問說何時可以出兵,都被賈自明以時機未到為由而推延。直到最後,李定國才終於發現這個「賈大師」,原來竟是洪承疇派來臥底的「假大師」,一切只為了拖延南明軍的行動。雖然李定國在盛怒之下,立刻將賈大師給斬了,但卻已失去了作戰致勝的先機。加上兵士之間又不斷謠傳清軍以孫可望為前導,已經掌握了南明部隊所有的軍力布置,使得各營之間交相疑畏,最後終致全軍潰散。

外國傳教士任官一品　晉升湯若望光祿大夫

被授與最高階文官的外國傳教士湯若望私底下與順治皇帝感情極好，還被尊稱為瑪法（爺爺）

　　順治帝福臨（清世祖）於今年將文官中的最高階級「正一品光祿大夫」之銜，封給了從神聖羅馬帝國（德國之前身）來的耶穌會傳教士湯若望（Johann Adam Schall von Bell），寫下外國人在中國任官的最高品級記錄。其實湯若望早在明朝崇禎年間，就在當時的大明禮部尚書（教育部長）徐光啟的推薦下，於欽天監（國家天文台）供職。湯若望不但編寫、翻譯了《遠鏡說》、《坤輿格致》等科學書籍，還曾替大明帝國修訂「崇禎曆書」及監造曾對大清造成嚴重殺傷力的「紅夷大砲」。一六四四年順治定都北京之後，更被多爾袞授命掌欽天監事，並以其修訂的「時憲曆」頒行天下。一六五三年，當時已親政的順治更加封湯若望為「通懸教師」，並加俸一倍。一六五五年時，又進封為通政使、賜二品頂戴。據皇室高層表示，如今已是一品大員的湯若望，在私下還被順治帝尊稱為「瑪法」，也就是爺爺的意思。在一六五六、一六五七兩年中，聖駕還二十四次親訪湯若望的館舍。不但免除跪拜之禮，還時常在宮中與其深談，感情就宛如家人爺孫一般。不僅如此，福臨還特地從湯若望所上的三百餘封奏帖中，挑選了一批另放於常用書架上，並於出宮遊獵時攜行閱讀。大清皇帝雖然沒有因此而受洗加入天主教會，但卻受到湯若望在人格、思想等各方面薰陶，對大清帝國產生的影響可以說是非常深遠。

大清時報

GREAT QING TIMES

西元一六五九年

己亥

清·順治十六年

—— 磨盤山兩軍大戰 清明兵俱受重創 ——

清三路大軍於元月會師雲南之後，再於大理玉龍關擊敗白文選的部隊，永曆帝朱由榔在李定國派遣的四千名衛隊護行下，狼狽的往騰越奔逃而去。就在清軍尾隨追擊，一路追進磨盤山（皆雲南境內）時，忽然從剛剛來降的南明官員口中得知李定國在山中設有埋伏的情報，但此時吳三桂手下的先鋒營一萬二千多人已先行入山，只好急令所有人捨騎步行，一面以火砲轟擊伏兵一面迅速撤退。原本李定國早已料定清軍屢勝窮追必會輕忽警戒，於是便在徑狹襖深，曲徑僅容單騎的磨盤山中，前後立柵設下各有二千人的埋伏三處，但此時事機敗露，李定國只好下令所有伏兵一舉發動攻擊。雙方在山徑之中歷經一整天極其慘烈的廝殺之後，清軍所有已經上山的部隊全都被殲滅，但李定國部隊的死亡人數也超過了三分之二，可說是兩敗俱傷。永曆帝得到消息後，則是逃得比以往更遠，直跑到緬甸去了。而清廷方面也重作整頓，於三月初命吳三桂鎮雲南、尚可喜鎮廣東、耿繼茂鎮四川，以圖穩定西南的局勢。

李定國部隊與落入埋伏的清軍爆發激烈戰鬥，結果兩敗俱傷

福臨篤信佛教　皇帝法名行痴

　　原本和耶穌會傳教士湯若望（Johann Adam Schall von Bell）關係極好的順治帝福臨（清世祖），自一六五七年開始接觸和尚之後，不但對佛學越來越有興趣，還在二月將江南湖州（浙江境內）報恩寺的名僧玉林琇召至京師。據宮中高層指出，福臨在與玉林琇會談之後，深深的被這位大師所折服。與湯若望會針對實務提出各種建言不同的是，玉林琇與順治之間的談話則是從來不涉及古今政治得失與人物臧否，而盡是在談禪論玄。這樣的對談，讓每天日理萬機的福臨心中感受到無比的慰藉與安定。於是便賜給玉林琇「大覺禪師」的稱號，並自稱為弟子，要求大師為他起了個「行痴」的法號。

入滇軍縱兵擾民
麻勒吉受命調查

　　大清五省總督（五省戰區總司令）洪承疇在三月底親赴雲南視察之後上奏，說清軍雖然奉有「勿得擅取民一草一木」之敕命，但實際上卻是無處不掠。百姓們不但衣糧、財物、牲畜都被搶得一乾二淨，連家中人口也不分大小都被擄掠一空，整個雲南的慘狀可說是人無完衣、體無完膚、家無全口。順治帝在聽聞此事之後，已任命麻勒吉等人攜帶官銀前往濟賑無辜災民，並徹查尚善的部隊縱兵擾民的所有事證。不過各界並不看好麻勒吉能真的把這起擾民事件查個清楚，因為依其過往逼死三省總督（三省戰區總司令）張懸錫的記錄看來，他本身就是個仗恃特權欺凌弱者的人。此次由他主導調查，恐怕結果也是官官相護，不了了之。

鄭成功驕兵圍城　梁化鳳奇軍建功

　　勢力正盛的鄭成功，趁著今夏清軍江南沒有防備之時，一舉率領十七萬大軍北伐。與張煌言分兵抵崇明、克瓜州、占鎮江、奪江寧，並於七月時兵圍南京（皆江蘇境內）。兩江總督郎廷佐一面守城拒戰，一面請援，並以清律規定「守城過三十日，罪不及妻孥」為由，請鄭成功稍寬時日以待投降。而被一連串勝利沖昏頭的鄭成功，居然完全不聽部將的勸阻，便允其所求，

剩下的一點點火就不必再噴了，等它自動熄滅就好⋯收隊！！

！

⋯⋯

接連取得勝利的鄭成功因過於輕敵而誤判形勢，結果反被清軍逆襲，盡失先前所得州縣

下令各營不再猛攻，只要牽連困守以待其自降。於是兵士們便降低警戒，紛紛釋戈開宴，更以縱酒捕魚為樂。順治帝福臨（清世祖）在聽聞鄭成功兵進江南的消息後，則是既驚且怒，抽出配劍便將御座砍下一角，然後不聽文武百官的勸阻，執意要御駕親征。後來大臣們苦無辦法，只好請出福臨一向敬重的湯若望（Johann Adam Schall von Bell）來諫阻，才讓順治打消了這個念頭，然後命內大臣（侍衛親軍統領）達素領兵前往征討。到了七月二十三日，清軍總兵（軍長）梁化鳳的部隊向鄭成功之連營發動突擊。鄭成功軍因為疏於防備而連戰皆潰，最後主力損失過半，只好無奈的收兵出海，於九月初退回廈門（福建境內），先前所得州縣則是盡皆丟失。順治聞報後，特地命人摹畫了梁化鳳的畫像進宮，並將其擢升為江南提督（江南軍團司令）以表其功。至於之前降鄭的江南各州府，則全都被追究降敵之任，株連極廣。

清軍擊廈門敗歸　何斌獻海圖攻臺

　　清軍在去年大破鄭成功之後，便打算直搗其根據地廈門（福建境內），以一舉剷除這支令清廷頭痛多時的反動力量。於是，在二月時便開始準備，修道路、征民夫，並於民間廣搜鐵、炭、布、桐油、木料等物資以為軍備。五月時，由八旗猛將達素率領的部隊，正式對廈門發動攻擊。但由於清軍多是不諳水性的北方人，所以在海面上作戰時仗還沒開打，因暈船而吐到虛脫的便去了一大半，結果當然是被鄭成功的部隊完全打敗。被俘的三百多名清軍將領及披甲士卒，全都被鄭成功給下令砍斷手掌之後釋回。而幾天後，整個海面上漂起的清軍浮屍，竟有一萬餘人之多。不過據可靠的消息來源指出，鄭成功的下一個動作可能不是要繼續追擊清軍，而是要奪取臺灣作為根據地。因為原本在荷蘭東印度公司（VOC）臺灣地區擔任通事（翻譯）的何斌，已在今年三月的時候，帶著他所親手繪製的海潮圖去獻給鄭成功。而有了這張海潮圖之後，鄭成功想要兵進臺灣便可以輕易的避開暗礁，並依圖找到最適當的時間及航道搶灘登陸。而何斌之所以會如此積極的鼓吹鄭成功襲臺，則是因為他私下在臺灣代替鄭成功收取廈門關稅的事，被臺灣長官（VOC 所委任的行政官員，負責全臺行政事務）揆一（Fredik Coyett）給發現了。其實何斌原本說揆一已經同意的說法根本是騙人的，只是想讓鄭成功可以授權給他進行這件事。東窗事發後，何斌就立刻被揆一給免職並取消其許多的特權，還罰了不少的款項，導致何斌不久後便因債務無法解決而宣布破產。也因此懷恨在心，於是才會辛苦的收集資料、繪製海圖，以期待再一次從鄭成功那裡獲得翻身的機會。

死紅毛…
這次要你好看

因被荷蘭人給免職而導致破產的何斌，繪製臺灣海圖獻給鄭成功

雲南縱兵掠民案調查報告　果然被踢爆內容偏頗不實

入滇遠征的多羅信郡王（第二等爵位）多尼（多鐸之子）回京後，發現麻勒吉等人上奏的尚善縱兵掠民案調查結果，與實際上的情形有極大的出入，便主動向順治帝報告這一件事。原來尚善撤除守門兵丁，致使清軍入城傷殘百姓，搶掠婦女的關鍵部分，在調查報告中居然都沒有呈現，只是含混其辭的加以帶過。福臨（清世祖）在得知此事後十分生氣，已經下令將尚善由多羅貝勒（第三等爵位）降為固山貝子（第四等爵位），並

罰俸兩年。其餘相關人員亦遭到降職、罰俸、解任等處置。而一開始受命偵查此案的刑部尚書（司法部長）能圖則被解任，麻勒吉亦被革職、並罰銀百兩。並下令將清軍於雲南所掠之婦女，全數釋放，還其自由。不過熟悉軍中事務的評論家表示，清廷雖已下旨釋放，但只怕實際上會真的照著去做的可能少之又少，而無故淫掠婦女的事件，可能還是會層出不窮，短期內雲南婦女的人身安全應該還是極度沒有保障。

嘻！這禿驢和尚長得好像皇上啊，還穿一樣的衣服哩

阿彌陀佛

噓！！

順治帝因董鄂妃之死過於悲傷而削髮，差點就真的出家

董鄂妃因病逝　順治帝鬧出家

順治帝福臨（清世祖）最為寵愛的皇貴妃董鄂氏，因一六五七年所產之皇四子，在一百零六天後便夭折而傷心過度，而使得身體日漸虛弱，終於在今年八月十九日病逝。福臨為此極為哀痛，也不管皇室禮制的規定是如何，便下令全國官吏為董鄂氏服喪一月，百姓則要服喪三日。親王以下、滿漢四品官以上，以及公主、王妃以下的命婦，全都要於門外齊集哭臨，同時宣布輟朝五日以示哀悼，並於二十一日，追封董鄂氏為皇后。據了解，

傷心欲絕的順治帝，更是到了萬念俱灰的地步，不但多次鬧自殺，還丟下皇帝不做，要大師玉林琇的弟子茆溪森幫他剃度出家。得到消息的玉林琇於十月十五日奉召趕到北京時，才發現茆溪森竟然已經幫順治落髮了，氣得綑好柴薪準備把闖了大禍的茆溪森給燒死贖罪。最後幸好順治聽進他的勸告，還了俗繼續當皇帝，茆溪森才免於薪焚之災。

由於順治帝感染豆疹（天花），政府已經通令全國不准炒豆、燃燈、潑水，以期能幫助皇帝轉危為安

皇帝出痘疹　全國禁炒豆

董鄂妃於去年病逝之後，順治帝福臨（清世祖）至今還一直深陷於極度悲傷的心境中無法自拔。原本只有皇帝或太后之喪才會以藍筆批示奏章二十七日的規定，竟也違制的連續用了四個月之久。對世間一切事都失去興趣的福臨，日前還將自己最為寵信的太監吳良輔，安排到憫忠寺出家為僧，同時還親臨觀禮，彷彿是讓吳良輔代替被皇位綁住的自己出家一般。而據皇室高層表示，順治帝在當天觀禮完回宮之後，便因染了痘疹（天花）而高燒不起。由於皇帝目前的病況非常緊急，所以政府已經傳下諭令，京城內除十惡死罪之外，其餘死刑犯悉行釋放。同時傳諭全國，禁止民間炒豆、燃燈、潑水，以期皇帝之病情能轉危為安。

歡迎康熙來上我們「康熙來了」節目…

哎呀！好可愛

大家好

順治帝病逝後，由年僅六歲的玄燁繼皇帝位，建元「康熙」

順治駕崩 康熙來了

　　由於順治帝的病情持續惡化，再也沒有回天的可能，於是在太后（孝莊后）的主導下，大清高層便著手準備冊立接班人的事宜。據聞，病危的福臨（清世祖）原本有意要冊立皇次子福全繼任，但太后認為福全有一眼殘疾，並不適合接任大位，而想要立皇三子玄燁，便找來福臨一向尊敬的「瑪法（爺爺）」湯若望（Johann Adam Schall von Bell），以玄燁已經出過天花為由，成功的說服順治。於是在元月六日，麻勒吉、王熙等人奉命起草遺詔，在經過三次欽定修改後於次日完成，而當天順治也因病情加重而逝於養心殿。在這份遺詔中，列出了順治自己的過失十四條，並撤去為人詬病的太監十二衙門。同時也宣布以年僅六歲的愛新覺羅‧玄燁（清聖祖）承繼帝位，建元「康熙」，並任命正黃旗的索尼、正白旗的蘇克薩哈、鑲黃旗的遏必隆、鰲拜四人為輔政大臣。評論家指出，順治的遺詔極有可能是由太后所主導，遺詔中不但細數了施政不當之處，還捨棄了努爾哈赤（清太祖）所留下由諸王議立國君的慣例，改由皇帝所屬上三旗的異姓四大臣輔政，取代了近支宗室攝政之體制。而這樣做的目的，無非是為了避免重蹈多爾袞攝政專權之弊，確保皇權及皇位的穩固。

耿繼茂移鎮福州 鎮南王猶如惡霸

　　靖南王耿繼茂奉命自廣州（廣東境內）移鎮福州（福建境內）後，為了起造王府竟然還派人強拆民宅，以取得所需要的梁木建料。同時其分別駐扎於四府城中的所屬部隊，又因不加約束而使得兵士橫行無忌，連地方官府也難以節制，以致福建各地民不聊生。不僅如此，靖南王府還任意的加派夫差徭役、設立各種名目強索款項，又霸占行市、渡船、寺院、設卡收稅、高利放債。更自行規定王府每日都要征用民夫一千三百人，不過其中一半的人數則要求折算銀錢，直接以現金繳付。民間各行各業的買賣，王府也全都要入股分息。種種與惡霸沒有兩樣的行為，已令百姓的憤怒與不滿達到了極點。

名士殞落…
哭廟奏銷兩案起　探花不值一文錢

　　就在順治帝駕崩的哀詔於二月初傳遍全國各地的時候，在蘇州府（江蘇境內）特別設立讓屬官為先帝哭臨三日的靈堂，竟然發生一起集體控訴吳縣（江蘇境內）縣令（縣長）的事件。原來，自新任的縣令任維初上任以來，不但常以嚴刑催交賦稅，甚至還盜賣官米以中飽私囊，搞得當地百姓可說是苦不堪言。於是以名士金人瑞（金聖嘆）、倪用賓為首的一百多個知識分子，便具文揭帖，利用這個時機到蘇州府堂鳴鐘擊鼓，呼喊著應將任維初逐出查辦的口號。但由於看熱鬧的人越聚越多，到最後現場竟擠進了一千多人，場面也幾近失控。於是江寧巡撫（江寧司令）朱國治便下令逮補為首的諸位士人，並以「千百成群，肆行無忌，震驚先帝之靈，罪大惡極」的罪名，上疏議請重處。結果在七月十三日，金人瑞、倪用賓等十八位士人，就被清廷給下令公開處決了。據聞，金人瑞在臨刑前，還向監斬官索酒暢飲，然後說：「割頭，痛事也；飲酒，快事也；割頭而先飲酒，痛快！痛快！」然後又對哭得死去活來的兒子說：「來，我出個聯讓你對對看，上聯是『蓮子心中苦』……」但他兒子此時悲痛欲絕，哪對得出來，只能自顧著抽泣不已。金人瑞便接著說：「別哭別哭，我幫你對好了，下聯可對『梨兒腹內酸』……」一旁的人聽出了「憐子心中苦，離兒腹內酸」的寓意，都

江寧巡撫朱國治所主導的「哭廟」及「奏銷」兩案，不但導致十八位名士被處決，還使得一萬多位文武紳襟因欠糧抗稅的罪由而被革除功名，對江南造成嚴重的打擊

請問全國特考第三名的探花為什麼會被取消資格？

因為他欠稅

欠了多少？

就…一文錢啦

不禁感到不勝唏噓。而同時栽在朱國治手中的江南名士可不止這十八人，為了應付上級不斷催稅追糧的壓力，朱國治竟然將文武紳衿一萬三千五百一十七名，以及二百五十四名的衙役，都以「抗糧」的罪名造冊上呈。結果包括吳偉業、徐乾學等進士、舉人、貢監生員，全都被戴枷杖責並革其仕籍。其中順治十六年（一六五九年）的探花（一甲第三名進士及第）葉方藹，竟然只因欠繳一文錢而被罷黜功名，令人不得不有「探花不值一文錢」的感嘆。

東南四省遷界令 寸板不許入海中

大清政府為了進一步的防堵鄭成功，在八月十三日下達了「遷界令」，命福建、廣東、江南（安徽、江蘇境內）、浙江四省的濱海居民，都一律各向內地遷移三十里。沿海的所有村莊房屋、船隻載具則盡皆焚毀，連寸板都不許下海。並設立界石、築牆垣，派兵戍守邊界，凡出界者一律處死。依規定遷移的民眾，則酌給田地房屋作為安置。一般認為，清廷之所以大規模的展開此一行動，無非是想徹底的斷絕鄭成功的物資補給，以便一舉將其殲滅。但由於鄭成功的主力部隊，已在四月時乘船往臺灣進發，若能順利取得臺灣做為新的根據地，那這項遷界令所能達成的效果便不如預期的大。反倒是沿海居民因此而流離失所，原本以海為生的漁家，生活將無以為繼。外界預估，在明年（一六六二年）四月一日將正式實施的「遷界令」，在整個遷移過程中，因各種原因的死亡總人數，合計將超過萬人以上。

翰林內閣盡撤　制度重回老路

索尼、蘇克薩哈、遏必隆、鰲拜等四大臣在輔政後，大清中央便下令更動了一些順治時期的官制，首先是裁撤太監十三衙門，並將其所轄的所有事務發回內務府主管。其次是把之前改隸於禮部（教育部）之下的理藩院（外藩事務部），又提升到和六部相同的位階。同時，又把新設立的翰林院（職掌修史編書、文詞翰墨、皇室侍講的核心官員儲備所）取消，並將已改制的內閣（皇帝高級秘書顧問處）恢復成內三院（內國史院、內秘書院、內弘文院）的舊制。資深評論家指出，雖然廢除十三衙門和提升理藩院兩項變動，大致上都獲得好評，但廢除內閣及翰林院的動作卻被批評是走上反動退化的老路。而且，四大輔臣一般被認為是滿洲權貴舊勢力的代表，他們對於多爾袞及順治時期信任漢官、加速漢化的一系列做法早有不滿之心。這些更動，正是其回復祖制舊章、尊滿抑漢的具體表現。甚至連之前爆發的「哭廟案」及「奏銷案」，都應該是四大臣欲藉以打擊漢人，尤其是江南仕紳的操作手法。

你已經違反規定了！跟我們回局裡去…

清廷為了防堵鄭成功，已下達了遷界令並規定連寸板不准下海，違者將被從重治罪

鄭成功打紅毛鬼　臺灣島歸國姓爺

在經歷了長達九個月的激戰後，鄭成功終於把統治臺灣已經三十八年的荷蘭人趕走

得到臺灣海域潮圖的鄭成功，果然於四月率領數不清的船艦，乘著濃霧潮漲之時在臺灣鹿耳門登陸，並隨即以大軍包圍普羅民遮城。但荷蘭人也不甘示弱，立即派出號稱全世界最強大的艦隊砲擊鄭軍船艦。但鄭軍艦隊卻反過來以小型船艦使出包圍戰術，成功的擊退了荷蘭的大型戰艦，並殲滅出城突圍的一百多名荷軍。不久，普羅民遮城的荷蘭主領官員向鄭成功投降，鄭軍取得首勝之後，開始轉而圍攻荷軍的大本營熱蘭遮城。其間雖然鄭成功多次的勸降，但臺灣長官（VOC所委任的行政官員，負責全臺行政事務）揆一（Fredik Coyett）卻始終認為巴達維亞（印尼境內）的荷蘭東印度公司（VOC）總部會即時來援，所以執意不肯投降，使得雙方爆發了激烈的戰鬥。鄭成功為了長久之計，下令開府收稅並闢地屯墾，準備與荷軍做持久的對抗。到了八月，荷蘭的支援艦隊自巴達維亞駛抵臺灣海峽，與熱蘭遮城相互配合，用火砲猛烈轟擊鄭成功的船隊。雖然鄭軍一度陷入苦戰，但最後仍把荷蘭艦隊給順利擊退，並與熱蘭遮城爆發了慘烈無比的火砲戰。十二月時，氣力放盡的荷蘭人終於開城投降，並在鄭成功的允許下，率領九百名全副武裝的軍人，以及二千名的公司職員及眷屬，登上八艘荷蘭船艦黯然離開，結束了在臺灣三十八年的殖民統治，臺灣全島的統治權遂歸鄭成功所有。

三桂緬甸執永曆　南明政權全告終

　　南明永曆帝朱由榔流亡緬甸之後，雖然被緬甸國王莽達收留於首都瓦城（緬甸境內），但實際上等同是處於被軟禁的狀態。由於隨行的官士衛隊在入關時，都已被緬甸邊境守軍勒令繳械而失去武裝防護，所以大部分的人都被緬甸人給抓去當奴隸了。雖然李定國、白文選的部隊隨後強行入境要緬甸王交還永曆帝，也數度連敗緬甸的邊防軍，但莽達卻始終不願放人。後來，莽達之弟莽白發動政變，把哥哥殺了之後自己坐上緬甸王的寶座，並決定與清軍聯合。莽白在殺死永曆帝的侍從近衛共四十二人之後，又讓清軍入境攻擊南明部隊。年底時，白文選以兵士一萬餘人、馬三千餘匹、象十二隻降清，李定國則遁走遠行。於是新的緬甸王莽白便將朱由榔綁赴清軍大營交給吳三桂，掙扎多時、四處奔逃的南明永曆政權就此宣告滅亡。

大清版圖
臺灣鄭氏
南明版圖
大順殘部
其他國家

就只剩一些些了

……

總算逮到你了

啊！

喂！這國外
你還追來…

永曆帝朱由榔在多年的四處奔逃後，終於在緬甸被吳三桂所逮到，南明政權就此宣告滅亡

二大案江南激眾怒　朱國治快閃遭革職

　　去年（一六六一年）主導「哭廟」、「奏銷」兩案，分別造成江南地區九十人被處死，以及一萬三千五百七十一名仕紳被除籍嚴懲的江寧（江蘇境內）巡撫（江寧區司令）朱國治，日前因擅離職守，已被大清政府下令革職。據記者深入了解，漢軍正黃旗的朱國治原本以丁憂（為父母守喪三年）告假，但依當時的規定，隸屬八旗者是例不丁憂的，只在守喪二十七日後，便應銷假上班。但朱國治守喪結束之後，又具疏請准其守完三年之喪，經朝議許其終制，並另推韓世琦為新任巡撫。但由於兩案對江南地區的知識分子傷害極大，使得當地的百姓對於朱國治可說是恨之入骨。朱國治也感覺到了情勢的緊繃，為了避免群情激變，所以在接任者還沒來的時候，便已神色慌張的收拾包袱快閃，於是才被革職為民。

永曆帝絞死昆明　延平王病逝臺灣

　　南明永曆帝朱由榔被大清平西王吳三桂押回昆明（雲南境內）之後，已於四月二十五日被下令以弓弦給絞死，得年僅有三十八歲，同時被處死的還有其子及家眷共二十五人。而朱由榔的遺體在被吳三桂下令焚化之後，朱氏的南明抗清王朝，也隨著被揚散於空中的骨灰消失於無形。相較於永曆政權的潰亡，吳三桂則因俘獲朱由榔有功而被晉封為親王（第一等爵位）之列。不過，反清勢力的大噩還不止於此，去年才將荷蘭人驅離的延平王鄭成功，也於五月八日因病驟逝於臺灣。據臺灣的記者越洋連線，其實一開始鄭成功只是偶感風寒，原本應無大礙。但由於其父鄭芝龍及永曆帝朱由榔先後被殺的消息傳來，而日前某周刊又爆出了其子鄭經與乳母私通生子的亂倫醜聞，使得鄭成功憂怒交集而病情加劇。因醜聞案大為光火的鄭成功，震怒之餘竟下令要鎮守金門、廈門（皆福建境內）的諸將，立即斬殺鄭經及其母，但諸將卻認為鄭成功目前已身患重病而拒絕從命。鄭成功眼看著跟隨自己多年的部將，竟然在他生病最虛弱的時刻違抗他的命令，於是怒恨之火交相攻心，導致病情在短時間內突然惡化而無以回天。只能在長嘆「國土未復，家仇未報，吾忠孝兩虧，死不瞑目」聲中，以手將臉抓出數道血痕，在三十九歲這年慘然而逝。

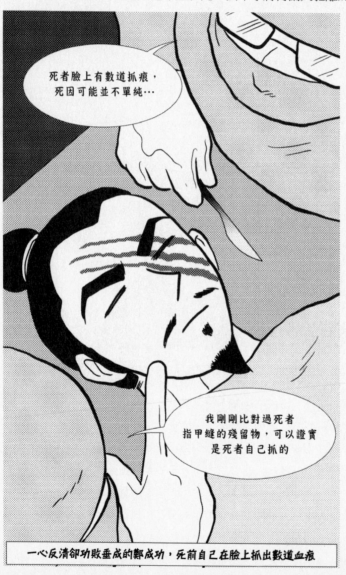

死者臉上有數道抓痕，死因可能並不單純…

我剛剛比對過死者指甲縫的殘留物，可以證實是死者自己抓的

一心反清卻功敗垂成的鄭成功，死前自己在臉上抓出數道血痕

官員考核制度大轉彎

京察大計終止　五等考滿獨行

　　由索尼、鰲拜等四輔臣執政的大清中央政府，於六月下令終止順治初年便並行實施的「京察」（在京官員考核）、「大計」（地方官員考核），改成只單獨實行清初原來的「考滿」制度。所謂的「考滿」就是在官員任滿三年時，三品以上京官（中央官員）及督撫（總督、巡撫等地方司令官），必須自己陳述在任內的所有功過勞績，然後送吏部（文官任免考核部）、都察院（中央監察院）考核。外官則由督撫分級考注，以政績之優劣定來等級。凡京官四品以下、外官布政使（省級行政主管）以下，考滿可分五等：一等為「稱職」，加一級；二等為「勤職」，紀錄一次；三等為「平常」，可留任；四等為「不及」，處以降調之處分；五等為「不稱職」，予以革職。不過根據記者得到的最新消息，中央政府將會在九月再將內容稍作改定，把一等「稱職」者改成紀錄一次，二等「勤職」者則另給獎賞。

大將軍不敵瘴癘
李定國病死叢林

　　曾經對大清軍隊造成極大傷害，先後斷送定南王孔有德、和碩敬謹親王（第一等爵位）尼堪生命的南明大將李定國，原本在四月時還率眾沿九龍江南下，企圖重新恢復反清勢力。但無奈當地叢林瘴癘猖獗，所攜人馬病死日多，不但部隊軍力大幅減少，連李定國自己亦染病不起。而在聽聞永曆帝朱由榔已死的噩耗後，病情亦迅速加重，已於六月底在留下臨終遺言：「寧死荒外，毋降也」之後去世，得年四十三歲。

小心！
是奈落的瘴氣

南明大將李定國因深入瘴癘之地而染病身亡

荷人捲土重來　艦隊騷擾臺海

　　之前被從臺灣趕跑的荷蘭人，在得知鄭成功病逝的消息後，極謀捲土重來。總部設在巴達維亞（印尼境內）的荷印總督特命商務專員博爾特為提督，率著由十二艘戰船組成的艦隊、一千二百八十四名武裝士兵，以及一百三十九門火砲，從巴達維亞啟程。七月時，船上豎有「支援大清國」字樣旗幟的荷蘭艦隊開至閩江口（福建境內），博爾特遣使企圖與靖南王府達成協議，以自由貿易和恢復臺灣為條件，出兵協助大清政府討伐鄭氏家族。只是此時，清廷正派員招撫臺灣，所以並未考慮荷蘭人所提出的建議。於是荷蘭艦隊只好單獨行動，以海盜般的方式襲擊鄭氏名下的船隻，不過至今為止，似乎並沒有什麼收到任何顯著的效果。

叔姪相爭延平王位　鄭經回臺確保政權

　　延平王鄭成功死後，臺灣內部便發生了因為爭奪領導權而引發的內鬥。蕭拱宸、黃昭等鄭軍部將在臺灣擁立鄭成功之弟鄭襲繼位，而鄭成功的長子鄭經則自行嗣延平王之位於廈門，雙方都各自堅稱自己才是合法的正統繼承人。鄭經為了能專心應付臺灣方面的內鬥變局，還在八月的時候，先假意答應了靖南王耿繼茂、福建總督（福建戰區總司令）李率泰的要求，將所陷州縣的印信十五顆遣人送還，並請其為之代奏投誠之意，然後於此同

叔叔，您坐在我爸的位置上幹什麼呀？

別誤會！我只是先幫你把位子溫熱，天氣冷嘛…

時率兵回臺平亂。十月十七日，鄭經所親率的五千舟師先後抵臺，並趁大霧之時登上鹿耳門，在斬殺叛亂的首腦之一黃昭後，其餘的駐臺諸部將領便立刻表達了支持的立場。於是鄭經直入安平（臺灣境內），再將另一叛首蕭拱宸及其黨徒逮捕斬殺。至於被拱上寶位的叔父鄭襲，鄭經則依舊待之如故，連同其餘將領及官員都不予追究責任，一舉穩固了在臺灣的領導地位。等到被呼嚨一陣的清廷再次遣使議和時，鄭經則又提出了不剃髮、不登陸、照朝鮮例納貢稱臣等老掉牙的談判條件，而和議最後當然又是以失敗收場。十一月時，鄭經在把臺灣的一切事務安排妥當後，便與鄭襲等回到廈門的前進基地中，再次將矛頭指向大清的軍隊。

清兵提督奮力追擊
大順餘部用計反撲

你剃反了…

這次的易容化妝好簡單啊，只要一把剃刀就搞定了

是啊，然後綁成辮子就完成了

大順軍李來亨部隊剃髮易服，偽裝成商販混入清軍陣營之中

今年初，大清兵團繼續對大順軍餘部展開追擊，由湖廣提督（湖廣軍團司令）董學禮等所率領的軍團，在湖北一帶以三萬的兵力，強壓數量只有其三分之一的大順軍李來亨部隊。雙方於夷陵（湖北境內）一帶展開了極為激烈的戰鬥，最後大順軍果然寡不敵眾，在傷亡過半後狼狽敗退撤走，於是清軍便進占歸州、巴東（皆湖北境內）等地區。不久，清軍與郝搖旗部在房縣（湖北境內）的激戰，以及於昌寧（雲南境內）進剿袁宗第部的行動也相繼獲得大勝。只是戰場上的情勢瞬息萬變，當董學禮的部隊又於襄鄖地區乘勝追擊，將李來亨的殘部逼入九蓮坪山寨之時，沒想到李來亨竟然暗中派人剃髮易服，偽裝成一般的商販混入清營之中，然後再於約定的時間從山寨中發兵下攻。等到清軍前來迎戰時，這些早已摸入寨中的奸細就在營中忽揭大旗，鼓噪放火，使得清軍陣腳大亂，最後導致死傷慘重，丟失了原先占有的優勢。

鄭經擴大調查叛變事件

駐軍金、廈（皆福建境內）、據有臺澎的鄭氏集團，其內鬥戲碼在鄭經取得主控權後仍持續上演。據記者所得到的情報顯示，由於鄭經在之前返臺時，已掌握了鄭泰（鄭成功堂兄）曾經暗中以書信往來黃昭的證據，顯示之前黃昭、蕭拱宸等人另擁鄭襲繼位的叛亂事件，鄭泰也是主謀之一。於是便下令召見駐兵金門的鄭泰，想要藉著他進入廈門之時將其逮捕治罪。不過，鄭泰方面似乎也發覺不對勁，硬是以生病為由推拖，躲在自己的地盤中避不相見。

訃聞

大清皇太后去世

　　大清康熙帝玄燁（清聖祖）的生母慈和皇太后，於二月十一日去世，得年二十四歲。而年僅八歲便已失去雙親的玄燁，雖然貴為當朝天子，但仍是極其悲傷的伏跪於亡母的棺柩旁邊，痛哭不已。而照顧、保護、教養這位年幼皇帝的使命，則是全落於其祖母，也就是太皇太后博爾濟吉特・布木布泰（孝莊后）的身上。

天災異變

　　今年二月十九日，在北京有不少目擊者看見天空中有為數可觀的流星劃空而過，其中一部分的隕石更是墜落地面，爆出震耳欲聾的駭人聲響。這批從天而降的隕石目前已有四顆在城內被尋獲，另外七顆則散落於城外各處，但所幸未造成太大的傷亡。不過，四月二十二日突然颳起的一陣黑風的遼寧，可就沒有這麼幸運了。據統計，這股從南向東的怪風，已經吹倒了四百三十餘間的民房，更造成了五百餘人被壓死的悲劇。

節制督撫兵民　平西王大擴權

　　由於剿敵任務的需要，輔政四大臣已於去年（一六六二年）十二月二十二日，同意貴州一切文武官員及兵民的各項事務，依照雲南之例由平西王吳三桂全權管理。今年二月十八日，大清中央又准吳三桂之請，將要發給雲南、貴州二省總督、巡撫（司令官）的敕書，都寫入「聽平西王節制」字樣，讓督撫今後都聽從吳三桂的統一調度及指揮。但是資深評論家認為，雖然此舉是戰時不得已的權宜措施，但卻潛藏著極大的危機。因為就算吳三桂沒有因此就挾重兵叛變，過度的權

什麼！不會啦…只不過是隻我之前在寵物店買的小蜥蜴

好可怕…

在清廷不斷授權之下，吳三桂儼然已將成為一頭將失控的怪獸

力控制也將使其逐漸失控，這就好像不斷的施打禁藥，把身邊的寵物慢慢的變成大怪獸一般，勢必成為清廷日後的一大隱憂。

明史案結 文字獄興
首告人升官發財 牽連者身首異處

喧騰多時的「明史案」終於在五月底宣布結案，涉及此件毀謗政府的文字獄案件，受到牽連處分者竟將近千人，其中七十餘人因此丟了性命。根據官方版的判決書指出，已死的南潯（浙江境內）富戶盲眼富戶莊廷鑨，因生前編輯的《明史輯略》一書中，有多處不敬朝廷，例如仍奉尊明朝年號，不承認清朝的正統；直呼大清太祖努爾哈赤為「奴酋」、稱清兵為「建夷」等等的叛逆之語，而被處以開棺戮屍之刑。另外，為本書作序者、校閱者、刻書、賣書、藏書者均被處死，其餘相關人等亦各有處分。不過，據記者所得到的資料顯示，其實《明史輯略》的主要內容並非莊廷鑨所親作，而是由故明天啟朝大學士朱國禎所編輯之《明史》中，未刊入之〈列朝諸臣傳〉遺稿所略為改動而成。原來，天生眼盲又有才學的莊廷鑨，一直想要以春秋時期的魯國盲眼史官左丘明為仿效對象，可以完成一部像《左傳》般足以遺世的史書鉅作。但這事的難度實在太高，所以一直以來都沒有任何進展。有次在偶然

之間，莊廷鑨聽聞朱國禎的後代因家境敗落，而想將其未收錄的〈列朝諸臣傳〉遺稿脫手求售，於是便以千金的代價購得。隨後又花錢請人稍作增刪，然後以自己為作者，將書名定為《明史輯略》。只是書成之後不久，莊廷鑨便因病去世。其父莊允誠為完成其遺願，便於一六六〇年找來另一個金主朱佑明，出資將此書刻成。但此書問世之後，被歸安（浙江境內）前知縣（已革職縣長）吳之榮發現書中忤悖朝廷之處，而以此要脅想要勒索莊允誠。在無法得逞的情況下，吳之榮就在一六六一年一狀告到杭州將軍松魁那裡了。莊允誠見他真的告了官，便只好以重金賄賂松魁才將此事壓了下來，然後趕緊將書中有問題的字句重新修正，再次刊刻發行。只是吳之榮並未就此放棄，去年（一六六二年）十月，又帶了初刻本入京告發，所以才有了今日之判決。而吳之榮除了依判決得到莊允誠、朱佑明兩家的鉅額財產之外，還被政府復官起用，可說是本案的最大贏家。

哈！逮到你了

吱

鄭經以「金廈總制」的官位為餌，成功的誘捕了其堂伯父鄭泰

鄭經釋出善意熄內鬥
原是設計誘敵逮鄭泰

內鬥日益嚴重的鄭氏集團，日前由鄭經首先釋出了善意，決定要將基地轉往臺灣，並把金門、廈門都交給鄭泰管理。於是便遣官攜印到金門，委派鄭泰為金廈總制（金門廈門軍長）。而嗅到和解氣氛的鄭泰也因此終於肯出面，親率兵船運餉銀十萬兩到廈門與鄭經握手言和。但令人訝異的是，這一切都只是鄭經為了誘捕政敵而刻意營造出來的假象。原來，鄭經採用了其手下首席智囊陳永華的建議，假裝要前往臺灣，並以金、廈的控制權當餌，誘使鄭泰入見，然後當場將其逮捕。鄭泰誤中圈套後，鄭經隨即出示於臺灣繳獲其與叛黨黃昭之間往返的書信，在毫不留情的質問審訊之下，鄭泰也只好認罪而被囚禁下獄，最後自縊而死。而消息傳出之後，鄭泰之弟鄭鳴駿為求自保，已帶著家人及八千餘名兵士，乘著二百餘艘船向大清福建總督（福建區總司令）李率泰請降。

荷蘭再提聯軍
清方不予理會

之前企圖趁鄭成功去世之時謀取臺灣的荷蘭人，在騷擾臺海無效後，於今年又再度採取實際行動。由巴達維亞（印尼境內）出發的荷蘭東印度公司（VOC）特使博爾特，於七月時率領十七艘戰艦、士兵二千六百餘人、大砲四百多門駛抵福州港（福建境內），再次向清廷提出雙方合作對付鄭氏集團的議案。不過同樣附帶了一些條件，包括要求清廷承認荷蘭對臺灣的所有權，並請大清政府下令禁止與荷蘭以外的任何人通商等項。九月時，博爾特獲准入見靖南王耿繼茂及福建總督（福建區總司令）李率泰，除了上述條件外，還要求東印度公司在中國享有貿易之自由而不受任何干涉、聯合軍事行動時清方的戰船必需由荷蘭統一指揮、克復金廈後荷方得在兩島之中擇一駐軍，以及奪取金廈後聯軍應轉而攻臺，並承認荷蘭在臺灣所有城堡與物件的所有權。雖然荷方洋洋灑灑的開出了一大堆的條件，但據記者所知，目前清廷方面的態度則是完全不予理會。

清軍四川總督李國英擊潰大順殘部劉體純的部隊，大大的削弱了反抗軍的士氣與力量

大順殘部出犯巫山
四川總督強勢殲敵

之前被清軍逼入四川的大順軍各部殘兵，又再度集結，於入冬之後合兵出犯巫山（四川境內）。這次大順軍可說是來勢洶洶，劉二虎、李來亨、郝搖旗、袁宗第、黨守素、塔天寶、馬騰宵等七家聯手出擊，對清軍造成了不小的威脅。不過，清軍方面亦不甘示弱，由四川總督（四川區總司令）李國英所率領的大軍，毫無所懼的就直逼大順軍劉體純部的巫山營地而來。在經過一番激烈的拚殺之後，大順軍終於不敵潰敗，劉體純也自縊而死。袁宗第、郝搖旗等人則是連夜撤走，但不久後又被清軍追至黃草坪而被擒殺，大大的削弱了反抗軍的士氣及力量。

施琅發水師三路　鄭氏失金廈二島

在去年（一六六二年）六月剛獲升為福建水師提督（福建水師軍團司令）的施琅，之前上疏清廷，建議應該趁著鄭氏集團內鬥未歇之時，趁機發兵奪取廈門。在中央批准了這項計畫後，施琅便在當地自籌材料、經費，用很快的速度造了快船一百六十艘，以及三千副甲冑兵器。等到一切完備，便於十月下旬在靖南王耿繼茂、福建總督（福建區總司令）李率泰，以及荷蘭艦隊的協同下，以三百餘艘戰船的實力，分三路先後攻克廈門、金門。鄭經敗退銅山（皆福建境內），而鄭氏近親鄭定國、鄭耀吉等人亦自金門渡海降清，鄭經部隊已陷入無險可守的窘境。

等著瞧吧…復仇之路才剛要開始呢

施琅

荷蘭軍白忙一場　清政府不允其請

> 經過試用期之後，本公司決定不予錄用，而且…不發薪水

> 那握棉氣不是做敗工了…

雖然荷蘭出兵幫助清軍攻鄭，但所提出的永久居住、建立商埠、長期貿易等條件仍然未能過關

原本希望藉著聯合軍事行動，取得有利貿易地位並奪回臺灣的荷蘭人，在實際出兵助攻之後，終於得到清廷對於其所提條件的答覆。據福建總督（福建區總司令）李率泰的轉述，大清中央政府經查前朝的檔案，發現從未有允許外國人在中國永久居住、建立商埠或長期貿易的慣例。但鑑於荷蘭出兵協助征剿，故可允許其這次所帶來的貨物在巡撫（軍區司令）許世昌、總督李率泰的監督下售出以獲取應得的利潤。但在下次被允許的使節進貢時間之前，不得再有任何貿易行為。荷蘭方面原本滿懷希望，認為出兵助攻多少能撈點好處，但卻仍是得到幾乎全盤否決的答覆，只好在年初帶著艦隊啟程返航。

叩閽流程從嚴規定　不得徑自越級提告

中央政府於三月公布了一項命令，要求直隸各省百姓如有冤屈者，可以到原來承審衙門及部院提出控告。萬一提訟的結果，仍然無法為其辨明是非曲直者，才可以依照前明的慣例「叩閽」，直接向中央提出申訴。以後凡是不赴原承審衙門及部院提出控告就直接叩閽者，或已叩閽但又不等候原承審衙門及部院審結又再度叩閽者，或再找人代為告訴者，全都通行禁止，其代人控告者則判處死刑。

鄭經部隊潰敗退臺灣　清軍掘溝築牆防越界

大清軍福建總督（福建區總司令）李率泰、提督（軍團司令）王進功，以及歸降的鄭氏舊部海澄公黃梧等，於三月時乘勝追擊，率領大軍向銅山（福建境內）發動攻擊。軍心早已潰散的鄭氏軍團，一經接觸便潰不成軍，先後投降者高達三萬餘人，對戰被斬者則有三千二百餘人之多，鄭經僅率數十艘船敗走臺灣。至此，鄭成功多年來苦心經營之臺灣以外基地，已然全部喪失。而李率泰在鄭經遁走臺灣之後，立即移師銅山，並馳令各島及沿海百姓全部遷入內地，以免有人暗中資助鄭氏集團。於是浙江、福建、廣東三省沿邊，都依令開掘二丈餘深、二丈餘寬的「界溝」，並築起厚四尺餘、高一丈的「界牆」。然後於高處修建砲臺，每二、三十里設立營寨，分兵據守。但根據記者實際走訪，規定是一回事，但實施起來卻又是另外一回事。看守邊界的官兵若收了錢，根本不管你是否越界出入，完全就當作進出自家廚房一樣方便。但若有與之結怨，又不願出錢賄賂者，則會被官兵拖出界外，然後以私自越界的罪名當場革殺。所以此項政策，不但沒有收到預期的效果，還讓沿海百姓流離失所，生活在悲慘恐懼之中。

我是老大

對…
您是老大

鰲拜

你憑什麼
當老大!?

遏必隆

蘇克薩哈

我只個老人…

索尼

四大輔臣中，鰲拜
專權日益跋扈的形勢
已經越來越明顯

鰲拜專權日益跋扈　擅殺內大臣費揚古

清廷四大輔臣中，由於索尼年事已高漸不問事，而生性懦弱的遏必隆又依附在鰲拜之下，使得鰲拜的態度越來越強勢，連一向與其不合的蘇克薩哈都難以制衡鰲拜的專權。日前，對付自己人毫不手軟的鰲拜，就因與內大臣（侍衛親軍統領）費揚古不睦，而痛下殺手。先是以擅騎御馬、擅用御弓等莫須有的罪名將費揚古之子倭赫與兩名侍衛論斬。不久又以費揚古守陵時有埋怨之言，將其連同另外兩個兒子都判處絞刑，並將其房產籍沒轉歸鰲拜之弟所有。鰲拜此舉不但徹底的擊垮了對手，也使得政壇中的反對力量開始噤聲。

【專題報導】禁軍侍衛

依照大清皇室的規定，皇宮內禁設有「侍衛處」，以上三旗（鑲黃旗、正黃旗、正白旗）的子弟組成親軍侍衛，負責翊衛扈從，守衛皇宮，引導官員覲見，稽查皇宮出入，皇帝出巡隨扈保駕，駐紮行宮守衛、戒備等維安工作。侍衛處設「領侍衛內大臣」六員，官階正一品，由上三旗中每旗選二人擔任。其職責是挑選侍衛親軍、弓馬騎射等戰技訓練、侍衛的考核升降、宿衛值班、隨扈守衛。其下設從一品的「內大臣」六員，亦由上三旗中各擇二人擔任。負責協助「領侍衛內大臣」掌管統率侍衛親軍、衛護皇帝。另有「散秩大臣」若干人，由皇帝從勳戚王公大臣中直接欽選，以協助「領侍衛內大臣」及「內大臣」處理事務。通常「領侍衛內大臣」出缺時，由內大臣、散秩大臣或滿洲都統（固山額真，旗指揮官）、大學士、尚書、將軍之中選授。而之下的「一等侍衛」共六十員，官階為正三品，亦由上三旗中每旗選二十人組成。「二等侍衛」共一百五十員，為正四品官，由上三旗每旗選五十人組成。「三等侍衛」共有二百七十人，由上三旗中每旗選九十人組成，官階正五品。除了三等的侍衛之外，還有「藍翎侍衛」共九十人，官階正六品，也是由上三旗中每旗選三十人組成。所以負責隨扈皇帝的侍衛親軍，雖然除了主管級官員之外，只有五百七十人，還要排班輪值。但這些侍衛可都是經過精挑細選、武藝超群的特勤小組，足以應付種種危及皇帝人身安全的緊急狀況。

清軍不斷追剿
夔東十三家悉遭剿平

清軍進剿夔東（四川境內）一帶大順軍餘部的行動，在今年宣告任務終結。先是二月底時，馬騰雲、黨守素、塔天寶等部先後降清。到了八月，於茅麓山堅守的夔東十三家最後一支李來亨部，在被數萬清軍立寨圍困一年之後，因糧盡勢孤，只好聚集諸將，含淚分遣眾人逃散，然後舉火燒寨，與妻子親信等人一同投身火場之中而死。而李來亨所統領的三萬人，或死或逃，僅有一百五十人被俘。至此，李自成死後的殘存勢力，終於完全被清軍給消滅怠盡。

施琅渡海擊臺無功返
英軍覬覦澳門敗興歸

因克復金、廈有功，在七月時被授為靖海將軍的福建水師提督（福建水師軍團司令）施琅，於十一月率鄭氏降將周全斌、楊富等，組成軍容壯盛的海軍艦隊跨海進攻臺灣。不過再強的艦隊也敵不過老天爺，艦隊才剛出航沒有多久，便因遭遇強大的風浪而受損嚴重，只好無功而返。而海上行程同樣鎩羽而歸的還有英國的艦隊，今年是英國繼一六三七年之後，第二次派出船艦到澳門（廣東境內）尋求貿易的機會，但因佛朗機（葡萄牙）人自明朝時就已經開始在此經營，當然不可能把這塊肥肉讓給新來者，所以便從中多加阻撓。英國人在停留五個月之後，始終找不到切入點，只好暫時離去。

你這病怎麼每三年就發作一次，是不是壓力太大了…

沒辦法啊，每三年就要考核一次，亂緊張的…哎，官不好當啊

每三年舉行一次的「京察」、「大計」決定了官員們的未來前途

考滿弊端叢生 再復京察大計

　　因四輔臣的堅持而單獨實施「考滿」制度以來，可說是弊端叢生，衍生出不少問題，所以中央政府已於元月十日下令，廢除「考滿」制度，同時恢復一六六二年停止的「京察」、「大計」。其中「京察」為考核京官的制度，依規定每三年舉行一次，凡三品以上京堂大員由吏部（文官考核任免部）開列業績，具題請旨，由皇帝定奪其去留獎懲。而四、五品官員則由議政王大臣會議核定考績，其他的官員交由該主管部院堂官考核。「大計」則是每三年一次的地方官員考核制度，其中布政使（省級行政主管）、按察使（省級監察主管）由督撫（地方司令官）依其政績表現寫出評語呈送吏部，再由吏部彙核後具題請旨由皇帝做最後定奪。其他官員

則由州、縣、府、道、司逐級考核，然後統一造冊申報督撫，由督撫審閱並加注評語後，經繕寫彙整呈送吏部。考核時最主要依「四格」來評定官員各方面的等級高低，分別是：一「守」，分「清、謹、平、淡」四等；二「才」，分「長、平」二等；三「政」，分「勤、平」二等；四「年」，分「青、壯、健」三等。綜合考評後，第一級者為「稱職」，可加級提敘；第二級者為「勤職」，會另給獎勵；三級者為「供職」，仍照舊任事。此三級之外被評為「不合格」者，則必須依「六法」（不謹、疲軟無為、浮躁、才力不及、年老、有疾）參劾議處，並分別給予革職、降級調用、強迫退休等處分。但若官員涉及貪、酷者，則另案特參查辦。

強震來襲餘震不斷　皇室成員露宿帳棚

　　三月二日，北京傳出劇烈地震，各處發出轟然巨響，造成京城內許多的房屋倒塌。由於接下來數日又接連發生多次的餘震，為了安全起見，皇室已啟動了緊急應變措施，請康熙皇帝、太皇太后及宮中的所有人，暫時露宿於帳棚之中，以免發生意外，結果使得整個廣場看起來就像是童軍大露營一樣。但移居室外雖然避得了地震，卻躲不開強烈沙塵暴的侵襲。就在皇室所有成員都移居戶外的同時，夾帶著大量灰塵的強勁風暴卻遮天蔽日而來，不但讓所有人都變得灰頭土臉，還有人因此造成了上呼吸道的不適。由於二月二十九日彗星兩次出現，接下來又是地震及沙塵暴，已讓政府高層開始緊張了起來，認為是上天要給人們的警示，所以已經準備由皇帝下詔大赦以應天象。

曆獄宣判 專業殞落 湯若望等遭嚴重打擊

去年（一六六四年）七月，楊光先上書指控湯若望（Johann Adam Schall von Bell）、利類思（Lodovico Buglio）、安文思（Gabriel de Magalhães）、南懷仁（Ferdinand Verbiest）等外國傳教士潛謀造反案，於今年三月十六日判刑定讞。判決書中採用楊光先狀詞中「假以修曆法之名，陰行邪教」、「借曆法以藏身，窺伺朝廷機密」、「曆法書上印有依西洋新法五字，暗竊朝廷正朔之權以尊西洋」的說法，認定湯若望等人編修的西洋新法有誤，且天朝曆祚無疆而被告等卻只擬出二百年的曆法，居心叵測，又在選擇榮親王（順治與愛妃董鄂氏之子，出生時被順治視為皇位繼承人）葬期時，方位及年月俱犯殺

這望遠鏡是不是壞了？怎麼啥東西都看不到…

報告長官，您…拿反了

新任欽天監副楊光先的天文專業水平受到各界懷疑

忌，導致董貴妃與順治帝不久先後而死，事犯重大。擬將湯若望與杜如預、楊宏量、李祖白、宋可成、宋發、硃光顯、劉有泰等欽天監（中央天文臺）官員全數處以凌遲之刑，涉案相關官員及湯若望的義子斬立決，南懷仁及各省傳教士等皆杖百拘禁或流放邊疆充軍。後因正逢彗星、地震，皇帝發布大赦，所以南懷仁等被免罪釋放出獄。但湯若望等歷經十二次的議政王大臣會議之後，仍在輔政大臣鰲拜的堅持之下，依舊擬以死罪。最後是在太皇太后布木布泰（孝莊后）的斡旋之下，湯若望才得以用效力多年又復衰老的理由免罪釋放，但仍需遷出館舍，將其讓給因此案新接任欽天監監副（副臺長）的楊光先居住。至於其他中國籍的欽天監官員，除了杜如預、楊宏量僥倖逃過死劫之外，李祖白等五人依然被斬。法界學者認為，此案之所以成立，根本是因為掌權的鰲拜等人有極嚴重的種族歧視，不滿外國人參預國政，所以便借楊光先的訴狀打擊這些外國傳教士。經此案後，除了湯若望及南懷仁外，所有在京傳教士都將被驅逐出京，並在限期內押解南下廣東，準備遣送出境。而且，天文學界也指出，新接任欽天監副的楊光先根本完全不懂天文曆法，其專業水平已備受各方質疑。

施琅二度攻臺
又因風浪告吹

去年（一六六四年）渡海征臺無功而返的大清福建水師提督（福建水師軍團司令）施琅，今年再度點齊兵馬船隻，大舉進軍臺灣。不過，施琅的此次行動，似乎仍未受到老天眷顧，三月底甫一出航，便又因遭遇大風浪而暫時返回金門（福建境內）。一直等到四月八日，見風浪漸息而再次揚帆，卻仍在外海處又被大風吹得船隊狼狽而歸。四月十六日，本年度第三次挑戰，結果仍是因風浪過大無法航行而過不了黑水溝（臺灣海峽）。由於施琅攻臺的行動接連失敗，已讓中央政府中有不少人開始對其忠誠度產生懷疑了。

清廷裁併各省總督

大清中央政府日前宣布，依議政王大臣會議之決議，將各省的總督（地方總司令）予以裁併。其中湖廣、四川、浙江、福建四省仍各留總督一員。貴州雲南合併、廣西廣東合併、江西江南合併、山西陝西合併，直隸、山東、河南三省合設一總督。以廣東廣西總督駐肇慶（廣東境內），江南江西總督駐江寧（江蘇境內）、

直隸山東河南總督駐大名（河北境內），山西陝西總督駐西安（陝西境內），雲南貴州總督駐貴陽（貴州境內）。由於總督駐防地的調動，部分提督（軍團司令）的駐地也一併更動，其中直隸提督改駐河間（河北境內），山東提督改駐濟南（山東境內），河南提督改駐開封（河南境內）、山西提督改駐太原（山西境內）、江西提督改駐南昌（江西境內），貴州提督委由平西王吳三桂確議。而鳳陽、寧夏、南贛三區的巡撫（軍區司令），則因防區改定一併裁去。

十二歲皇帝娶妻　十三歲少女封后

　　大清皇室在九月八日，為當朝康熙帝玄燁（清聖祖）及首席輔政大臣索尼孫女，即內大臣（侍衛親軍統領）噶布喇之女赫舍里氏，舉行了大婚典禮，並將其冊封為皇后。據清廷高層人士指出，此次的皇后人選為太皇太后布木布泰（孝莊后）所一手安排，改變了崇德帝皇太極（清太宗）、順治帝福臨（清世祖）皆從蒙古科爾沁部擇后之慣例。由於太皇太后本身雖是蒙古科爾沁部之人，卻能不偏袒娘家，而以各族群的融合平衡為優先考量，被各界認為是有助於大清統一的明智決定。不過，由於新婚的皇帝只有十二歲，而皇后也只有十三歲，所以此次世紀大婚，也引起了國際兒童保護團體的關注。

鄭氏積極經營臺灣　農作經濟大有成效 ─────

　　鄭經丟失了金、廈諸島（福建境內）後，率領殘部退回臺灣。在首席幕僚陳永華的建議下，決定從根基開始，一步步的經營臺灣。於是下令積極開墾荒地，種植五穀、積蓄糧草，同時又插蔗煮糖、引海煮鹽，並促進商貿發展。沒多久，臺灣的糧食收穫量及經濟貿易獲利，便已十分可觀。同時又興建孔廟、設立學校，強調在地的教化以培育人才。到了十二月底，鄭氏集團的實力便已恢復，再度派出七十餘艘的兵船渡海試探。不過大清的福建水師在獲報後不但沒有進行捕剿，也沒有通知福建、廣東各處守軍前往截擊。日前，福建、廣東兩支水師都已因此遭到清廷的嚴厲訓斥。

清‧康熙五年

正白旗鰲拜掀舊帳　鑲黃旗被迫換圈地

今年初，輔政大臣鰲拜突然提議要鑲黃、正白兩旗交換彼此的圈地，在朝野掀起極大的不安與動蕩。原來在順治初年八旗入關後，按照以往的方位序分，鑲黃旗應該圈得永平一帶的土地。當時掌權的攝政王多爾袞想要永平這塊比較好的土地，所以便硬將此地分給自己所統領的正白旗，然後把保定、河間、涿州（皆河北境內）等較次等的地分給鑲黃旗。當時雖然引起鑲黃旗人士的不滿，但又懼於多爾袞的權勢，便也只好默默接受，幾十年來倒也相安無事。直到最近，換成鑲黃旗的鰲拜當權，便提出多爾袞的決定違背祖制八旗各有定序的傳統，而且以鑲黃旗現有土地不堪耕種為理由，表示應該要將正白旗所占有之薊州、遵化、遷安（皆河北境內）等地，撥還給鑲黃旗，然後再另圈民地補給正白旗。此議不但得到同為鑲黃旗的輔政大臣遏必隆的支持，連正黃旗的索尼也表態贊同，使得持反對意見的正白旗輔臣蘇克薩哈孤掌難鳴。命令交辦下去之後，隸屬正白旗的戶部尚書（財政部長）蘇納海便以土地分撥已久，且康熙三年時奉有民間土地不准再圈之旨，請

您那塊地每坪價值才三萬元，差太多了啦

不管！我就是要換101旁邊那塊地！快去給我辦！

求將移文駁回。於是鰲拜乃矯旨，派人踏勘各旗名下不堪耕種之地，然後以鑲黃旗之地最為不堪耕作回奏，再次強硬的下令要求蘇納海會同三省總督（直隸、山東、河南區總司令）朱昌祚、直隸巡撫（直隸區司令）王登聯負責換地一事，務必在最短時間內辦妥所有相關事宜。由於圈換政策一旦真的實行，勢必影響到數十萬人的生計，造成無數家庭顛沛流離，所以承辦官員正在苦思解套之法。

西選制逐漸成形　吳三桂獨步滇黔

　　在兵部（國防部）的題奏之下，大清中央政府已經核准，將雲南、貴州二省的武職軍官缺額，由平西王吳三桂提名補實。資深評論家表示，由於之前已經賦予吳三桂節制兩省督撫之權，並總理兩省一切事務，連兩省官員的除授都聽其所請，現在連武將的任免也全都變成吳三桂主導的「西選」，吏部（文官考核任免部）、兵部已經失去對滇黔二省的監控大權。未來將形成西選之官皆平西王心腹，中央難以號令調動的情形，加上其經濟預算又不受戶部（財政部）稽核，宛如不受控制的獨立王國一般。真不知道中央高層是哪一位天才，可以接連應允這樣的奏請，讓事情演變到即將不可收拾的地步，甚至造成反噬大清帝國的危機。

阻圈換 迫遷移　矯旨處決三大臣　顛沛流離百姓苦

　　由輔政大臣鰲拜所主導的換圈政策，竟然在各界的反對聲浪中，在年底以流血的方式強力實行。除了之前戶部尚書（財政部長）蘇納海已經疏諫此案外，屬於漢軍正白旗的三省總督（直隸、山東、河南區總司令）朱昌祚也於十一月，以本案經蘇納海、侍郎（次長）雷虎、直隸巡撫（直隸區司令）王登聯商議之後，認為兩旗官兵因圈換土地之肥瘠問題相持不決，請下令停止圈地之舉。同時，漢軍鑲紅旗直隸巡撫王登聯亦上疏，表示經過調查兩旗民眾皆不願圈換，且現因待圈，已使得人心惶惶，皆棄地不耕，四處荒涼極目，嚴重影響糧食生產，也請下令停止圈地。只是疏入之後，引起鰲拜震怒，便下令以干預朝廷已經決定之事的理由，將其二人連同蘇納海，下吏、兵二部議處。刑部審案之後，議將蘇納海以撥地遲誤，朱昌祚、王登聯以紛更妄奏之罪處分。但大清律中又無相關處罰條款，所以擬請將三人鞭一百、並籍沒家產。康熙帝玄燁（清聖祖）看到刑部所上的起訴書後，知道鰲拜必欲置三人於死地，所以特別召集了四大輔臣前來詢問意見。但其中除了蘇克薩哈保持沉默不語外，其餘的三人竟都堅持應置重典嚴懲，雖然玄燁最後仍然沒有鬆口同意，但鰲拜竟不顧皇帝的意見，擅自矯旨於十二月二十日，將蘇納海、朱昌祚、王登聯三人處以絞刑並籍沒家產，然後另行派人督理此事，於二十三日無視民眾的反對強勢進行圈換。結果圈換了一百八十六萬畝的土地，受命遷移的人丁達六萬餘人。其中鑲黃旗壯丁四萬餘名，由保定遷往薊州等地，其地一百二十餘萬畝由正白旗派給。正白旗壯丁二萬二千餘人，則遷往玉田等處，其地六十餘萬畝，不足者從永平、灤州、樂亭、開平（皆河北境內）等民地取撥。造成京畿一帶動蕩，嚴重破壞社會生產，附近各州縣旗人與百姓失業者竟高達數十萬人，田荒糧竭，已造成社會極大的恐慌。

鰲拜在政府各部門中廣植黨羽，其勢力不但在四大輔臣中無人能敵，連對皇帝也造成威脅

藉口京察洗牌　鰲拜廣植黨羽

　　四大輔臣之一的鰲拜，藉著今年三月京察（在京官員考核）考核的機會，革除了許多重要部會的首長，並表示希望此番的人事更新，可以為國家帶來一番新氣象。但政治分析師則認為，此番部長級官員的替換，根本與行政效率毫無關係，完全是其個人政治布局的考量。因為已知的新任吏部尚書（文官考核任免部長）阿思哈、兵部尚書（國防部長）噶褚哈、吏部右侍郎（文官考核任免部次長）泰璧圖、工部尚書（國家工程部長）馬爾賽、兵部右侍郎（國防部次長）邁音達等人，全都是各界所熟悉的鰲拜黨羽。而此次的高層人事異動，無疑的將使鰲拜的影響力大增，在議政王大臣會議時更能得到絕大多數的支持，四大輔臣中將再也無人有實力可以與之抗衡。

江南逆書案起
誣告者遭反坐

由於之前「莊廷鑨明史案」爆發後，被牽連涉入的一干人等皆被處以極刑，於是便令部分歹徒起了禍心，想要仿照此例來製造假案，以達到恐嚇取財之目的。日前，在江南就破獲了一件因勒索未果而想誣告害人的「逆書案」。所幸在相關單位抽絲剝繭的追查之下，到最後終於水落石出，還給了被害人一個公道，也讓歹徒得到應有的懲罰。根據官方公布的判決書所述，江南人沈天甫等四人和議共謀，先是收集了名士黃宗羲之

不給我錢…哼！告死你

你這奸賊！幹嘛誣告我

現在宣判，被告無罪釋放，原告因涉嫌誣陷他人，當庭收押並從重量刑

蛤!?

原告

被告

喧騰一時的逆書案宣告偵破，原告等因陷人於罪而遭到逮捕嚴懲

父黃尊素等一百七十六人的詩集作品，然後以陳濟生之人頭假名編輯出版，集結成一百八十章內容多有冒犯清廷的詩集《忠節錄》。同時並冒用已故的崇禎朝大學士（皇帝高級秘書官）吳甡等六人的名義，來為此書作序。然後再以「明史案」中為逆書作序者將被滿門抄斬之判例作為要脅，以不予告發為交換條件，強向吳甡之子中書（部會基層辦事文官）吳中萊勒索二千兩白銀。但眼尖的吳中萊翻開《忠節錄》一看，發現書中序文的筆跡並非其父所寫，便推斷一定是沈天甫等人加以偽造，以作為詐騙勒索之用，於是立刻向巡城御史（地方監察官）具狀提出告訴。在經過司法單位的深入調查之後，證實了此書果然是專門為了勒索而做出來的偽作。於是相關單位便將沈天甫等四名首謀，以「誣稱謀叛，以行陷害」之罪名擬請問斬。由於此案引起了中央政府的注意，所以在案後不久，清廷高層便發布命令，以近日來北方「于七賊黨」、「逃人」，南方「通海」、「逆書」等案誣告者越來越多，要求司法單位在審理類似案件時，務必查明真相。經查如果有想要以誣告陷人於罪者一律反坐，若所犯者為旗人，則枷號兩個月、鞭一百，若為民人則責打四十板，流放三千里外充軍。

坐大惹議　三桂自疏
免去西選及總管滇黔之權

我現在都沒在管這些事了⋯

由於平西王吳三桂日益擴權坐大，是否將難以控制的問題開始引起清廷的擔憂，其中更有大臣劾奏吳三桂有圖謀不軌的異心。吳三桂在聽聞這些風聲之後，為免成為言官指責的對象，成為政治鬥爭下的犧牲品，便在幕僚的建議下，上疏以眼疾為由請辭雲貴事務，以免惹來不必要的麻煩。此疏上達中央後僅十二天，清廷便於五月三十日允其所請，免去吳三桂「西選」的人事任命特權。同時命雲南、貴州之事務依照其他各省之例，責令由督撫（地方司令官）管理。其大小官員的任免，亦照省例，由吏部（文官考核任免部）題授。其間雖然被視為吳三桂黨羽的雲貴總督（雲南貴州區總司令）卞三元等人，隨後立即

吳三桂雖然自請免去西選之權，但實際上仍藉之前安插的人馬，在暗中掌控著西南半壁

上疏請求仍由吳三桂總管雲貴事務。但清廷仍以吳眼疾不宜過勞為由，不允所請，堅持免去吳三桂總管滇黔事務及西選之權。分析師認為，吳三桂之所以會在此時主動請辭雲貴事務，主要是因為其力量尚未大到足以和中央抗衡的階段，與其被以圖謀不軌為藉口鬥下台，甚至丟了性命，倒不如先自清輸誠，以杜言官之口。而清廷同意廢去其西選權的決定，則普遍被認為是正確的方向，但從另一方面來看，雲南、貴州的督撫要職、文武官員，其實早就都被安插了吳系的人馬。只怕表面上滇黔等地的控制權已收歸中央，但實際上卻都還是操縱在平西王府的黑手之中。

對臺政策改剿為撫　兩造談判仍無交集

由於福建水師提督（福建水師軍團司令）施琅前兩次征臺的行動，都因在海上遭遇風浪無功而返，使得清廷又重新思考對付鄭氏集團的策略。在高層會議之後，中央政府決定對鄭經改採招撫之策，並於去年（一六六六年）派員至臺灣談判。不過在今年六月，鄭經方面便以書信正式回絕清廷剃髮、登岸的要求。在回覆中，鄭經清楚的表示鄭氏已開國於東寧（臺灣），且遠在海外，非屬中國版圖之中，所以要求清廷比照朝鮮的前例，以外國的地位來對待臺灣。但清廷認為鄭氏及其所部都是中國閩南人，與朝鮮向來都是藩外之國的情形完全不同，所以無法准允鄭經所提出的條件，而最後雙方的議和仍是再次以失敗告終。

康熙親政 鰲拜掌權 輔臣蘇克薩哈遭鬥死

在六十七歲的首席輔政大臣索尼於六月二十六日病逝後不久,十四歲的康熙帝玄燁(清聖祖),便仿順治帝福臨(清世祖)於相同的年紀親政之例,於七月三日舉行親政大典並詔告天下。在典禮結束之後,康熙帝至乾清門臨朝聽政,不過仍以輔政大臣進行佐理。在索尼死後,鰲拜勢力日張,不但班行章奏皆列首位,還結黨營私。七月十三日時,一向與鰲拜不合的輔臣蘇克薩哈,便上疏以皇上已然親政為由,自請解除輔臣之位。政

跟我做對!
找死…

不!

康熙親政後不但未能掌握實權,還無法阻止鰲拜矯旨橫行,只能眼睜睜的看著四大輔臣之一的蘇克薩哈被鰲拜給活活鬥死

治評論家認為,已經被鰲拜逼到絕處的蘇克薩哈,此舉無異是絕命逆襲,以自己的下臺,逼迫鰲拜、遏必隆也不得不仿效辭任,交出手中的軍國大權。不過鰲拜畢竟是個狠角色,一見苗頭不對便先發制人,找出蘇克薩哈疏中「如線餘息,得以生全,請往守先帝陵寢」等字句,第二天便稱旨以「不識有何逼迫之處,在此何以不得生,守陵何以得生」的理由,命議政王大臣將蘇克薩哈論罪議處。隨後,在鰲拜的強力主導下,羅織了「不願歸政」、「怨望」、「存蓄異心」等二十四項罪名,奏請皇帝將蘇克薩哈誅族。玄燁知道這又是鰲拜鬥爭異己的手段,所以堅持不允所奏,但鰲拜竟然不顧君臣之禮,一連數日攘臂向前,一副要把玄燁活剝生吃的模樣,以極不客氣的態度怒吼著,堅持一定要把蘇克薩哈處以極刑。最後不但身為輔臣的蘇克薩哈難逃絞刑的命運,連家族中人也一併遭到誅滅。

黃河決堤 水漫江蘇

今夏黃河水漲又造成嚴重災情,位於桃源的河堤多處決口,潰堤長度多達三百多丈,使得沿河的三十餘縣都飽受水患之苦。其中高郵的水深竟有二丈,已造成數萬人淹死。而四處漫溢的黃河水,甚至阻遏了淮河水道,以致連帶淮水也無法順利排入海中。不但高郵、寶應(皆江蘇境內)等地目前已成澤國,連漕運也嚴重受阻,各地災損情形嚴重。

大清時報

西元一六六八年

清‧康熙七年

── 尊嚴與隱忍　康熙陷於兩難 ──

GAME OV

勤 學 向 上

青春期的青少年們普遍存在著許多煩惱

由於索尼已死，蘇克薩哈又被殺，在僅存的二位輔政大臣中，遏必隆又生性怯懦，使得鰲拜得以獨操權柄，文武各官皆出於其門下。其親弟都統（固山額真，旗指揮官）穆里瑪、其姪侍衛塞本得、訥莫、內秘書院大學士班布爾善、吏部尚書阿思哈、兵部尚書噶褚哈、工部尚書馬爾賽、吏部右侍郎泰璧圖、兵部右侍郎邁音達、內秘書院學士吳格賽、內國史院學士布達禮等皆其黨羽。凡是軍國要事，都與心腹大臣先在家中定議，然後才奏請施行，完全不把已經親政的皇帝看在眼裡。甚至，大臣只要稍有違背其意，鰲拜必當著皇帝面前施威斥喝。學者認為，鰲拜操生殺之柄、任意屠戮大臣的做法，已經嚴重威脅皇權。雖然康熙帝玄燁（清聖祖）已在去年親政，但朝中所有大臣、皇帝的禁軍侍衛，都是鰲拜黨人。看來玄燁想要拿回屬於自己的權利，只怕不是那麼簡單的事，因為只要一個不小心，可能會給鰲拜一個發動政變的藉口，廢掉皇帝而自立了。但若遲不處理，情形恐怕也只會日益惡化，永遠只能當個傀儡。陷於兩難問題的玄燁，其承受的壓力，可能不是同年齡的青少年所能想像的吧。

北逆書案宣布偵結　名士顧炎武判定無罪

　　甫在去年（一六六七年）政府才因江南逆書一案，大力訓誡各方不許擅行誣告，但此類案件卻仍然層出不窮，甚至連名士顧炎武都被捲入其中。年初時，翰林院（職掌修史編書、文詞翰墨、皇室侍講的核心官員儲備所）官員姜元衡，就檢舉名士顧炎武，說他將之前署名陳濟生所作之逆書《忠節錄》，重新搜輯刊印，而內容多有逆文。顧炎武在收到司法單位的傳票之後，於二月時至山東投案，經質對調查，最後證明此本所謂的逆書，根本就是先前「南逆書」案中，沈天甫等人所偽作的同一版本，只不過稍加改裝而成。原告姜元衡經偵訊後，坦承是因山東人氏謝長吉與顧炎武有房產上糾紛，所以用錢唆使姜元衡自導自演了這部戲來誣陷顧炎武。於是顧炎武被判無罪，姜元衡害人不成，反被援南逆書案之例，以誣陷他人之重罪判刑。

叩閽永行禁止
官員嚴禁請託

　　大清政府日前宣布：原本在京城東西長安門外設有石碑，專供受冤之民申告的「叩閽」慣例，因近來屢有無賴之徒，捏造事端，肆意誣告，在地方恣行挾詐擾害良民，辜負朝廷恤民之心，利用叩閽生事，故三月二十三日開始，永行停止。同時，清廷也特別傳諭，嚴禁在京官員遣人往外省官員處，藉口問候而有索取財物、挾持請託的行為。並要求各地官員，如有無賴之民假持官員合照，或私刻之印信，投見地方官以從事詐欺詭騙者，皆必須當場逮捕並從重治罪，以杜絕官場歪風。

清廷已下令嚴禁在京官員以假借問候為藉口而從事向地方官私索財物、挾持請託的行為

施琅調京遭冷凍
清廷對臺釋善意

由於清廷對鄭經的態度已轉剿為撫，所以主張力取臺灣的福建水師提督（福建水師軍團司令）施琅，便於四月時上疏盡陳所見，極力表達其反對議和的立場。但施琅的建議交付到相關部會討論後，中央認為施琅兩次進逼臺灣都託辭風雨無功而返，如今又主張以武力攻取臺灣，其中頗有可疑之處，若施琅存有二心，則其所領之水師部隊將歸敵軍所有。於是下令裁撤福建水師提督，將施琅調任為內大臣（侍衛親軍統領），改隸漢軍鑲黃旗，讓他在京閒居冷凍，以便就近觀察監視。而對臺政策部分，則將原屬福建水師的戰船予以燒毀，以向鄭氏傳達不戰而主招撫的善意。只在海澄（福建境內）設總兵（軍長）一員鎮守，並將之前鄭氏集團前來投誠的官兵，都分配到外省之地給田開墾。

你把施大人怎麼了…

上頭不是說要把他冷凍起來嗎？

施琅因兩次攻臺都失利，被清廷懷疑其忠誠度而遭到冷凍

天災釀禍

今年六月，莒縣、郯城一帶發生大地震，傳出沂水（皆山東境內）出現直徑達數丈的超大地洞的災情，而各處人民的傷亡情形亦十分慘重，僅郯城馬頭鎮內的死傷便高達數千人。由於此次強震所成之災波及數省，破壞的狀況前所未聞，中央已命戶部（財政部）詳議，速往各災區分別蠲賑。禍不單行的是，七月二十五日江南的鎮江、丹徒（皆江蘇境內）也跟著地震，城內被震裂的牆屋可說是無以計數，許多災民流離失所。到了八月底，順天府（河北境內）轄下的數十個州縣又傳出水災，造成許多的房屋倒塌。一連串的天災，已令中央政府感到頭痛不已。

官方曆法錯誤百出　傳教士重回欽天監

在一六六五年湯若望（Johann Adam Schall von Bell）、南懷仁（Ferdinand Verbiest）等傳教士，因楊光先的劾奏而離開欽天監（中央天文台）之後，推算曆法的工作就由一批不是很懂天文星象的官員所負責。雖然湯若望於隔年便以七十六歲的高齡因病辭世，但南懷仁等人仍舊秉其遺志，繼續留在中國為傳教及曆法努力。去年（一六六八年）底，南懷仁便上疏指出欽天監副（天文台副台長）吳明烜所推算的曆法有種種錯誤，包括將明年的元月推算成今年的閏十二月，另外還有一年之中出現兩次春分、兩次秋分等種種情形的差誤。康熙帝玄燁（清

「彗星撞地球」、「2012」、「世界末日」、「地球毀滅」…說，你這些資料是怎麼推算出來的…

稟皇上…其實都是從電影上看來的啦…

不具專業水平的欽天監官員因在曆法推算上的種種錯誤而遭到革職，由之前被鬥下台的外國傳教士南懷仁接下推算曆法的任務

聖祖）覽奏後，命議政王大臣會議討論此事，但因曆法屬專門學科，與會的政府高層難以判定是非，所以又命圖海等二十名官員，會同南懷仁、吳明烜等，於今年元月一同前往觀象台測驗。結果立春、雨水、太陰、火星、木星等項，與南懷仁所指完全符合，吳明烜所稱則全盤皆誤。於是康熙便下令將欽天監正（天文台長）楊光先革職，並將康熙九年（一六七〇年）的曆法交由南懷仁負責推算。

皇上！鰲拜在聖駕前私藏利刃，要將他拿下嗎？

嘿嘿…

不…不用了，這小事一件…沒關係…

鰲拜臥床私藏利刃　玄燁探視不敢吭聲

　　由於康熙帝玄燁（清聖祖）與輔政大臣鰲拜之間的矛盾越來越表面化，讓目前在實際權力上仍占絕對優勢的鰲拜也有了一些小動作。五月初，鰲拜便以生病不適為由拒絕上朝，並請玄燁到家中去探視他。只是當玄燁進入其臥室之後，皇帝的貼身侍衛便發覺鰲拜神色有異，立刻一個箭步衝到鰲拜床前，將席子掀開，赫然發現藏著一把利刃。當時房間內外滿是鰲拜的手下，而其本人又以武藝超群著稱，當侍衛準備拔刀擒下鰲拜之時，玄燁但見鰲拜老神在在，似乎早有準備，於是便喝令侍衛退下，不以為意的表示說：「刀不離身乃滿洲故習，沒什麼好大驚小怪的。」

然後若無其事的慰問鰲拜，成功的化解了一場危機。一般認為，就現實面來看，這整起的事件根本就極有可能是鰲拜所設下的圈套，用以試探玄燁內心真實的反應。倘若玄燁當場便要侍衛拿下鰲拜，那表示其對輔臣擅權的不滿之心早已積怨多時，則鰲拜必定痛下殺手發動流血政變，以免日後慘遭清算。資深政治評論家指出，從這次玄燁吭也不敢吭一聲的反應看來，除非他有著過人的智慧及堅毅，懂得暫時隱忍並暗中謀求於適當時機反擊，否則鰲拜似乎可以繼續高枕無憂的以輔政大臣的身分，仍然將康熙帝的權力架空並當成傀儡般一直操弄下去了。

驚天一搏 天地逆轉 少年天子了得 康熙智擒鰲拜

根據清廷高層傳出的最新消息，權傾一時、把天子踩在腳底下的權臣鰲拜，在日前入宮面聖時，已經意外遭到康熙帝下令當場逮捕，同陣營的黨羽也立即遭到直屬皇帝的親軍侍衛壓制拿問。這場皇帝與權臣之間的政治角力一瞬間完全逆轉，由一路居於劣勢的玄燁（清聖祖）取得完全勝利。據記者深入了解，年僅十幾歲的玄燁雖然對鰲拜的行為早已無法忍受，不過在之前鰲拜藏刀的事件當下，卻沒有因見獵心喜而魯莽行事，反倒是表現了超齡的智慧及反應以化解了危機，而是在回到宮中之後，才立即採取行反制。以下棋為名，召見剛自請解除吏部侍郎（文官考核任免部次長）職位、回任一等侍衛的索額圖（前輔政大臣索尼之子），密與討論應變之策。根據索額圖事後轉述，因顧慮鰲拜勢大難以制伏，康熙帝認為若直接下令司法單位拿問，恐怕將激生事端。於是便召集了侍衛中一批年少有力的親信，讓他們在宮中練習布庫（摔角），即使大臣入宮奏事時仍不叫他們迴避。時間久了，鰲拜也習以為常，認為玄燁的個性懦弱且好嬉貪玩，即使遇到上次的衝突事件也不敢正視面對，只是成天沉迷在與侍衛們玩布庫的遊樂之中，於是便漸漸對玄燁沒了戒心。五月十六日當天，正好是鰲拜預定入宮晉見之日，在鰲拜來之前，玄燁就先召集了這批年輕侍衛進入，與他們搏感情，問說：「你們都是我最親近的人，但是你們到底是畏懼我還是畏懼鰲拜？」小夥子們對於皇帝這般的真心對待，一時都熱血湧上，齊聲回答說：「我們當然只畏懼皇上。」玄燁接著便細數鰲拜諸多可惡之處，激起侍衛們同仇敵愾之心，然後要他們等鰲拜入見時奮力擒之，必有重賞。於是當鰲拜隻身入宮時，便被一湧而上的侍衛們牢牢抓住擒捕於地。事成之後，玄燁立刻下令親軍侍衛擒捕鰲拜黨羽，連同從來沒替皇帝講過半句話的遏必隆都一併拿問，並革去太師及公爵頭銜。諸臣見鰲拜倒台，立刻都變成支持皇帝的一方，於二十八日議政王大臣會議上，將鰲拜以重罪三十款定論，議將其處以革職立斬、親子兄弟亦俱斬、家產籍沒之刑。後來康熙帝裁示，以鰲敗效力年久，僅處以革職、籍沒家產、拘禁的處分。隨後又重懲其同黨之人，但對於曾經行賄鰲拜的諸位官員，則予寬宥以維持政局的穩定，並表示將為那些曾受鰲拜打擊的大臣平反。

不公平！

康熙特訓的布庫少年出奇不意的制伏鰲拜

圈地弊政 永行禁止

TIME

康熙
智擒鰲拜

永禁圈地
各界支持率攀升

在剷除了心腹大患鰲拜之後，康熙帝玄燁（清聖祖）於六月，下令將已經延續了二十多年，不知造成多少百姓衣食無資、流離困苦的圈地惡政，永行禁止。並要求如果是今年剛剛圈的地，必須全數歸還民間。此項詔令，已諭戶部（財政部）立刻實行，務使人民今後能在自己的土地上，安安穩穩的從事耕作，不再擔心哪一天田產突然被圈走，努力了一輩子的成果瞬間化成泡影。康熙此項政策，已經獲得民間及學界的一致好評，施政滿意度快速攀升。

皇帝行獵巡歷 嚴禁私派擾民

十月時，康熙帝玄燁（清聖祖）赴南苑行圍獵鹿，但卻聽聞竟有地方官員以皇帝御用為名，對民間強徵人力、物資及銀兩，其實卻是貪肥入己，中飽私囊。於是便下喻警告所有官員，說巡歷途中所有的物資，除了一小部分政府部門所撥馬匹需要菽豆之外，其他根本都是由京城負責提供，不需再向地方或民間加派。以後如果再有以此為藉口，私派民間，苦累小民者，一律由司法單位嚴加重懲。如果有官員知悉卻不上報檢舉者，事發後亦將一併治罪。

第 五 章

平定三藩　天下一統

（西元一六七〇年～一六八三年）

廢而復設　內三院再成內閣　滿漢品級歸一致

由於之前鰲拜等守舊派輔臣專政時，對於漢人因受到重用，而幾乎與滿人平起平坐的情形感到十分不滿，尤其是對一六五八年時順治帝福臨（清世祖）將滿漢官員的品級劃一，又學漢人的制度把內三院（內國史院、內秘書院、內弘文院）改稱內閣（皇帝高級秘書顧問處），並增設翰林院（職掌修史編書、文詞翰墨、皇室侍講的核心官員儲備所）

的措施，更是不能接受。於是就硬是把這些恢復成舊制，同時造成許多漢籍官員心中多有不滿。現在，鰲拜垮台了，康熙帝玄燁（清聖祖）也決定再一次將滿漢官員的品級劃一，不要再有明明是占同樣的職缺，但品級卻不相同的不公平狀況出現。同時也將內三院再度改為內閣，並重設翰林院，讓整個政府的運作可以更加的順暢。

監禁多年　傳教士終得平反

之前因一六六五年的「曆獄」事件而被押往廣州（廣東境內）的二十五名傳教士，因湯若望（Johann Adam Schall von Bell）等人的罪名已被平反，終於重獲自由。在中央政府的命令下，已經將這一批傳教士解送回京，其中有天文曆法專長者仍繼續留京供職，其餘的傳教士則獲准前往其他省分進行傳教的工作。

你們可以繼續去傳教了…

感謝主

因曆獄事件被拘禁在廣州多年的傳教士終於獲得平反

平西王吳三桂不但手握重兵、稅金不必上繳，還自鑄「西錢」流通，儼然已經成為一獨立王國

吳三桂兵強馬壯　儼然一獨立王國

　　雖然在一六六七年的時候清廷已經正式收回了吳三桂的「西選」之權，但其實他的親信黨羽早就都已經分置在滇黔的各軍政要位上。加上吳三桂自引清兵入關以來，多年征戰，四方精兵多歸其部，實力已不容忽視。據統計，平西王手下所領的本部兵馬共有五十三佐領，計甲兵一萬餘人，又有綠旗兵十營一萬二千人，另加四鎮丁口十萬。同時又自鑄西錢流通，不但壟斷轄內鹽井金銅礦山之利，還與西藏蒙古互市，每年進口數千匹戰馬，儼然已成為一獨立王國。若再加上平南王尚可喜、靖南王耿繼茂各有八旗漢軍十五佐領、綠旗六千餘人的實力，三藩的力量，已對大清王朝的穩定造成了極嚴重的威脅。

靖南王耿繼茂去世　長子襲爵續鎮福建

　　為清廷立下許多功勞的靖南王耿繼茂，年初時因病情日劇，便在皇帝的許可下，將軍務全都交由長子耿精忠掌理。五月時，已經將一切安排妥當的耿繼茂果然去世，而清廷仍以耿精忠襲其靖南王的爵位，並命其繼續鎮守福建。

中央大刀闊斧祭改革　大計懲處九百零八官

大清政府這次大刀闊斧汰除不適任官員的行動，已普遍獲得各界的讚賞

　　康熙帝玄燁（清聖祖）在真正的親自掌權後，便不斷的注意各項施政問題，同時致力於吏治的澄清。資深分析師認為，玄燁雖然年紀尚輕，但行事作風卻有遠大的格局、全方位的思考以及縝密的計畫。今年，玄燁就趁著元月「大計」（地方官員考核）的機會，一口氣將九百零八個不適任的官員，分別給予降調革職的處分。其中被評為「貪酷」的官員有十人、「貪」者一百一十九人、「酷」者四人，皆革職拿問。「疲軟」（庸懦無能）者八十五人、「不謹」（行為不檢）者一百二十一人，俱革職。「年老」者二百三十五人、「有疾」者一百三十八人，則是被勒令強迫退休。「才力不及」者一百四十人，降兩級調用。「浮躁」者五十六人，降一級調用。中央政府此番汰除不適任官員的行動，已經獲得社會大眾普遍的讚賞，將有助於整體施政滿意度的提升。

康熙東巡祭祖　諭令嚴防羅剎

今年九月，康熙以寰宇一統之故前往奉天（遼寧境內）告祭太祖太宗山陵。聖駕一行於十九日行至盛京（瀋陽，遼寧境內），在先後謁福陵（努爾哈赤陵墓）、昭陵（皇太極陵墓）之後，於二十三日賜宴盛京將軍（盛京指揮官）以下的文武官員，同時並召當地八十歲以上的耆老同

康熙皇帝在東巡祭祖時，還特別召來八十歲以上的耆老歡聚暢飲

來歡聚暢飲。另外，又分賜銀兩召賞那些傷老病退的士卒及現役官兵，還發了二萬兩白銀給寧古塔的兵丁做為獎勵。而皇帝帶來的紅包其實還不只於此，不但豁免了山海關至奉天府所屬地方兩年的正項錢糧，又下令大赦奉天、寧古塔地區犯人，將其中除了犯十惡死罪者之外，其餘已結或未結之死罪均減等，軍流徒杖等罪則盡皆寬免。不過在大灑紅包的同時，康熙仍然沒有忘記邊防軍務的重要，尤其是對於近年來羅剎（俄羅斯）屢犯邊境一事，更是十分在意。還特別諭令寧古塔（黑龍江境內）將軍（寧古塔指揮官）巴海，應時時加緊操練兵馬，整備軍需器材，並嚴加防範羅剎惡寇的入侵。而皇帝一行人在觀看完來朝之蒙古王及諸貝勒等的射箭演練後，已於十一月三日返抵京師。

逃人又犯竊盜搶劫者 兩罪中擇一重者論之

由於清軍入關後，許多的漢人在被俘或投充的情況下，成了八旗底下的家奴而日夜飽受凌虐，最後終於因不堪忍受痛苦而逃亡。其中有許多的逃人因生活無以為繼，只好犯下了竊盜、搶劫等罪刑，使得社會治安受到嚴重的影響。而遭到拘捕者，卻常常因為兩罪併罰的刑責過重而導致死亡。於是康熙帝玄燁（清聖祖）在都察院（中央監察院）左都御史（監察長）多諾的上疏建議之下，同意更定「逃人治罪條例」。規定今後凡是逃人又犯有竊盜、搶奪之罪者，應按「刑律」之中「兩罪俱發以重者論之」的規定，只從一科斷。依一六五四年「逃人法」的規定，前兩次被緝獲的逃人，必須接受鞭一百的責罰。所以從今日起，凡是竊盜搶劫部分也是應該鞭責一百下的，由刑部（司法部）執行，鞭完之後枷號，並在臂膊刺字，轉送兵部（國防部）督捕衙門（專責緝捕逃人部門）之後，便不再鞭打，只在面上刺字。但如果竊盜部分的刑責低於鞭一百者，則刑部不執行刑罰，只在臂膊上刺字，然後送交督捕衙門鞭責一百，並於面上刺字。

道士求賜觀號　遭到康熙拒絕

今年二月，在康熙帝玄燁（清聖祖）陪祖母太皇太后（孝莊后）前往赤城（河北境內）泡溫泉時，發現有一道士跪在路旁。原本還以為他是受了什麼天大的冤屈，才會冒著驚擾聖駕的風險前來告御狀。結果，此道士一開口先拍了一頓馬屁之後，便接著說：「臣廟在金閣山，離此三十里，名靈真觀。今遭逢聖主，請另賜名號，以為光寵。」才知道原來是來幫自己的道觀求取御賜名號的。於是玄燁便對左右近臣說：「此道士妄干僥倖，求賜名號，為的是要蠱惑愚民，藉著我的名義招搖斂財。以後凡有這種求賜觀廟名號，或要求合照的情形，一概不准。這種行為本應處治，此次姑從寬宥，以後若再敢妄行，決不饒恕。」於是便把這道人給打發走了。這件事也成了此次溫泉之旅的小插曲，接著康熙帝又召來地方官員詢問百姓的生活狀況之後，聖駕一行於三月底返抵京城。

清廷只撫不剿　鄭氏恢復活動

據本報外派福建記者所傳回的消息顯示，自從一六六八年清廷將力主攻臺的施琅內調京城擔任內大臣（侍衛親軍統領），同時盡撤水師，並將對臺政策改剿為撫之後，原本已從金、廈（福建境內）被徹底掃除的鄭經勢力，又開始有逐漸恢復的跡象。不但在去年（一六七一年）八月間，又再度進占沿海島嶼，今年六月間又派人到福建進行秘密活動，帶著印信、書札暗中與黨附者聯絡。雖然後來因為消息走漏，相關涉案人員都遭到大清政府查獲問斬，但分析師也提出警告，認為這起事件雖然結案，但並不代表鄭氏在福建一帶的活動會就此告終。如果清廷再不能提出有效的政策，或加強水師在海面上之巡緝能力的話，那往後鄭軍騷擾、潛入的事件，只怕還是會層出不窮。

清廷對臺的政策改剿為撫之後，鄭氏集團軍在福建的活動又有死灰復燃的跡象

你這不孝子，才剛把事業交給你，就翻臉不認人了

滾！死老頭！你已經沒有利用價值了，再囉唆就叫你去賣玉蘭花

平南王長子尚可喜長子尚之信在接管了父親的兵馬之後，立刻露出卑劣殘暴的真面目

不堪長子凌虐 尚可喜請歸老遼東
正謀削減三王 清政府令撤平南藩

年事已高的平南王尚可喜在一六七一年底因患病不適，所以讓長子尚之信回廣東暫管軍務。但這可能是尚可喜這輩子所做過最後悔的一個決定，因為尚之信接管了所有的兵馬、事業之後，就露出了驕橫殘暴的個性，不但苛待部屬人民，連自己的老爸也不放過。反受其制的尚可喜悔不當初，痛恨自己為什麼在一百三十幾個子女當中，偏偏要把棒子交給這背信逆父的傢伙。後來在幕僚的建議之下，便上疏歸老遼東，讓他可以只帶著兩佐領的甲兵及藩下閒丁，並家口四千三百九十四家、二萬四千三百七十五人遷移遼東，以藉此脫離仍留戍廣東的尚之信。而於此同時，正因三王勢力日益坐大，而苦思解套之法的大清中央，在收到尚可喜的請求後，認為剛好可藉此削除三藩潛在的危機，於是便在三月二十七日准允尚可喜歸老遼東之請。但又認為如果尚之信仍留廣東，將造成其藩下官兵父子兄弟宗族分散兩地之情形，所以同時又命平南藩下十五佐領及家屬兵丁都應一併遷移，只留藩下左右兩鎮六千名的綠旗官兵撥交廣東提督（廣東軍區司令）管轄。

耿精忠吳三桂跟進　康熙下令再撤二藩

平西王吳三桂、靖南王耿精忠見尚可喜疏請撤藩獲准後，都被這突如其來的變化給嚇了一跳，為了避免落人口實，於是也只好先後跟進上疏奏請撤藩。其中耿精忠的奏疏先至，因為影響層面不大，所以清廷很快就在七月二十八日降旨，撤去靖南王藩下十五佐領官兵，並同時遷移所有家口。隨後，平西王吳三桂自請撤藩的奏疏亦接著到京，但因雲南、貴州盡在其控制之下，事關重大，所以在議政王大臣會議中，還為此進行了一番的激辯。其中兵部尚書（國防部長）明珠、戶部尚書（財政部長）米恩翰、刑部尚書（司法部長）莫洛等一派，認為應借此機會削去吳三桂的勢力以絕後患，所以主張將平西王及其所屬官兵家口均行遷移至山海關外安插，雲南防務則另派滿洲官兵戍守。大學士（皇帝高級秘書官）圖海等另一派，則認為吳三桂並

老闆一定會慰留我們，然後大幅度加薪…嘻

總經理，既然尚副總辭職了，那我們倆也要請辭，除非公司…

哦…兩位副總也要辭職啊，好吧！准了

原本以為康熙會降旨慰留的吳三桂，沒想到撤藩之請竟然獲准

非真心自請撤藩，此舉只在試探朝廷之態度，若一旦准其所請的話則吳三桂必反。所以應當仍令平西王鎮守雲南，以安其心。最後康熙帝玄燁（清聖祖）裁示說：「吳三桂等蓄謀已久，今若不及早除之，等到他坐大成為禍患就難以善後了。更何況其勢已成，撤亦反，不撤亦反，不如先發制人。況且其子額駙（皇太極十四女之夫婿）吳應熊尚在京師，吳三桂也或許有不反之可能。」於是在八月二十四日，正式下達了要平西王吳三桂撤藩的諭令。

耿精忠密謀反清　暗勾結鄭經勢力

老大，有警察找你

警察！是來抓我的嗎？

不！好像是要來入彩的…

靖南王耿精忠在接獲撤藩通知後，竟疑似暗中與鄭經聯絡密謀叛變

　　根據本報記者獨家取得的資料顯示，靖南王耿精忠在得知清廷竟毫不慰留的准其撤藩之請後，已經決定發動軍事叛變。但因恐附近諸州縣不服其決定，而演變成勢單力孤的絕境，於是便派遣密使前往臺灣與鄭經商議。開出以漳、泉二府（皆福建境內）之地為謝禮的條件，邀請鄭經以舟師由海上出擊江南，而他自己則親統大軍向浙江進發。目前臺灣方面似乎已經接受了這樣的提議，鄭經已經親領為數可觀的艦隊及水師兵力，前進到澎湖一帶準備接應耿精忠的行動。不過，靖南王府面對記者的求證，已經嚴正的駁斥了此一說法，還揚言對本報提出控告。而在大清中央政府尚未知曉耿精忠的叛變行動之際，是否能做出正確的布局及安排，將是接下來值得觀察的重點。

政府再寬逃人法

　　由於每年逃人的數目都有數千人之多，衍生了許多的社會問題，所以在兵部（國防部）督捕衙門（專責緝捕逃人部門）奏議下，中央政府下令放寬部分的逃人規定。其中若逃人在外娶妻所生之女已經聘嫁者，則不許拆散，亦不必向其夫家追討銀兩予逃人之主。又逃人年紀在十五歲以下者，亦免去逃三次即予以處死之刑罰。

吳三桂稱周王叛清　朱國治遭開膛慘死

平西王吳三桂在十二月一日，終於與清廷攤牌，正式宣布舉兵叛清。其實一開始吳三桂還很有自信的斷定中央應該會對其自請撤藩之議予以慰留。但沒想到收到詔書時，卻是准其撤藩的無情打擊。於是便佯稱將於十一月二十四日開始撤藩，但私底下卻與所部吳應麒等人密謀，私鑄印信、禁遏郵傳，所有人馬、信息只許入不許出。並找來滇黔兩省的要員前來議定反清之事，其中雲南提督（雲南軍團司令）張國柱、貴州提督李本森等同意共同舉事。但之前因「哭廟」「奏銷」兩案得罪江南人士而快閃，被革江寧巡撫職後又復為雲南巡撫（雲南區司令）的朱國治，以及按察使（地方監察官）李興元、雲南知府（雲南府行政首長）高顯辰等卻嚴拒不從。其中朱國治不但拒絕同流叛清還回嘴罵得最凶，於是吳三桂便將其開腸剖肚，然後把屍體盡分給士兵為食，以做為警惕。當一切準備妥當之後，吳三桂便召開記者會，自稱「天下都招討兵馬大元帥」，國號「周」，並以明年為周王昭武元年，鑄「利用通寶」錢，自立門戶。下令部屬皆蓄髮易服，改旗幟為白色，步騎兵士都以白毡為帽。同時傳檄四方及平南、靖南二藩，以及舊部親信，號昭天下之士共舉叛清大旗。隨後親統二十萬兵馬閃電抵貴州，貴州巡撫曹申吉不戰而降，雲貴總督（雲南貴州區總司令）甘文焜則在力拚不敵後自縊身亡。

吳三桂宣布蓄髮易服，以周為國號，正式舉兵叛清

今天起，我們改留長髮、換戴白帽，正式與清廷對抗了！

哇！老闆的頭髮一夜之間就長回來了⋯

嘻⋯那是假髮吧

你戴錯了

不是換白色的帽子嗎？

京師傳出假冒故明朱三太子名義的武裝叛變事件之後，清廷已經立刻派兵強力鎮壓

假貨三太子欲起事 京師八旗兵強鎮壓

　　天子所在的京師日前竟驚傳出故明朱三太子欲舉兵謀反的事件，清廷在接獲密報之後，已迅速派兵將可疑人犯都逮捕處死，但主嫌目前仍是在逃之中。其實，民間反清團體已多次借用明崇禎帝三太子朱慈炯的名號舉事，此次也不例外，主要策畫者經過調查之後，根本不是什麼太子，而是一個名叫楊起隆的反清人士。原本楊起隆等人已經在京師號召了為數不少的反政府人士，並約定以舉火為號，相約起事。但當其徒弟陳益約了二三十人，聚在其家主周公直家中準備時，被周公直所發現，於是便立刻到都統（固山額真，旗指揮官）祖永烈處予以告發。清廷聞訊之後，馬上派兵部尚書（國防部長）明珠、都統圖海、祖永烈等率兵圍捕陳益等人，並廣為搜查。最後被緝獲並處死者多達二百零三人，但主嫌楊起隆則是趁機脫逃。

康熙調動大軍　與吳正面對決

清廷在得知吳三桂舉兵叛變的消息後，舉朝上下為之震驚，大學士（皇帝高級秘書官）索額圖等更認為都是因為撤藩，所以才激起劇變，所以奏請誅殺當初主撤之人，以便平息並安撫吳三桂。但是康熙帝玄燁（清聖祖）卻說：「撤藩本出自朕意，與他人何罪。」認為事情已發展至此，再也無法避免，決定直接面對此一挑戰。於是立刻下令整飭八旗軍旅，於十二月二十一日，命前鋒統領碩岱由京城八旗中，每佐領轄下抽調前鋒一名組成任務部隊，先行兼程趕往荊州，並進據常德（湖南境內）以扼阻吳兵之勢。次日，又下詔停撤平南、靖南二藩，以免橫生枝節。同時命孫延齡為廣西將軍、線國安為都統（固

山額真，旗指揮官）固守廣西，西安將軍（西安指揮官）瓦爾喀則兵進四川，堅守入川之險隘。二十四日，任命多羅順承郡王（第二等爵位）勒爾錦為寧南靖寇大將軍，調八旗滿洲、蒙古每佐領前鋒一名、護軍七名、驍騎十名、漢軍每佐領驍騎各五名，組成征討大軍前赴荊州，以扼住吳三桂北上之咽喉。隨後，諭令諸位議政王大臣：「大軍遠征楚蜀，若援兵自京城出發，恐怕一時之間難以到達，就算到了也是已經士馬疲勞。所以應當以袞州、太原等地的駐防部隊，就近發兵駐防、秣馬以待，一聞警訊便可即時策應。」然後拘禁吳三桂之子吳應熊，削去吳三桂平西王的爵位，準備與其正面對決。

康熙下令拘禁吳三桂長子，並調動大軍準備與吳三桂展開正面對決

清軍受命陸續出發
邊境駝馬交易免稅

年初，當家家戶戶還在過年的時候，康熙帝玄燁（清聖祖）便已令安西將軍都統（固山額真，旗指揮官）葉赫率師趕赴四川。出發前康熙帝還特別交代沿途務必秋毫無犯，嚴禁侵擾百姓。不久，又命滄州、順義（皆河北境內）等十處駐防的滿兵往德州（山東境內）集中，由鎮南將軍都統尼雅翰率往袞州（山東境內）與副都統（梅勒章京，旗副指揮官）馬哈達軍會合。然後再分兵為三，留副都統根特、巴圖魯駐袞州，尼雅翰進安慶（安徽境內），馬達哈則到由安慶後再轉江寧（江蘇境內）協防。又因戰事需用駝馬，所以諭令戶部（財政部）凡蒙古駝馬進張家口（河北境內）、殺虎口（山西境內）貿易者，自今日起至九月，准予免課其稅。

吳三桂軍兵鋒難擋
西南半壁情勢危急

去年（一六七三年）底，吳三桂派兵進入貴州之後，便以貴州提督（軍團司令）李木深為貴州總管大將軍留駐該地，然後繼續向東推進，隨後大軍攻陷沅州（湖南境內），清軍總兵（軍長）崔世祿兵敗被俘。今年，吳軍兵鋒仍然是銳不可當，兩軍未戰，便嚇得偏沅（貴州偏橋、湖南沅州）巡撫（偏沅區司令）盧震棄長沙（湖南境內）而走。清廷只好急調都統（固山額真，旗指揮官）朱滿的部隊赴武昌（湖北境內）於岳州（湖南境內）以北補防，並命其將盧震逮捕處死。不久，又傳出四川巡撫羅森、提督鄭蛟麟、總兵官譚弘、吳之茂等將領陸續降吳，以及常德、澧州、衡州、岳州（皆湖南境內）等地相繼陷落的消息。另外，廣西將軍（廣西指揮官）孫延齡也自稱「安遠大將軍」起兵而反，據陽朔、陷平樂（皆廣西境內），使得整個戰況對清廷十分的不利。除了平西王原本就據有的雲南、貴州之外，陝西、湖南、湖北、廣西等地的情勢都已是岌岌可危。同時，吳三桂又與西藏通商，以茶易馬，並煽動雲貴少數民族出兵助戰，聲勢可說是如日中天。

吳三桂這球又深又遠…
出去了，又是支紅不讓！！

……

清軍各處部隊續到位 建置軍情快速傳遞網

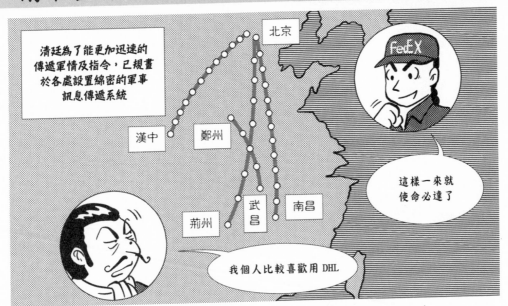

鑑於對戰情勢日趨險峻，清廷又於不久前發布了新一波的軍力調撥，以防堵吳軍的殺傷力繼續擴大。首先是以都統（固山額真，旗指揮官）席卜臣為鎮西將軍力守西安，以接應入川的大軍。然後命原來駐防在西安的副都統（梅勒章京，旗副指揮官）科爾坤、吳國楨轉赴漢中（皆陝西境內）協防。不久，又令已至安慶（安徽境內）之都統尼雅翰轉往武昌（湖北境內）、長沙（湖南境內），僅留下一部分兵力駐守原地。二月底的時候，命武英殿大學士（皇帝高級秘書官）刑部尚書管兵部尚書事（司法部長兼管國防部事務）兼都察院右副都御史（中央監察院監察長）莫洛經略陝西，駐軍西安（陝西境內），會同當地的將軍（指揮官）、總督（總司令）主持軍務，以阻截吳軍進窺西北之路，並要求當地巡撫（地區司令）、提督（軍團司令）

以下的官員都聽其節制。同時，由於吳三桂兵團已經進犯江西，所以又讓留駐袞州（山東境內）之副都統根特率軍往南昌（江西境內），駐江寧（江蘇境內）之副都統馬哈達則移駐安慶（安徽境內）以為防堵。另外，為了能迅速傳遞軍情及指令，特別命諸路用兵處每四百里設筆帖式（辦事文官）、撥什庫（領催，文書庶務官）一名以馳奏軍情。規畫中，自京城至荊州設七個筆帖式，自鄭州（河南境內）至武昌（湖北境內）設三個，自真定（河北境內）至漢中（陝西境內）設十個，自京城（河北境內）至南昌（江西境內）則有十一個。一般認為，此一系統於近日內建置完成之後，軍情奏報的速度一日夜將可達千餘里。有助於中央政府對各地戰況的即時掌握，使得各地的軍力更能有效運用，讓康熙帝運兵於千里之外。

—— 靖南王耿精忠叛變　東南之地宣告淪陷 ——

就在三月初清軍奮力擊退水陸進犯彝陵的一萬多名吳軍，並迫其敗退宜都之後不久，就又傳出襄陽、鄖陽（皆湖北境內）的清軍叛變的消息。但更讓清廷頭痛的是，在福建一帶擁有重兵的靖南王耿精忠，竟也於三月十五日，自稱「總統兵馬大將軍」起兵反清。耿精忠在拘禁了不願屈附的福建總督（福建區總司令）范承謨後，移檄各縣蓄髮易服，又鑄「裕民通寶」錢，控制了福建全境。同時分兵三路北進，以總兵曾養性出東路，進據浙江之溫州、台州、處州。以總兵白顯忠出西路，據江西之廣信、建昌、饒州，以都統馬九玉出中路，據浙江之金華、衢州。然後遣使至雲南約吳三桂攻江西江南、約潮州總兵劉進忠擾廣東，又開出贈與全閩沿海戰艦之優厚條件，復請鄭經出兵會師。使得清廷不僅西南部告急，連東南部也陷入叛軍割據的局面。

清軍分堵兩王　三桂之子遭絞

由於各地鋒火繼起，清廷不得不加緊補強各地的防線，並一一擊退來犯之叛軍。三月底，先調駐守南昌（江西境內）的副都統（梅勒章京，旗副指揮官）根特率部前往截擊進犯江西的吳軍。同時增兵襄陽（湖北境內），又令平南王尚可喜與兩廣總督（廣東廣西總司令）金光祖固守兩廣。在都統（固山額真，旗指揮官）鄂鼐擊敗由宜都分乘三百餘艘船進犯彝陵（皆湖北境內）的吳軍後，又令都統喇哈達為鎮東將軍，由京城八旗的滿洲、蒙古兵中，每佐領抽調驍騎一名，會同及二千蒙古兵進駐袞州（山東境內），以補移防江西之袞州軍缺口。四月時，因收到耿精忠進兵浙江的消息，又命副都統胡圖、馬達哈率所部自江寧（江蘇境內）增防杭州，命安南將軍華善也分兵一路赴杭，並全撥歸平南將軍都統賴塔指揮。接著，再命駐守懷慶（河南境內）之內大臣（侍衛親軍統領）阿密達為揚威將軍，率領由八旗每佐領抽驍騎二名、以及京城包衣佐領（隸屬於皇室貴族的家奴總管）兵一千、併原駐安慶（安徽境內）的部分官兵一同增防江寧（江蘇境內）。至於被北京拘禁的吳三桂之子吳應熊、孫吳世霖，則已於四月十三日處以絞刑，其餘幼孫則都被發配為奴，而許多被連坐者也都被分別予以正法。

爸…為什麼我們要來這麼冷的地方？

哎…沒辦法，都是你爺爺大頭症發作

吳三桂長子及其孫遭到清廷下令絞死

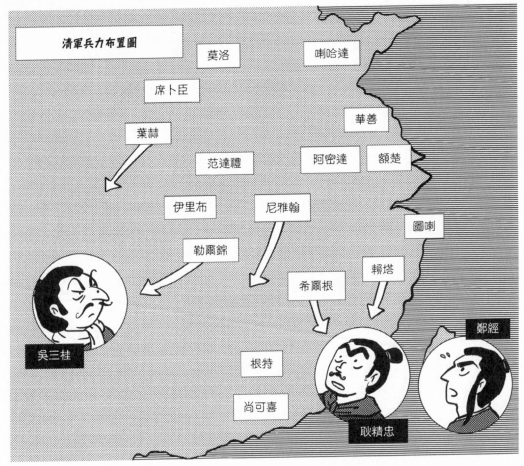

清軍兵力布置圖

莫洛
喇哈達
席卜臣
華善
葉赫
范達禮
阿密達
額楚
伊里布
尼雅翰
圖喇
勒爾錦
賴塔
希爾根
吳三桂
鄭經
根特
尚可喜
耿精忠

　　據本報記者所獨家取得的資料顯示，依清廷目前的戰略規畫，寧南靖寇大將軍多羅順承郡王（第二等爵位）勒爾錦等大軍，將由澧州（湖南境內）進攻雲南、貴州。鎮南將軍都統（固山額真，旗指揮官）尼雅翰等，則由武昌（湖北境內）進取岳州、長沙（皆湖南境內）之後，再直接進入廣西。都統伊里布、都統范達禮等所率領的部隊，則分別駐守在彝陵、鄖襄（皆湖北境內）。安西將軍都統葉赫及西安將軍（西安指揮官）瓦爾喀等部，則取道漢中（陝西境內）進圖四川。副都統（梅勒章京，旗副指揮官）吳國楨等

駐漢中、鎮西將軍都統席卜臣等守西安，尚書（部長）莫洛則經略陝西地區的大軍居中調度。鎮東將軍都統喇哈達等駐山東、河南、江南要地、安南將軍華善等同鎮海將軍駐京口（江蘇境內）。揚威將軍內大臣（侍衛親軍統領）阿密達等同江寧將軍（江寧指揮官）額楚等守江寧（江蘇境內）、安慶（安徽境內）等沿江險要。平南將軍都統賴塔由浙江進兵福建、浙江將軍（浙江指揮官）圖喇駐杭州兼防海疆。定南將軍希爾根等由江西進兵福建、平寇將軍副都統根特赴廣東，會平南王尚可喜一同進兵。

耿鄭翻臉
互奪地盤

原本耿精忠起兵叛清時，便曾修書商請鄭經率水師渡海助攻。只不過當鄭經的部隊抵達廈門（福建境內）之後，耿精忠見其兵力不滿二千，船艦不過百隻，便又背信毀諾不屑與之聯合。耿精忠還通告沿海邊界，要求寸板不准下海，禁絕與鄭軍之所有往來，並以輕蔑的口吻要鄭經不必多作妄想。鄭經遭此玩弄之後，心中甚是憤怒，便暗中與吳三桂聯絡，然後引兵攻陷同安（福建境內），正式與耿精忠翻臉。但耿精忠的倒楣事還不只於此，七月時因平南王尚可喜出兵攻擊潮州（廣東境內），耿精忠的部將劉進忠在無法抵抗又求助無門的情況之下，只好轉而向鄭經求援。於是鄭經派遣舟師出兵援助，劉進忠因此歸附到鄭經麾下，潮州現在也已為鄭經所有。

耿先生，披薩送來了…

我忽然覺得你們的料太少，不訂了，你拿回去吧…別想跟我收錢

原本請鄭經渡海助戰的耿精忠，一見鄭軍兵少又起反悔之意，拒絕讓鄭氏的部隊登上陸地

皇后難產而死　早朝停止五日

大清皇室於五月三日發布新聞稿，皇后赫舍里氏因難產，已於產下皇二子胤礽之後，逝於坤寧宮中，得年僅二十二歲。康熙帝玄燁（清聖祖）因過於悲慟宣布停朝五日，以為悼念，之後並將其諡為仁孝皇后（後改孝誠仁皇后）。

清軍四川岳州大捷
南懷仁奉命鑄新砲

近來政府軍頻傳捷報，先是安西將軍葉赫率兵自漢中（陝西境內）出兵，先破陝川邊境的七盤關，再破四川朝天關並斬敵七千餘名。隨後清廷又命多羅貝勒（第三等爵位）尚善為安遠靖寇大將軍，率兵往攻岳州（湖南境內）吳軍，再以和碩康親王（第一等爵位）傑書為奉命大將軍、固山貝子（第四等爵位）傅拉塔為寧海將軍平浙討閩，以多羅貝勒董額為定西大將軍，前往四川。七月，多羅貝勒察尼、鎮南將軍尼雅翰等部與敵吳應麒等七萬大軍戰於岳州城下，大敗敵軍，殲滅一萬餘人。為了能更加提升作戰力，康熙帝又命欽天監監正（中央天文台台長）南懷仁於一年之內，鑄造輕砲三百五十門以供清軍使用。據說部分造好的大砲，已於日前在盧溝橋進行試射，由於命中率極高，玄燁（清聖祖）還當場脫下身上所穿的貂裘賜給南懷仁做為獎勵。

■ 國家戰亂軍需孔急
暫開捐例以補不足

由於各地戰況緊急，各項軍需錢糧都相當吃緊，清廷只好暫開捐例以補軍餉之不足。其實之前政府就已開過捐助弓箭、鳥槍的前例，其中尚可喜之子尚之信便因捐弓一千張、箭一萬枝，而加少傅兼太子太保之銜。而每捐助十桿鳥槍的官員也可被記錄一次，五十桿則加一級。生員捐三十桿，閒散子弟捐四十桿，則准入國子監讀書。若是富民捐四十桿鳥槍，便可以有九品頂戴榮身。而這次所開的捐例，則是以現任官員捐銀二百兩或米四百石者記錄一次，三百兩或米六百石者記錄兩次，四百兩或米八百石者記錄三次，五百兩或米一千石者則可以加一級，進士、舉人等亦各依捐記錄加級。富民捐銀一百兩或米二百石給匾示旌，一百五十兩或米三百石給九品頂戴，二百五十兩或米五百石給八品頂戴。除貪贓失城、侵盜作弊、為惡害民及三品以上官員革職者不准納捐之外，依原官品級捐八百兩至一百五十兩不等者，照原品給予頂戴。進士、舉人被革去者，捐一百五十兩給九品頂戴，二百五十兩給八品頂戴。

YA！又可以升官囉

可以捐一點米給我嗎？

是要叫你們捐米給政府，不是要政府捐給你們，真是的

清廷為了應付龐大的軍事開銷，日前公布了捐助物資的獎勵辦法

戰情最速報 江西廣西勢危

　　由於耿精忠、吳三桂轄下的軍團都進犯江西，先後攻陷建昌、饒州、都昌（皆江西境內）等地，使得清廷不得不在戰略部署上重新做出調整，令原本要進兵福建的部隊先分兵進剿吉安、都昌。只是不久之後，便又因徽州、歙縣、祁門（皆安徽境內）等地亦接連失陷，而再令江寧（江蘇境內）駐軍進援安徽，然後調兗州（山東境內）八旗軍遞補江寧，兗州的空缺則另由京城派出八旗兵士補實。到了九月中下旬，中央又以和碩簡親王（第一等爵位）喇布為揚威大將軍，統率揚威將軍阿密達的部隊及江南八旗兵，駐守江寧以穩定江南地區，再以侍衛坤巴圖魯為振武將軍，率京城八旗兵駐河南汝寧，以和碩安親王岳樂為定遠平寇大將軍，率領部將南赴廣東。不過此時因為廣西提督（廣西軍團司令）馬雄、左江總兵（左江軍軍長）郭義先後叛於柳州（廣西境內），使得廣西全省均落入吳三桂之手。十月時，吳軍又兵分三路進入陝西，將寧羌（陝西境內）團團圍住，隨時都有陷落的可能。於是清廷便又立刻諭令經略陝西的莫洛火速進援寧羌，再讓副都統賽格於京城八旗兵中，每佐領抽調驍騎三名組成後備軍團進駐河南，以便於策應各處。同時，又命湖廣總督（湖廣區總司令）蔡毓榮率領綠旗兵往援岳州，目前整體的情勢看起來對清廷可說是備顯艱辛。

耿精忠前後受敵　各處戰守失利

耿精忠前後分遭大清及鄭經的軍隊痛擊，情況甚是狼狽

　　福建境內耿精忠與鄭經兩股反清勢力的交鋒日趨白熱化，耿軍的二萬步騎進攻泉州，在惠安與鄭軍對峙了十來天後爆發激戰，結果鄭軍大勝，耿軍落敗後只好潰奔興化（皆福建境內）。但敗給鄭經對耿精忠來說還不是唯一的打擊，他在江西的萬餘人部隊也被大清鎮南將軍尼雅翰所擊敗，南康（江西境內）得而復失，而就連強攻金華的五萬精銳部隊，也被清軍副都統（梅勒章京，旗副指揮官）馬哈達所擊敗，被殲二萬餘人，目前可說是處處失利。

陝西王輔臣叛變 莫洛中流彈氣絕
局勢牽一髮而動全身 清軍急動員遞進補防

就在各地軍情吃緊的同時，隨同莫洛大軍進援寧羌（陝西境內）的陝西提督（陝西軍團司令）王輔臣，竟於十二月初以馬疲缺餉為由集兵鼓噪，率領所部進逼莫洛的統帥大營。雖然莫洛在第一時間便遣使加以安撫，但王輔臣似乎是早有預謀，不待調解便立刻對清軍矢砲齊發。莫洛於倉皇之中雖然立刻親上火線督戰，卻不幸被鳥槍流彈給擊中而當場斃命，而其本部兵馬也因此四散奔逃，許多來不及逃走的

碰！

是！

哎呀！

不是跟你說要先瞄準嗎？這樣打得到才有鬼！除非那人衰到爆了…

陝西提督王輔臣叛變，混戰中清軍統帥莫洛竟被流彈擊中身亡

也全都棄械投降了。清軍其餘部隊突然遭此大變，在沒了統帥的情況下只好先行退守漢中。而王輔臣隨後則是進據略陽（皆陝西境內），並發表了一篇向吳三桂宣誓效忠的聲明。據聞，康熙帝玄燁（清聖祖）在得知此訊後極為震怒，一度想要御駕親征，後來在大學士與議政大臣（中央政治常務委員）們苦心進諫後才打消這個念頭。於是便下令從河南、襄陽（湖北境內）、荊州（湖南境內）等處調兵增防以確保陝西。同時，又考量到京城八旗禁軍調發過多，已經造成京防空虛。為免有變，只好從盛京（瀋陽，遼寧境內）調兵一千至北京補防，再調烏喇（吉林境內）兵七百至盛京，命寧古塔將軍（寧古塔指揮官）巴海抽派寧古塔（黑龍江境內）兵協守烏喇。同時又調蒙古鄂爾多斯部、歸化土默特部兵四千二百增防西安（陝西境內），諭兵部預派滿洲、蒙古兵準備救援秦中（陝西境內）一帶。在京城八旗兵中每佐領抽調三人星夜馳援西安，讓西安諸軍除了酌量留守者之外，其餘部隊立刻趕往定西大將軍董額軍前，以接應廣元、保寧（皆四川境內）前線的清軍退回漢中。同時，又傳諭駐守江寧（江蘇境內）之揚威將軍阿密達，率領駐河南之八旗兵齊赴西安，雲貴總督鄂善等則駐守興安（陝西境內），與襄陽（湖北境內）等處駐軍互相策應，以固保漢中。鎮南將軍尼雅翰部則協守廣東，牽制吳軍孫延齡部的軍隊。整個的布局可說是牽一髮而動全身，絲毫不能稍有輕忽。

■ 耿精忠新春送紅包 與鄭經達成大和解

原本輕視鄭經兵力的耿精忠，見其已據漳州、泉州（皆福建境內）、潮州（廣東境內）三府，兵馬強盛，且數度與之交戰皆獲敗績，便藉著賀年為由，派員向鄭經問候，並贈予大戰船五艘與其達成和解。並約定雙方以楓亭（福建境內）為界，彼此通商貿易，有事則相互支援。

·········· 見京城八旗盡空 布爾尼蒙古竟反 ··········

京城軍力空虛，連城門守衛都得讓未成年的小兵擔任

在叛將王輔臣於二月攻陷蘭州（甘肅境內）後才一個月光景，蒙古察哈爾部布爾尼也舉兵反清。據可靠消息來源指出，布爾尼之所以會在此時發動武裝叛變，最主要是因為之前其屬下入京時，發現鎮守京師的八旗兵多已調往他處協防，北京兵力呈現空虛的狀態，連城門的守衛都是一些尚未成年的青少年在負責。於是覺得有機可乘的布爾尼，便謀劫其父而起兵反叛，同時又煽動奈曼等部一同行動，暗中悄悄逼張家口（河北境內）而來。不過此一舉動被嫁到蒙古的公主給發現，便偷偷派人入京告發此事。但由於此時京城確實已無兵可用，於是在大學士（皇帝高級秘書官）都統（固山額真，旗指揮官）圖海的建議下，只好立刻從八旗家奴中健勇者組成一軍，命多羅信郡王（第二等爵位）鄂扎為撫遠大將軍、都統圖海為副將軍前往阻截，同時諭令理藩院（蒙古事務部）致書蒙古各部調兵會剿。不久，清軍與布爾尼叛軍進行會戰，這支臨時調訓的部隊竟然大敗蒙古軍團，布爾尼潰敗後僅以三十騎逃走，並於隨後被追而斬之。而其殘部及從叛之奈曼部，最後亦因勢窮而降。

康熙冊封保成（胤礽）為太子，並計畫以最完整的專業及品德教育，將其培育成優秀的接班人

最新戰報 鄂陝粵警鐘響起

叛軍勢力不斷擴張，不但南漳、穀城（皆湖北境內）淪陷，連延安、綏德（陝西境內）也相繼失守，而平南王尚可喜部也在潮州（廣東境內）受到鄭經部將劉進忠的伏擊而慘遭大敗，最後退守普寧（廣東境內），廣東的情勢可說是極其危急。不過，自三月初便圍攻秦州（甘肅境內）的清軍在屢經戰鬥後，終於迫使王輔臣不敵撤走、八千餘名官兵投降，也算是小小的扳回一城。目前清廷已命多羅貝勒（第三等爵位）察尼為靖寇將軍，率領所撥兵馬並統領由河南汝州調來增援的部隊一同赴援襄陽（湖北境內），又令靖逆將軍甘肅提督（甘肅軍團司令）張勇，節制全陝軍務，力圖阻止叛軍的前進。

開清史無前例 胤礽受封太子

日前大清皇室發布新聞稿，宣布將在今年十二月十三日，史無前例的將年僅二歲的皇二子胤礽正式冊封為皇太子。皇太子胤礽是由已故的孝誠仁皇后赫舍里氏所生，因康熙帝玄燁（清聖祖）十分寵愛這位十二三歲就與他結髮，並共同經歷過被鰲拜欺壓那段歲月的皇后，所以在皇后因難產而死之後，便將所有的感情轉移到胤礽身上。不但對其十分寵愛，還打破傳統，預先就將其冊立為太子。康熙帝表示，未來不但會親自教他讀四書五經，也會為他找來品學俱優的老師，以將皇太子培養成優秀的接班人為首要目標。

大清時報

GREAT QING TIMES

丙辰

西元一六七六年

清‧康熙十五年

叛軍力攻兩廣　再阻清軍入援

本報派駐廣東的記者，日前傳回清軍節節敗退的消息，情形十分不樂觀。一開始是鄭經的部將劉進忠、劉國軒分統水陸諸軍，對粵東諸州縣發動猛攻，一路直打到惠州（廣東境內）。而吳三桂方面則是派遣部將馬雄等強攻廣西，迫使清兩廣總督（廣東廣西總司令）金光祖連印信都來不及帶，就從梧州（廣西境內）夜遁潰逃。不久，鄭經船隊又抵達虎門，使得新安、龍門（皆廣東境內）諸縣俱望風而降，廣東總兵（軍長）苗之秀等亦於此時叛清。隨後，吳三桂又命馬雄等部進逼肇慶、新會（廣東境內），耿精忠又遣軍入犯江西並與吳軍聯合，完全阻住清軍入粵援兵的必經之路，目前兩廣的情勢已面臨前所未有的嚴峻考驗。

尚之信兵圍老爸　舉反旗廣東抗清

一直被清廷評為有叛變高風險值的尚之信（尚可喜長子），終於在二月二十一日宣告反清，並接受吳三桂所頒之「招討大將軍」稱號。雖然清廷方面對此早有心理準備，在去年（一六七五年）將尚可喜晉升為平南親王時，就命其次子尚之孝襲封爵位並領大將軍印，但實際上平南王藩下大部分的軍權還是掌握在尚之信手中。尚之信一掀開底牌之後，馬上派兵包圍立場與他對立的平南王尚可喜府邸，並發砲攻擊清軍大營。此時尚可喜已因年老臥病無法反擊，對於自己兒子做出這種大逆不道

尚之信接受吳三桂所頒「招討大將軍」印，正式反清

歡迎加盟

哈哈！老子早就想反了…

的行為感到無比的羞憤故而自殺，幸好左右親信即時發現，才將他從鬼門關前救了回來。不過醫生在急救之後表示，由於尚可喜已屆七十三歲高齡，經此劇變身體的健康狀況已經迅速惡化，可能拖不過今年底。隨後，尚之信為保全實力，已經讓出惠州（廣東境內）給鄭經以達成議和。然後又約舊部兩廣總督（廣東廣西區總司令）金光祖、廣東巡撫（廣東區司令）佟養鉅等部前來歸附，對清廷的南方戰線形成重大打擊。

羅剎特使赴京協議
提出無理要求遭拒

今年五月三日，羅剎（沙俄，俄羅斯）特使尼古拉等一行一百五十餘人抵達北京，以極其傲慢無禮的態度，將國書遞交給大學士（皇帝高級秘書官）。尼古拉不但要求清廷允許兩國商人自由貿易、歸還俄國俘虜，還提出了要清廷每年拿出白銀四萬餘斤及價值數萬兩之生絲熟絲的無理要求，而結果當然是被清廷所嚴辭拒絕。不過，據記者所得到的獨家新聞，尼古拉在入京途中聽聞三藩作亂時，曾以極高興的口吻修書向沙皇報告，說此時中國皇帝簡直弱爆了，而且對邊境的哥薩克人害怕到不行。還誇下海口的說，只要給他二千名的正規軍，便可不費吹灰之力的將中國長城以北之地盡收統治。軍事分析家指出，尼古拉的這份報告完全是信口開河之說，以羅剎目前部署在邊境的力量，根本不足以與大清邊防軍相抗衡。況且清廷雖然在內地遭逢三藩之亂，但對羅剎的警戒卻始終沒有降低。此份報告，只是凸顯尼古拉本人的誇大與無知。

圖海逼降王輔臣　陝西局勢漸好轉

清廷於二月時任命大學士（皇帝高級秘書官）都統（固山額真，旗指揮官）圖海為撫遠大將軍，點撥八旗每佐領驍騎一名、護軍二名，趕赴陝西以統率全省滿漢軍士，並諭令各將軍敕印盡數繳回，貝勒董鄂以下的官兵悉聽其節制。不久，又令靖逆將軍張勇率領所部還師鞏昌（甘肅境內），以截堵吳三桂將吳之茂自四川進入甘肅的部隊。由於吳軍之前趁著和碩安親王（第一等爵位）岳樂部隊進入湖南的空檔，集結了數萬的兵力攻陷吉安（江西境內），所以清廷便從圖海手下撥出一千士兵，會同駐袞州（山東境內）的後備兵團準備進援江西。而在江南方面，則命華善領平寇將軍印統轄江南之滿洲及蒙古兵，副都統（梅勒章京，旗副指揮官）楊鳳翔領永安南將軍印駐守京口（江蘇境內）。命尚善、岳樂二軍協力進取長沙，喇布、舒恕部隊則合軍以禦閩粵。而圖海大軍在五月收復平涼（甘肅境內）之後，又在六月率部進據虎山墩，切斷了叛軍王輔臣的糧道。最後王輔臣因處境日益困難，便於十五日降清，至此整個陝西的局勢開始好轉。

叛軍壓迫江西　各路清軍馳援

居然趁我在外面打拼的時候強搶我女朋友，虧我還把你當麻吉⋯

誰叫你事業做那麼大，自己不花時間陪她，怨不得我⋯

原本已經和耿精忠握手言和的鄭經，居然又趁耿軍忙於對抗清兵之時，派兵從後偷襲地盤，逼得耿精忠不得不立刻回軍

　　清廷為了怕被叛軍切斷和碩安親王（第一等爵位）岳樂大軍的後路，於六月初便急命和碩簡親王喇布立即率兵移駐袁州（江西境內）做為接應。不久，尚之信、孫延齡、馬雄、耿精忠等部果然分兵進犯袁州，加上吳三桂軍又一直堅守吉安（江西境內），使得江西的戰況又顯得危急了起來。於是清廷便再命多羅貝勒（第三等爵位）尚善抽調岳州（湖南境內）的部分兵力，並從袞州（山東境內）後備軍團中每佐領抽一人組成特遣隊前往增援。同時又調大同、太原（皆山西境內）的兵力各五百名、駐烏喇（吉林境內）的寧古塔兵一千、由京城八旗每佐領抽出的驍騎二名齊赴河南，會合後一併開赴江西馳援。至於大同兵調防後所遺留的防守空缺，則另行調蒙古四子部、蘇尼特部等兵各五百名進駐。

鄭經背後又捅刀　耿軍離贛急回閩

　　原本已經與耿精忠握手言和的鄭經，竟然趁耿軍忙著與清廷作戰之際，偷偷的派遣部隊進襲汀州（福建境內），意外遭襲的耿部守軍因無法抵抗只好開城獻降。由於鄭經這突如其來的一刀，使耿精忠變成腹背受敵，於是只好放棄建昌（江西境內）的地盤，趕緊焚營撤回福建固守大本營。康熙帝玄燁（清聖祖）在得到耿軍退去的軍報後，就判斷這樣的行動一定是被鄭經所逼而回師，於是便諭令奉命大將軍和碩康親王（第一等爵位）傑書、寧海將軍固山貝子（第四等爵位）傅拉塔立即進兵追擊，以把握這個能將福建收復的大好機會。

叛將優勢漸失　清軍開始反攻

清軍在今夏捷報紛傳，先於西北戰線與吳三桂軍的吳之茂部隊在秦州、樂門（甘肅境內）等地激戰，在擊潰叛軍後逼得吳之茂僅以十餘騎狼狽逃走。後來在東南戰線都統（固山額真，旗指揮官）賴塔又於大溪灘大敗耿精忠部隊，收復江山（浙江境內）及福建的部分地區。資深分析師認為，雖然之前吳軍一度勢大，但仍無法破湖南而出，除了肇因吳三桂本身戰略過於保守，未能在占優勢時揮軍北進，只想著和大清裂土分治而坐失良機，加上未能成功整合耿精忠、尚之信、鄭經等諸部叛軍之外，最主要的原因則是清廷的戰略部署十分周密。康熙採用層層遞補的方式，以最近處的兵力赴援戰情緊急之處，再調附近的兵力遞補空缺，最後則以中原屯駐的重兵或京城八旗再依次分派遞補。使得軍力源源不絕，即時反應戰局，各邊雖亂而中原江淮要地卻仍然穩固，財賦及軍需物資的轉輸得到保障。使得清軍屢在危急之時仍能穩住戰局，並進一步對叛軍各個擊破，原本極其不利的情勢，至今已逐漸開始扭轉。

情勢急轉！！　耿尚雙雙請降

耿精忠因鄭經奪去其漳州、泉州、汀州、興化等領地，又以重兵逼進其根據地福州（皆福建境內），而清軍也相繼恢復建昌、饒州（皆江西境內），並重挫其浙江方面的部隊，故自知大勢已去，遂決定向清軍投降。不過，因為害怕之前被他囚禁的福建總督（福建區總司令）范承謨日後做出不利的供詞，所以便先在獄中將其縊殺，連同其幕僚、家丁共五十三人也同日遇害。

滅口之後，於九月十九日遣其子至和碩康親王（第一等爵位）傑書軍前請降。而鄭經則是趁耿精忠降清，人心未定的時候，派遣三萬兵馬強攻福州，準備將其地盤整個接收過去。但傑書大軍隨即南下，並調江寧、京口（皆江蘇境內）一千二百名兵士，再由京城撥馬二千匹，以優勢的兵力入閩強壓。由於情勢急轉而下，廣東方面的尚之信見勢無可為，也於年底向和碩簡親王喇布請降。

別打了！！我們投降…

那是內褲嗎？

啊…好冷

耿精忠、尚之信見勢無可為，已先後向清軍投降

罰責過輕無法遏止犯罪　修法加重誘賣良人刑責

據刑部（司法部）統計，近來誘賣良家婦女的案件層出不窮，已經造成了極大的社會問題。而歸根究柢，其原因就在於刑罰過輕，無法對犯罪者起嚇阻遏止的作用。於是中央政府便改定刑律，加重誘賣良人的論罪。規定凡有誘取典賣、或娶為妻妾等情形，不分所誘之人為良踐、已賣未賣，為首者立絞，從者若為旗人則枷責，若為一般民人則杖流。如犯罪者僅只一人，即以為首者論。但若被誘之人與犯罪人立有合同者，亦必須依從犯者論罪。

河道工程牽延偷工　新督靳輔走馬上任

二月初，工部尚書（國家工程部部長）冀如錫等奉旨察勘河道整治工程，發現河道總督（治河防洪總指揮）王光浴雖然在之前題奏中表示各處工程中有些已經完固，有些則還在趕工之

你報告上不是說全都完工了嗎!? 還五星級的咧… 怎麼一查全都根本還沒動工，從頭騙到尾… 可惡！

可…可是官方報告不是都要這樣寫的嗎！

河道總督王光浴因工程延宕及謊報成果被康熙給勒令免職

中，但實際上卻非如此。經過現場實地會勘，發現這些工程牽延虛報，絕大部分根本尚未動工。少部分已新修之堤防的高度及寬度，則都不及舊堤的一半，偷工減料的情形十分嚴重。在冀如錫等的報告中明白指出，王光浴在接受調查時還以經費不足為託辭詭辯，而對於實際上的工程內容卻完全提不出任何說明，可見其完全沒有治河的才能，建議應盡速解任，另推賢能者接手，以免河道工程敗壞，遺禍百姓。康熙帝玄燁（清聖祖）在了解了整個狀況後十分生氣，立刻下令將其免職，並以吏部尚書（文官考核任免部部長）明珠推薦的安徽巡撫（安徽區司令）靳輔為新任的河道總督，接手整治河道。

傑書大軍連克閩贛　岳樂連營力戰吳軍

　　和碩康親王（第一等爵位）傑書率領的大軍，在耿精忠歸降以後，一路勢如破竹。不久前才連破福建的興化、上杭、武平、永定，以及江西的瑞金、贛州等地。隨後又直入漳州，逼得鄭經的軍隊棄城而走，退走廈門（福建境內）。三月時，又分遣官兵隨同耿精忠部進取潮州（廣東境內）。東南一帶，除了少部分地方還在鄭經的控制中以外，幾乎大部分都已經重新掛起了大清的旗幟。至於駐軍長沙（湖南境內）以西的吳三桂，則亦於日前與和碩安親王岳樂在宜山（江西境內）激戰。據前線記者回報，雙方在擺開連營數十里的陣式之後，岳樂便先下令十九路清軍同時出擊，而不肯居於下風的吳三桂，也立刻同樣以十九路軍與之對抗。雙方一直力戰到中午時分，就在煙硝沖天、勝負難以分曉之時，忽然烏雲急行密布，下起了傾盆大雨，使得所有火器都無法擊發，雙方才各自鳴金收兵。不過，吳三桂經此一役未能取勝，軍中士氣大為低落，只能入城據守，整體的聲勢已是大不如前。

閩南也有三太子　傑書轉剿白頭軍

康親王傑書暫時放下攻打鄭軍的行動，調集了大批兵馬入山追剿在福建境內專打游擊的白頭軍

　　繼一六七三年京師爆發偽朱三太子叛亂案後，現在閩南地區又傳出前明三太子朱慈炯再次舉兵反清的消息。不過，根據調查，這次的朱三太子仍舊是個假貨，但並不是之前還在逃亡的那個假太子楊起隆，而是一個名為蔡寅的漳州人士所扮。不過雖然三太子的身分是假的，但反清復明的實力可是真的，目前為止已經聚集了數萬名的兵力，並活動於南靖、長泰、同安（皆福建境內）等山區，並屢敗清軍。由於這支反抗軍皆頭裹白巾，所以又有「白頭軍」的稱號。白頭軍游擊式的打法，已經嚴重打亂了清軍進剿鄭經部隊的步調，使得和碩康親王（第一等爵位）傑書暫時無暇顧及鄭軍，只能調集手中的滿漢大軍，準備入山捕捉這支難纏的部隊。

康熙冊封鈕祜祿氏
為第二任皇后

因仁孝皇后（孝誠仁皇后）赫舍里氏已於康熙十三年（一六七四年）去世，為免正宮無主、后位久懸，大清皇室於八月二十二日發布詔令，冊封已故大臣遏必隆之女鈕祜祿氏為繼任之皇后。同時亦將「領侍衛內大臣」（侍衛親軍大統領）佟國維之女佟佳氏封為地位僅次於皇后的貴妃。

吳三桂殺叛將 轉進衡州

由於探知駐軍桂林（廣西境內）的部將孫延齡有反吳投清的打算，吳三桂便立刻命其孫吳世琮至桂林，以計將其誘殺，然後收奪其城，在危急之中穩固了吳軍在廣西的勢力。但因北戰線接連失利，吳三桂也不得不於十一月初，轉進到衡州（湖南境內）固守，並命其麾下部隊都暫時遁入廣西以重新整頓。

耿部將領首告謀逆　康熙冷靜留中不發

> 皇上，不好了…聽說耿精忠又要舉兵叛變了！怎麼辦！！

> 朕知道了…來，跟我一起來做瑜珈…深呼吸…下犬式…

康熙選擇以冷靜不回應的方式來處理關於耿精忠準備再次叛變的傳聞

已經歸附清廷的耿精忠，日前又驚傳仍懷謀逆之意圖。據本報記者所得到的機密資料顯示，日前耿精忠藩下的部將徐鴻弼等人，至京首告耿精忠投降後仍蓄逆謀，並舉出五項事證，包括：一、違背康親王命令，而不全部舉出奸黨；二、至今仍暗與鄭經相互通信；三、與劉進忠密語時，還說乞降非其所願；四、密令心腹暗中藏匿鉛彈火藥，以備日後之用；五、遣散舊兵歸農時還令其各攜兵器而走，不將軍械留供大軍使用。本報記者可以確認的是康熙帝玄燁（清聖祖）確實有收到此份奏章，並且也親自看過了，不過並未對此表示任何意見，也未交付議政王大臣會議討論或請相關部門研議，只是將奏本留中不發。或許是因為這些指控並無實證，也或許是怕此時處理又會激起耿精忠復變，所以才決定暫時先靜觀其變，以留中不發的方式來冷處理此一事件。

新任的河道總督靳輔一日之內連上八道奏疏陳述治河理念及實際做法

皇上，靳輔又送來一本奏章

啊！怎麼又一本，之前的我還沒批完

靳輔去年一日連上八疏治河
康熙點頭支出二百五十萬兩

　　就在連年征戰，政府一再為了軍需耗費想盡辦法籌錢的同時，康熙帝玄燁（清聖祖）仍然關注著民生困苦，通過了去年（一六七七年）新上任河道總督（治河防洪總指揮）靳輔所提二百五十萬兩白銀的河道整治預算。據了解，靳輔上任後便實地走訪各地河道，對長期氾濫成災造成沿岸百姓嚴重生命財產威脅的水患，於去年七月十九日，一天之內同上了以「經理河工（一至八）」為題的八道奏疏，提出了相當務實的工程計畫。其內容經記者簡化後包括：一、預計用二百日，動員十二萬三千名工人完成自清江浦至雲梯關（皆江蘇境內）的下流疏濬工程。二、從高家堰西至清口（皆江蘇境內）河岸兩旁離水二十丈處，各挑引河一道分頭沖洗，以治上流淤墊。三、在各處殘缺堤岸的地方，培修寬一尺、坦坡五尺的夯實土堤，並於其上植草保土。四、以密下排樁多加板纜、蒲包裹土麻繩縛而填之的工法，堵塞黃、淮各處決口。五、疏濬清口至清水潭之間二百三十里長的運河，並以所挑之土傾東西兩堤之外。六、經費部分共計需求為二百多萬兩，建議由各州縣預徵康熙二十年（三年後）錢糧的十分之一，以及工成後增收淮、揚的水田與運河流通商貨的稅錢，或開納捐之例以為支應。七、裁併冗員，明定職守，並嚴河工處分。八、建議工竣後，設五千八百六十名河兵守堤。康熙在考慮後，已經表示將全力支持，除了將經費方面改成動支正項預算，並暫時保留設河兵守堤一議之外，其餘皆依其議辦理。

各省保舉大鑽漏洞
停止督撫坐名題補

因之前用兵權宜之便，政府一度讓各省的官吏有缺員者，由督撫（地方司令官）逕行題名補實。後來此辦法雖經部議之後停止，但仍保留了一些彈性，讓地方在認為關係緊要的缺額，依然可以聽其保舉題請。結果造成各省猛走後門，每一出缺即利用此項例外規則逕行保舉。而吏部（文官考核任免部）礙於既有「保舉」字樣，又不得不從，以致弊竇百出。所幸此弊終於在二月十七日獲得改正，依新規定，今後不用兵的省分將停止保舉題補之例，同時若被保舉的官員表現不稱職者，督撫將被連坐治罪以防堵此一陋習。

清軍廣西福建雙受挫

今春清軍的攻勢似乎遇到一些瓶頸，在廣西方面，原本已經將平樂給圍住，但在敵方援軍來到之後卻被前後夾擊而退回中山。於是清廷急令已歸降的尚之信部隊速撥萬人協助作戰，再命平南將軍賴塔的部隊，會同耿精忠兵千名、劉進忠兵五千名，由都統（固山額真，旗指揮官）馬久玉率赴廣西增援。福建方面的情況也不好，在鄭經部將劉國軒以重兵圍攻海澄的態勢之下，雖然清福建提督（福建軍團司令）段應舉奉命自泉州提師入援並與鄭軍發生激戰。但結果也是大敗，段應舉倉皇逃入城中。至記者截稿為止，海澄仍被鄭軍給團團圍住，情況看來並不樂觀。

之前雖然清廷已嚴格要求只有特殊需求才能「保舉」，但各地督撫仍然大鑽漏洞濫行推薦官員

訃聞　孝昭皇后鈕祜祿氏病逝

大清皇室又傳出令人悲痛的消息，去年才受封為皇后的鈕祜祿氏，已於二月二十六日病逝宮中，隨後被諡為「孝昭皇后」。年僅二十五歲的鈕祜祿氏，生前並未替康熙帝產下子女，居正宮之位只有半年的時間之後，竟突然病逝，令五年內連喪二后的康熙帝傷心不已。

吳三桂稱帝　大周軍揚威　清軍敗退廣東

吳三桂在三月一日於「應天府」（衡州，湖南境內）登上寶座，自稱「大周昭武皇帝」，定國號為「周」，建元仍稱「昭武」，冊其妻張氏為皇后，以吳應熊庶子吳世璠為皇太孫，置百官、大封文武，號稱管轄衡州、湖南、廣東、廣西、雲南、貴州、四川、陝西和甘肅等省。只是典禮當日天公並不作美，即位大典在狂風暴雨之中尷尬的草草結束。政治評論家認為，吳三桂選擇在此時登基，無非是為了要鼓舞近來因清軍反擊而陡降之士氣，以挽危局、定軍心。而吳三桂此舉

吳三桂的登基稱帝大典在狂風大雨中草草結束

也確實起了作用，六月時吳三桂便於都城點齊了五萬兵馬，令大將馬寶領軍而下，與清軍搶奪兵家必爭之地永興（湖南境內）。此役不但擊斃了清軍都統（固山額真，旗指揮官）宜理布、護軍統領哈克山，奪據清兵河外營地，還接著大敗前鋒統領碩岱等所率援軍，並衝潰其營壘，使清軍敗退廣東，吳軍聲勢再度逆轉而上。

稱帝不到半年的吳三桂因中風及下痢突然病死

三桂稱帝不及半年病逝
世璠貴陽繼位建元洪化

　　登上帝位僅五個多月的周昭武帝吳三桂，驚傳在八月十七日因中風及下痢，突然病死於衡州（湖南境內），得年六十七歲。當時正在圍攻永興（湖南境內）的吳軍一接到吳三桂駕崩的消息，為了避免後方生變於是便立刻解圍撤回。據聞，原本吳三桂在臨終前，便囑託心腹大臣將皇太孫吳世璠迎來衡州繼位。但當時與吳世璠一同留守雲南的郭壯圖（吳世璠岳父）為了要保全自己的勢力，便千方百計加以阻撓。最後眾部將大臣也只好妥協，將吳三桂的遺體經寶慶（湖南境內）運入貴州，而讓將軍馬寶留守衡州。隨後，吳世璠便在貴陽（貴州境內）即帝位，以明年為「洪化」元年，同時封郭壯圖女兒為皇后。

海澄糧盡被破
鄭軍橫掃福建

　　清軍困守海澄（福建境內）的部隊，因各路援兵都被鄭軍所阻，在堅守八十多天之後，終於被劉國軒所破，提督（軍團司令）、副都統（梅勒章京，旗副指揮官）、總兵官（軍長）等皆戰死。據少數逃出的生還者表示，城中原有滿洲兵二千、綠旗兵二萬、馬八千匹，但最後食盡殺馬繼之又以人肉為食，粗估約有二百多名兵丁妻小被殺了吃掉。劉國軒在攻克海澄後，又分兵取長泰、同安、陷南安、圍泉州（皆福建境內），戰況至此又演變成對清軍不利的局面。清廷在聞訊後，已立刻命駐京口（江蘇境內）的漢軍千人馳援，再調京城的漢軍千人移守京口。然後又調浙江兵馬二千餘人往福建延平固守要害，浙江的防線缺口則另行募兵五千以為填補。

清鄭雙方福建互有攻防

　　入秋之後，清軍與鄭軍在福建的攻防互有勝負，先是鄭軍劉國軒部攻占永春、德化、安溪諸縣，並分兵鎮守。隨後清軍又發起反攻，過興化、彰州，抵安溪，水師亦同時下定海，鄭軍劉國軒恐廈門有失，便將全師抽回，紮營於長泰等地。於是清軍便乘勢追擊。在一陣衝殺之後，劉國軒部被殲六千餘人，只好帶領餘部一萬三千多人退守漳州蜈蚣山。清軍在恢復惠安、永興、德化、漳平等城後，賴塔、耿精忠、姚啟聖等分兵迎戰，但卻遭到劉國軒部隊所擊退。戰場失利的耿精忠於是氣得拔劍砍地，怒喊著：「我就算死，也要跟賊兵同歸於盡。」在下令砍了三個臨陣退縮的士兵之後，部眾們隨著耿精忠奮起馳進，其他友軍看見其部隊士氣正盛奮勇衝殺，也跟著搶進而扭轉戰局取得大勝。此役清軍總計殺敵三千九百餘名，俘一千二百餘名，然後又接著克復長泰、同安等地，暫時取得優勢。

清軍與鄭經的部隊在福建歷經多次的往返纏鬥，結果互有勝負

大清時報

GREAT QING TIMES

己未

西元一六七九年

清·康熙十八年

吳軍力衰節節敗退　清兵氣盛多方並進

　　吳三桂因中風突然病逝後，吳軍的氣勢果然受到極大的影響，軍心已逐漸開始動搖。去年（一六七八年）底，吳軍水師將領杜輝就派遣密使，自岳州（湖南境內）向清靖寇將軍多羅貝勒（第三等爵位）察尼請降，雖然最後因事洩而被吳軍大將吳應麒所殺，但杜輝手下的部將仍舊率領所部投向清軍懷抱。今年吳世琮部在水陸並進攻打梧州（廣西境內）時，也是顯得有氣無力，一下子就被清軍打得落荒而逃。隨後，察尼又率領大軍將吳應麒圍困在岳州城內，並斷其糧道，逼得吳軍總兵王度沖等率眾投降，清軍在吳應麒棄城遁走後收復岳州、安鄉、歸州、巴東（皆湖南境內）。而多羅順承郡王（第二等爵位）勒爾錦的大軍也渡江橫掃，收復松滋、枝江、宜都（皆湖北境內）、澧州、常德、沅州（皆湖南境內）、鎮遠（貴州境內）等地。同時，和碩簡親王（第一等爵位）喇布的部隊則是收復吳三桂的登基之地——衡州（湖南境內），再給了已經焦頭爛額的吳軍一記正面痛擊。

博學鴻儒放榜　優待遺民名士

　　康熙帝玄燁（清聖祖）在去年（一六七八年）元月下詔舉薦博學鴻儒之後，於今年三月一日，在體仁閣對各地舉薦者進行考試，結果錄取了一百四十三人。補教業者認為，此次的考試錄取資格極為寬鬆，尤其對於那些前明遺民及名士都甚為優待，其中還有連僅作一首詩且未完成就被錄取的。而康熙帝釋出如此十足的誠意，用意便在於收攬人心、網羅遺賢，將天下的知識分子都拉進統治階層當中，削減海內漠視新朝之敵意，並獲得士人之擁戴以穩定天下。在這批錄取的博學鴻儒之中，其中五十人被取為翰林官（職掌修史編書、文詞翰墨、皇室侍講的核心儲備官員），其中一人為侍讀，四人為侍講，十八人為編修，二十七人為檢討，皆進入史館編修《明史》。

京師大震聲如雷　皇室疏散躲景山
康熙令發銀撫卹災民

七月二十八日早上九點多，京師地區驚傳大地震，餘震還一直持續到晚上六點多，其間聲勢如雷，一波波的強震使得順承門、德勝門、海岱門、彰義門，以及北京城中四分之三的宮殿、官舍、民房都應聲坍塌。其後接著兩天，又是強烈餘震不斷，通州、良鄉（京城屬地）等地都傳出城牆塌陷、裂地成渠，並流出黃黑水及黑氣的消息。連康熙帝玄燁等皇室要員，也都緊急疏散到景山避難達三晝夜之久。接著整個八、九月間又是餘震頻傳，使得九門街道積水成渠，京城居民死傷及財產損失都相當慘重。災情平息之後，康熙帝立刻命八旗都統（固山額真，旗指揮官）、副都統（梅勒章京，旗副指揮官）、參領等一定要親行詳察災情並上報。隨後戶部（財政部）、工部（國家工程部）提出災民撫卹辦法，凡是地震倒塌房屋無力修理者，旗人每屋給銀四兩、民人給二兩。死亡人口無力買棺入殮者，每名亦發給二兩白銀。但康熙帝認為戶、工二部所擬議的撫卹金額太少，又下令從皇室的私人帳戶中多支出白銀十萬兩，讓負責單位斟酌狀況分發給受災戶。

異姓結拜兄弟者　依新法立即處決

清廷對於民間勢力的非法聚集一向非常注意，若有相互結黨者皆需受到懲罰，以免演變成一股反政府的力量。之前對於異姓之人結拜為兄弟者，便已有鞭責一百的明文規定。最近又將此法定得更嚴，該條例已經改成凡歃血盟誓、焚表結盟兄弟者均應被立即正法。看來在桃園結義為兄弟的劉備、關羽、張飛若生在這個時代，可能在成就大業之前，便會被依此法而給砍頭了。

清廷整肅官風　嚴定官員罰則

大清中央政府為了整肅官風、革新吏治，在八月頒布了一系列針對官員而訂定的處罰條例。其中包括：一、督撫司道等地方官員，如果在赴任前私自謁見京官，或自任職地方差人前往問候，或有留在京城的家人與京官之家有來往者，該官員革職，其家人正法。內外官員如有彼此饋送禮物或金錢者，一經查獲立即革

職。因事營求關說，苛派饋贈者，連同收受之人都一併革職拿問。二、領兵諸王、將軍若有借「通賊」為名，焚毀良民廬舍、掠奪其子女財物者俱革職、親王、郡王、貝勒等交宗人府（皇族事務部）治罪。如係轄下兵丁強掠，統兵官受革職或降級之處分，該兵丁予以鞭責，如係家人犯罪，則立即正法，並將所掠人口還給本家。督撫有隱瞞不報者，亦同樣革職。三、州縣官員對民間疾苦不詳報上司者，將革職並永不敘用。如已報上司，但上司吃案不具題上奏者，該上司革職。賑饑及蠲免的錢糧，如有州縣官侵蝕肥己者革職拿問，上司官不行稽查者亦革職。四、刑獄訴訟不速結，無故將無辜者長時間拘禁者承審官員革職，若有因而致死者，則照例處分。變造口供，與事實不符者該承辦官員革

職，誤擬死罪並導致受冤者已被處決者則官員抵死，枉坐人罪者革職。衙役有詐贓十兩以上者，連同其子女改調安插奉天（遼寧境內），詐贓金額達一百二十兩者，照枉法之例擬以絞刑。五、包衣下人（八旗貴族之家奴）及王公大臣的家人若有霸占關卡渡口生意、倚勢欺凌者，在當地立斬示眾，該管官革職。其主人如係宗室，則親王罰銀一萬兩、郡王罰銀五千兩、貝勒罰銀二千五百兩、貝子罰銀一千三百兩，公爵罰銀七百兩，併交宗人府從重議處，如係非宗室公侯伯大臣均革職，地方文武官不行查拿者亦革職。王以下大臣及各級官員若將銀錢借貸給民眾，並指名貿易、霸占地方者，亦照此例定罪。包衣下人及王公大臣家人在外頭以家主之名義罔利干訟、肆行非法，及有司畏勢行賄者，該行賄官員革職。其家主知情者從重議處，該犯行之家人枷號、鞭一百。如係家人私自取賄犯罪者，照光棍例處決。如家中奴僕的服飾有違法越分者，其主人罰俸一年，如係閒人則鞭八十或責三十板。該越分之奴僕如係旗下之人則枷號，民人則責四十大板，佐領以下及該管地方官員亦分別接受處分。

圖海分兵入川　吳周節節敗退

去年（一六七九年）底，撫遠大將軍大學士（皇帝高級秘書官）都統（固山額真，旗指揮官）圖海軍分路進擊，前鋒部隊進抵興安（廣西境內），受到強大壓力的吳周文武官員三百八十二人、兵丁一萬四千餘人聞風投降。隨後，大清王進寶、趙良棟兩軍又分取保寧、廣元（皆四川境內），圖海則是率領了一半的八旗兵駐紮於鳳翔（陝西境內），將另一半交由吳丹率領，繼王、趙兩軍之後推進，以確保兩軍之糧餉供應無虞。今年元月，趙良棟部入四川，龍安、綿竹、成都先後歸降，王進寶部則是先克昭化、劍州、蒼溪，在與二萬吳軍激戰之後收復保寧、順慶（皆四川境內）等地。吳軍至此已是節節敗退，一般認為，由吳三桂打造的吳周帝國已如風中殘燭，氣勢大非當時割據半壁江山時可比，被剿滅或投降應該只是早晚的事。而清軍為撙節軍費，也開始動手裁撤各處的兵力。

一品官以下禁用太監

近來因民間私自將自家幼童閹割，售予貴族官員充任太監的案例越來越多，已經形成一股歪風，於是禮部（教育部）便請旨嚴禁閹割幼童。康熙帝玄燁（清聖祖）因此便下令只准一品以上官員家中使用太監，其餘一概不允。隨後又規定，除了「入八分」內的王公之外，私買太監者將從重治罪，以免民間私自閹割幼童的事件浮濫發生，也不致宮中應用的太監員額發生缺人的情形。而所謂的「入八分王公」指的就是和碩親王、多羅郡王、多羅貝勒、固山貝子、入八分奉恩鎮國公、入八分奉恩輔國公較高等爵級的宗室貴族，享有政治及各方面許多的特權。其下為較次等的宗室貴族，依序為不入八分鎮國公、不入八分輔國公、鎮國將軍、輔國將軍、奉國將軍、奉恩將軍等階級。

清軍水師強壓陣　鄭經登舟返澎湖

鄭經在去年（一六七九年）命其子鄭克臧監國於臺灣，協助其副手陳永華節制鄭經諸弟之後，於今年元月便率領五千舟師，分乘百餘艘船於廣東虎門登陸。由於清軍來不及布防，所以很快便被鄭軍殺敗，總兵官（軍長）狼狽逃回廣州，之後也立即被處以革職的處分。清廷隨後命平南王藩下的都統（固山額真，旗指揮官）王國棟等進軍圍剿，企圖對鄭軍造成壓迫。而在福建方面的鄭軍劉國軒部，則是在二月時遭到清福建水師提督（福建水師軍團司令）萬正色，以水師官兵二萬八千名分乘二百四十艘船的重兵攻擊，結果被擊沉十六艘船，另有三千餘名兵士戰死。之後鄭經雖然想要調兵反攻，但卻因軍中缺糧已久而自動敗退，部將劉國軒嚴令禁喝卻仍無法阻止兵士的潰散解體。鄭經見大勢已去，只好率領殘部登船駛返澎湖，於是金門、廈門（皆福建境內）又復歸清軍所有。

尚之信部下入京告發　控長官殘暴虐待下屬

老闆虐待我們

汪！

尚之信的部屬因不堪被長官侮辱凌虐而入京告發

奉命率軍赴援，目前人仍在廣西的尚之信，日前被其藩下的護衛張永祥、張士選等赴京告發，檢舉其跋扈怨望、不願作戰、糜兵餉、擅殺部屬等罪。但大清中央似乎不願高調處理此事，除了封鎖消息來源以外，更不准各家媒體報導。不過眼尖的記者也發現，以巡視海疆為名，剛啟程前往廣東視察的刑部侍郎（司法部次長）宜昌阿等一行人，相信應該就是高層派往調查此事的特別任務小組。而尚之信所以會被部屬告發，應該是與其嗜酒殘暴，動輒殺傷部屬的個性有關。據了解，首告者之一的張永祥，之前替尚之信送奏章至京師時，因奏對稱旨而被康熙擢升以總兵（軍長）之職，但回來後尚之信不曉得是眼紅還怎樣的，不但不予其總兵之實，還用鞭子狠抽並辱罵他。另一個護衛張士選則是某一次在言語上說了尚之信不中聽的話，結果便被用箭射瘸了腿，也引起其他諸護衛的不平。連其藩下的都統（固山額真，旗指揮官）王國棟、尚之璋等人，都看不慣其所作所為，以至於引發了這起部屬入京首告長官的事件。

耿精忠入京自清

四月下旬，靖南王耿精忠在請旨入京獲准後，由福建動身前往北京，就受人告發謀反一事提出說明。據記者得到的情報，目前人在閩浙總責軍事的和碩康親王（第一等爵位）傑書，於年初時就曾密疏請求就地處置耿精忠，但康熙認為若貿然行事，不但會使已投降者聞之懼罪，連未投降者亦會因此感到心寒，恐再度令局勢生變。所以便要傑書想辦法勸耿精忠至京，再慢慢打算。不過康熙同時也提醒傑書不可輕舉妄動，如果勸不動的話就不要硬來，再密奏等候指示。只是不久，傑書便說動了耿精忠，令他自行至京面聖，以解除各方對他的疑慮及指控。這個結果對清廷來說是最為有利的，因為不但免去了一場極有可能激生的變動，也可就近監視耿精忠，或在其入京之後另外編找一個罪由將其囚禁或處死，以絕後患。

眾叛親離　尚之信被逮

之前以巡視海疆為由，南下廣東的刑部侍郎（司法部次長）宜昌阿等一行人，果然是奉了偵查尚之信被控諸多罪行的密令而來。在獲得明確的事證之後，宜昌阿便會同了都統（固山額真，旗指揮官）王國棟、總督（軍區總司令）金光祖等將領，於五月中發兵圍城，將尚之信由廣西逮至廣州（廣東境內）問罪。在尚之信被逮捕時，其所部士兵約八千人因為耳語盛傳他們將被安置到雲南的偏遠之地，而感到惶恐不安，於是便紛紛丟下廣西的軍事防務不管而逃回廣州。清廷為免吳軍趁機入襲廣西，只好趕緊安撫這些逃兵，並保證絕對沒有要把他們調往雲南的打算，才把這股逃兵風潮給壓了下來，將這些兵卒仍遣回廣西戍守。

尚之信被以巡視海疆為由而南下的刑部官員給閃電逮捕

鄭經喪志撤臺縱情酒色　永華誤中奸計自解兵權

原本已退守澎湖的鄭經再次受到重大打擊，屬下總兵官朱天貴竟然接受清廷的招撫，率領二萬餘名的兵士，搭著大小三百餘艘的戰船，到海澄（福建境內）向清軍投降。鄭經遭此巨變，只好灰心喪志的帶著殘餘部隊渡海歸臺，從此一蹶不振，日日放縱酒色，不理朝事。而原本手握臺灣軍政大權，將臺灣治理的有聲有色的陳永華，也因故自行辭解兵權，退出政壇。不過，據了解其中內情的人士爆料，陳永華之所以自解軍權，其實是誤中馮錫範與劉國軒的設計。因為馮、劉二人隨鄭經回到臺灣之後，見陳永華手握大權，心中便起了嫉妒之心，想要奪權以自重。於是馮錫範便約陳永華、劉國

陳永華誤信馮錫範奸計而自行辭去軍權

軒等到辦公室，滿臉哀傷悔恨的說：「我們護駕西征，寸功俱無，如今卻仍居其位，令我深覺羞愧赧顏。倒不如我們幾個都一起請辭退隱，以終餘年，才對得住良心。」陳永華是個性情中人，一聽表情神色都到位的馮錫範這樣講，便答應與大家同進退，一回家之後便馬上寫了奏章請辭。鄭經收到陳永華請辭的奏章之後嚇了一跳，便找來馮錫範詢問意見。而這時馮錫範卻說：「想必永華兄是勤勞數載，形神已焦。如今想要乞休靜養，必是出於真情，您應當順他之意以慰其勞苦。至於他所統領的將士，移交給劉國軒統率即可。」結果陳永華就這樣被解除了兵權，其部隊則落入劉國軒的掌控之中，而辭職的人呢，當然只有他一個，馮錫範仍舊安穩的當他的駕前侍衛。後來陳永華在知道自己被出賣，真是感到後悔莫及，但也只能悒怏於心而無力回天了。另外，也有傳聞指出，陳永華就是反清組織「天地會」的領導人物陳近南，但此說法並未得到官方的任何證實。

冰雹大水疫病齊來　百姓屋毀糧爛人亡

今年對百姓來說又是個難熬的年頭，老天爺不但於七月在大同、遼州（皆山西境內）等三四十州縣，連三日降下如升斗大的冰雹，砸毀許多的民舍及農田。在江南江北各地，亦是大水決堤氾流，放眼望去竟如無邊大洋、罕見陸地，所有的村居莊稼全都泡爛在水中。更可怕的是，江蘇一帶疫病橫行，醫療單位都苦無對策，每天都有為數不少的民眾倒臥路旁，百姓的生命可說是已經懸於一繫。

弟弟！快救哥哥出去…

別傻了…就是他們兩個去舉發你的…

這樣我們就安全了

耿精忠因被自己的弟弟舉報有謀反跡象而被捕下獄

尚之信被賜自盡
耿精忠遭控被囚

被捕之後的尚之信正待解京對質，但其弟尚之節卻於八月底糾集黨羽誘殺了都統（固山額真，旗指揮官）王國棟，然後把尚之信放了出來，兄弟兩再度於廣州（廣東境內）起兵謀亂。清廷得訊後立刻下令都統賴塔緊急發兵將其包圍，並迅速擒獲尚之信、尚之節等人。隨後康熙帝玄燁（清聖祖）降旨，將此次謀亂的尚之節及其黨羽等人處決，尚之信則念其征剿有功賜死令其自盡，而其他的兄弟尚之孝、尚之璋、尚之隆等因未涉此事，不予處分，仍於其位繼續供職。尚之信所轄之十五佐領官兵盡撤，分入三旗駐於廣東，另設將領管轄。同時亦下令查明廣東行市如有被尚之信霸占者應盡速歸還，其名下的資產財物則全充軍餉。至於之前至京自辯的靖南王耿精忠，則是因為忽然又被其弟耿昭忠、耿聚忠合疏參奏了一筆，指其背恩為亂，所以目前已被下令囚禁。

清軍奪回貴州
洪化出奔昆明

八月時，清廷終於決定一口氣徹底解決吳周的殘存勢力，便下令一面招撫吳世璠，一面兵分三路向雲南貴州進軍。此次領兵的貝子（第四等爵位）章態自沅州（湖南境內）啟行之後，有如虎入羊群，連克鎮遠、貴陽（皆貴州境內）等地。周洪化帝吳世璠見清軍來勢洶洶，在貴州已失的情況之下，只好倉皇出逃，往昆明（雲南境內）奔去。

鄭經病逝長子被殺　次子克塽襲位延平

在三藩相繼失敗後，唯一殘存的反清政權領導人鄭經，亦於元月二十八日病逝臺灣，與其父鄭成功一樣僅得年三十九歲。而原先各界看好，認為有乃祖鄭成功之風，個性剛決果斷、能統儡文武官將的鄭經長子，也就是之前早已受命監國的鄭克臧，竟然意外落馬未能承繼大位，反而由年僅十二歲的次子鄭克塽繼襲延平王。原來，因鄭克臧娶了陳永華之女為妻，而去年（一六八〇年）三月，馮錫範便已先用計除去陳永華的兵權，致其抑鬱而死以孤立鄭克臧。於是，肆無忌憚的馮錫範又在鄭經死後，將鄭克臧騙入內廷，以毫無實據的說法數落其非鄭氏血脈，硬是發動流血政變將其殺死，然後擁立鄭克塽嗣位。雖然表面上是以其叔鄭聰為輔政公，但所有人都曉得，目前鄭氏的實際權柄卻是把持在馮、劉二人的手中。

革三藩諸弊政　賞清官于成龍

因三藩盤據地方時，透過種種陋規惡行嚴重剝削百姓，於是康熙帝玄燁（清聖祖）特別下令徹查其舊習弊政。在調查後發現，耿精忠在福建橫徵鹽課，又擅設報船、苛派民伕、強索銀兩米糧。而尚之信在廣東時，還令藩屬私充鹽商，據津口設立商店謀利，以上種種行為在經查屬實後中央已下令廣東、福建督撫官員盡悉革除。另外，吳三桂在雲南私自圈撥強占沐氏莊園，又放縱藩下官員四處廣占民田的行為，由於已經嚴重侵害民眾的權利，所以也下令戶部（財政部）立即展開清查，以便將田地歸還給受害小民。同時，為了鼓勵全國官員能清廉勤政，康熙帝還以皇室內庫的白銀一千兩、御乘良馬一匹，以及親自創作的詩一章，特賜給直隸巡撫（直隸區司令）于成龍，以嘉勉這位被他稱讚為「清官第一」的廉明官吏。

我驗過 DHA 了…你不是鄭氏的血脈，沒有資格繼位

胡扯！我當然是鄭氏骨肉！而且 DHA 是一種不飽和脂肪酸…跟血統有什麼關係？

鄭經病逝後馮錫範為奪權竟然捏造不實謊言，硬將鄭克臧害死然後讓鄭克塽繼位

【專題報導】大清第一廉吏　于成龍

可謂是大器晚成的于成龍，是在順治十七年（一六六〇年）四十四歲的時候，才受命為羅城（廣西境內）縣令（縣長），展開其宦途的。他於到任後嚴治安、重生產，讓這個地偏人稀的縣份在三年內便成為一個能讓百姓安居樂業的地方了，也因此被兩廣總督（廣東廣西區總司令）金光祖以治績「卓異」舉薦。一六六七年升任合州（四川境內）知州（州級行政長官）臨行赴任時，羅城的百姓還主動列隊

此山是我開，此樹是我栽，要從此路過，留下買路財⋯

我身上就這些蘿蔔乾，不嫌棄的話就拿去吧！

被康熙譽為清官第一的于成龍在調任時兩袖清風，窮到身上竟然只有蘿蔔乾可以充當口糧

數十里，依依不捨的哭送。于成龍到合州之後，積極招民墾荒，借貸田種予農民，讓當時因戰亂而人口僅剩百餘人的破落景象，在兩年內增加到一千餘人。一六六九年又調升黃州（湖北境內）知府同知（府級行政副官），以「寬嚴並治」、「以盜治盜」的方法，改善了原本治安狀況已經亮起紅燈的黃州。同時又秉公斷獄，平反錯案，得到當地百姓「于青天」的稱號，也再度被以「卓異」舉薦。之後又被調到武昌（湖北境內）代理知府（府級行政長官），在十天之內隻身冒險，順利的說服並招撫了當地的叛亂首謀。調任黃州知府後，又號召二千鄉勇，身先士卒，擊敗了有數萬兵力的亂民，並擒獲賊首，在二十天之內便平定了動亂。後來在湖北的任職期間，為了拋磚引玉，鼓勵富戶解囊濟貧，不僅節衣縮食，以糠為糧，還把自己僅有的財產——驢子一頭，牽到市場上賣了十幾兩去賑濟災民。據聞，于成龍在一六七八年調升福建按察使（省級司法首長）時，竟是兩袖清風，只能以蘿蔔乾充當途中的口糧。就在于成龍任職於福建的時候，當地官員屢以「通海」的罪名興起大獄，將許多人民以勾結鄭軍為由株連牽扯。而于成龍對這些案件則是一一細勘重審，先後釋放了一千餘名的無辜百姓，也因此第三度被以「卓異」舉薦。一六七九年，于成龍升任福建省布政使（省級行政長官），還被福建巡撫（福建區司令）吳興祚以專疏向朝廷舉薦，稱其為「閩省廉能第一」。一六八〇年，六十四歲的于成龍才當上直隸巡撫（直隸區司令）、兵部尚書（國防部長）、大學士（皇帝高級秘書官）等職。次年，蒙康熙帝親自召見，並賜予白銀千兩、御馬一匹，以及御詩一首表彰其廉能，並以「清官第一」的評語做為對他的肯定。

吳周皇帝兵敗自盡　三藩之亂盡悉掃平

大清政府在歷經八年的血戰之後，終於掃平三藩之亂，只剩臺灣問題尚未解決

　　二月間，清章泰、賴塔等二路大軍進抵昆明（雲南境內），周洪化帝吳世璠則遣軍萬餘人出城做最後的殊死之鬥，吳軍以象陣列隊衝擊清軍，雙方自拂曉戰到日暮，吳軍象陣在浴血苦戰之後終於被破而大敗退回城內。清軍於是掘壕圍困，並積極招撫從各路而來的吳軍援兵以斷其生機。到了秋季結束，吳軍各路大將幾乎都已輸誠投降，昆明陷入孤立無援的困境。十月二十八日，吳軍內部發生叛變，吳世璠聞變之後自盡而亡。清軍隨後入城，文武官員共一千五百餘人、兵五千餘名盡皆棄械投降，吳世璠被戮屍後傳首京師。十一月十四日，雲南全省蕩平，自康熙十二年（一六七三年）起歷時八年，戰火蔓延十省，最嚴重時大半江山為叛軍所據的三藩之亂，至此完全平定。

康熙大力推行種痘　千萬生命將獲保全

康熙帝玄燁（清聖祖）在得知由江南傳至北方的「種痘法」，可以很有效的預防「痘疹」（天花）時，便下令所有皇子、邊外四十九旗，以及蒙古喀爾喀部等諸藩都必須進行接種，以免因感染痘疹而發病身亡。其實痘疹一直是滿洲、蒙古、西藏等這些邊外

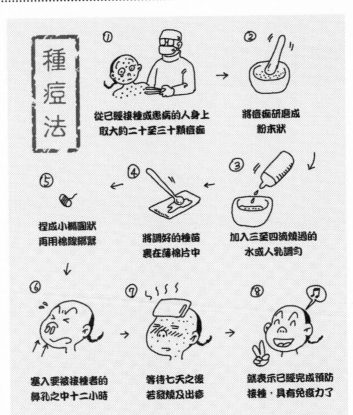

種痘法

① 從已經接種或患病的人身上取大約二十至三十顆痘痂

② 將痘痂研磨成粉末狀

③ 加入三至四滴燒過的水或人乳調勻

④ 將調好的種苗裹在薄棉片中

⑤ 捏成小橢圓狀再用棉線綁緊

⑥ 塞入要被接種者的鼻孔之中十二小時

⑦ 等待七天之後若發燒及出疹

⑧ 就表示已經完成預防接種，具有免疫力了

民族最大的生命威脅，像是和碩豫親王（第一等爵位）多鐸（福臨叔父）、順治帝福臨（清世祖）等人，都是因為感染痘疹而死。就連玄燁本人小時候都曾經出過痘，雖然僥倖存活下來，卻也在臉上留下了不少坑坑疤疤的痕跡。而種痘之法在江南流傳已久，技術也不斷的進步，雖然還是帶有一些危險性，但是成功率已經相當高。目前比較先進的接種方法是「水苗法」，就是先取大約二三十顆病人的痘痂（最好是經過多次接種的痘痂，因為每接種一次，其毒性就減弱一次，但其

抗原性仍然存在），將其磨成粉末狀，然後以燒過的水或人乳大約三四滴調勻，裹在全新的薄棉片中，捏成小橢圓狀再用線綁住，塞入鼻孔之中約十二小時。如果七日後有發燒及出痘的情況，便是種痘成功了。因為所使用的疫苗經過了幾次的減毒，所以通常發病之後很快便能自行痊癒，而體內也有了抗體，便不會再被真的痘疹感染。不過預防接種當然也是存在著一定的危險性，若是受接種者體質較虛弱，或是負責種痘的醫生技術不佳，或是選用的痘痂毒性過強，也都有直接誘發痘疹而致命的可能。但醫界權威表示，此項種痘技術為獨步全球的最先進醫療技術，目前世界各地除了中國以外，都還沒有人能有效的控制此病。而康熙帝以其獨到的眼光，將此法推行全國，將可拯救數以千萬計的生命。

定三藩 大慶功　各省裁軍一半以省開支

由於三藩之亂已經平定，康熙帝玄燁（清聖祖）今年元月十五上元節，破例於乾清宮宴請大學士及各部堂官共九十三員，並表示大家可以開懷談笑，不必拘泥於平常之禮節，整個清廷上下最近可說是沉浸於勝利的喜悅之中。不久，還將吳三桂的骸骨分發各省，同時把吳世璠首級懸掛示眾，並處死諸多黨人以昭告天下不得再存異心。而遭親兄弟指控謀反的耿精忠等人則被凌遲處死並懸首示眾，其子等十六人亦同時被處斬。至於因造砲助平定三藩有功的欽天監（中央天文台）治理曆法通政使南懷仁（Ferdinand Verbiest），則加工部右侍郎（國家工程部次長）頭銜，並准其於內廷召見時不必行跪拜之禮。另外，由於三藩已定，各地戰事告一段落，所以也預計於五月時將各省的軍兵裁去一半，以節省軍費之開支。

將軍，您終於回來了

嗯…走吧！去給他們一點顏色瞧瞧…

施琅在被冷凍十三年之後再度統領征臺水師

施琅再督水軍　鄭軍集兵澎湖

清廷在定三藩之後，決定不再容忍憑海而據的鄭氏集團，於是便在去年（一六八一年）再度起用已經被冷凍了十三年之久的施琅，將他重新任命為福建水師提督（福建水師軍團司令），並加太子少保（教導太子之輔佐官，為榮譽虛銜）之銜。今年元月時，施琅抵達福建，開始於廈門各處調兵整船，準備於南風起時大舉進攻臺灣。而鄭軍方面的大將劉國軒在得知此一消息之後，也立刻動員了銃船十九艘、戰船六十餘艘，以六千名的兵力鎮守澎湖。就在雙方緊鑼密鼓的準備時，施琅在七月中突然發現兵部（國防部）札付內，附有寧海將軍喇哈達等奏稱南風不如北風的章疏，似有將征臺任務委由福建總督、水師提督共同負責的傾向。於是施琅便立即上疏為己申辯，強調為何要等南風才能發動攻擊之有利理由，同時為了能專一事權，而避免形成多頭馬車，又奏請能單獨負起指揮大責以討鄭軍。清廷在議政王大臣會議討論之後，決定准許施琅以自己規畫的有利時間及計畫，全權負責進剿臺灣。

惡棍高利放貸惹眾怒
杭州罷市抗議求嚴懲

　　今年九月六日，杭州（浙江境內）驚傳北關門外集體罷市的消息，因為影響層面頗大，所以政府已經積極介入調查。根據官方所發布的新聞稿，整起事件的起因是由於當地惡棍勾結旗兵以高利放貸，並逼迫無力償還者必須以子女抵債，長時間以來已經逼得百姓們都無法喘息所致。最後大家在忍無可忍的情況之下，終於發動罷市抗議，希望能獲得政府的重視。而當官府在進行調查並會審時，旗兵王和尚等竟然還率數百人到公堂逞凶，不但辱罵官員，還毀損輿蓋，完全無視於法紀的存在。當這件事情傳到宮中之後，康熙帝對於這些人違法亂紀的行為十分震怒，已降旨要求相關單位務必嚴查究辦，將平時魚肉鄉民的這些土豪惡棍繩之於法，以還給人民公道。

還不快給我去寫功課！！

老媽怎麼了…

啊就要去逛街偏偏碰到人家在罷市，所以就大爆發囉…碰！

三國時報

杭州因惡棍高利放貸而引發罷市抗議

羅剎侵擾日劇
清廷整軍備戰

　　因近年來羅剎（沙俄，俄羅斯）侵擾邊境的行為日益加劇，不但於黑龍江、精奇里江等處築室盤據，還四出掠奪，又侵占雅克薩城（俄羅斯境內）為據點，侵擾鄰近各部，控制了黑龍江下游直到鄂霍次克海之間的廣大區域。於是清廷便派人以捕鹿為名，先行前往附近偵查，詳細了解當地的水路交通地形，以作為反擊之準備。接著考量到寧古塔（黑龍江境內）與羅剎相距甚近，又是水陸要津，一旦開打，戰船是否堪用就顯得更為緊要。便於十二月命令戶部尚書（財政部長）伊桑阿帶領精工良匠，立即前往修復戰船。同時又命熟悉水戰的將領林興珠前往操演戰船，以提升當地水軍的戰力。同時命寧古塔將軍（寧古塔指揮官）巴海按照工匠修復一百艘戰船所開出的規格需求，派人依數砍伐木料以便積極備戰。

大清時報

GREAT QING TIMES

西元一六八三年

癸亥

清·康熙二十二年

——臺灣糧荒遣使議和　施琅請旨堅持進剿——

據守臺灣的鄭氏集團今年可說是時運不佳，不但內有歲饑欠收、人民餓死的慘劇，外面還有施琅將要率領兵渡海來襲的威脅。所以主事的馮錫範一面備兵於鹿耳門（臺灣境內），另一面則遣使至福州（福建境內）謁見福建總督（福建區總司令）姚啟聖以求議和。雖然姚啟聖贊成與鄭氏議和，但因主戰派的施琅堅持要發兵進剿，使得雙方的和議也因此破局，臺灣方面派來的使者只好黯然無功而返。但清方撫、剿兩派的對立卻也因此越演越烈，主張招撫的姚啟聖，聯合了剛轉任福建陸路提督（福建陸軍軍團司令）的萬正色，兩人一同聯名上疏主陳剿臺之三不可行之處。他們認為鄭氏經營臺灣，已經累積了數十年之生聚教養，無論經濟或後勤實力均不可忽視。而且臺海波濤不測，若派水師遠征必須承受極大的風險。加上鄭軍的水師艦隊船堅砲利，又熟悉當地的水文潮汐，與之對戰恐怕難以取勝。施琅見主撫的一派在人數上占優勢，而主戰者只有自己一人，便也立刻上疏反擊。力陳臺海情勢並非完全如此居於劣勢，以最近投誠者人數增多的情形來看，臺灣內部恐怕早已是軍心不穩。而且今年因歲饑導致米價飆漲，糧食的價錢已非尋常百姓可以負擔得起，種種跡象可以看出目前島內可說是人人思危，正是可破之時，此刻不剿恐將錯失良機。最後，由康熙帝玄燁（清聖祖）親下裁示，如果鄭氏集團肯剃髮歸誠的話，則可遣官招撫，但如果仍一直堅持拖延的話，就由施琅專權從速進剿。

嘿！

閉戰！！

和議！！

議和派的姚啟聖、萬正色與主戰派的施琅在臺灣問題上各自提出看法，力爭康熙的支持

康熙帝龍顏一怒
索額圖貪酷被革

在康熙帝玄燁（清聖祖）親政之初協助其智擒鰲拜，立下大功，從此成為皇上身邊紅人的索額圖，三月八日因貪酷而被皇帝下令由權力核心之中拔除。其實，索額圖利用權勢貪縱橫行的事情，玄燁早有所聞，在一六七九年時就曾訓斥其「今見所行、愈加貪酷、習以為常」，並告誡其要痛改前非，否則便予以重懲。只是索額圖在收到告誡後卻仍於朝中植私黨、擅權勢，貪侈至極的惡習依然故我。到了今年，玄燁一怒之下便召

原本是皇帝身邊紅人的大臣索額圖因貪酷被康熙嚴懲

集了諸議政王大臣，當場列舉了以下諸點的不端行為，包括：一、索額圖之弟心裕索行懶惰，屢次空班，之前交其議處，但卻循私輕置，只意思意思的以罰俸一年結案。二、索額圖之弟法保因懶惰被革去內大臣職務，令其隨旗行走，但仍不思效力贖罪，終日在外以射箭為樂，而身為兄長的索額圖竟未能盡教訓之責。三、索額圖自恃巨富，日益驕縱，到處關說施壓，嚴重破壞法紀。於是經議政王大臣會議決定，奏准將索額圖革去議政大臣（中央政治常務委員）、太子太傅（教導太子之輔佐官，為榮譽虛銜）、內大臣（侍衛親軍統領）等位，只留佐領（八旗基本單位牛彔之頭領）一職。

戰前準備皆到位 清軍待發黑龍江

清廷在東北為反擊羅剎（沙俄，俄羅斯）的準備工作已進入最後階段，不但已派專人先行前往勘察河道，還積極的整修船艦，並積屯開戰所需的軍糧。同時也確定了軍糧的後勤運補路線，將由烏喇（吉林境內）經遼河以水路運至吉林，再運至黑龍江（璦琿，黑龍江境內）以供軍需。同時，為了確保糧食之供應無虞，還特別打造六十餘長三丈、寬一丈，可載米百石的運糧船。據了解，目前這批船艦已進入試航階段，隨時可以準備好接下運糧要務。最後，又將部分清軍由烏喇、寧古塔（黑龍江境內）移駐黑龍江，交由副都統（梅勒章京，旗副指揮官）薩布素負責前線軍事行動之指揮，準備在適當的時機擊退羅剎入侵者，而寧古塔將軍（寧古塔指揮官）巴海則留守烏喇以做為後援。

真是的！你怎麼把我苦心經營的臺灣給丟了呢…

阿公…對不起啦

算了算了…這次拜拜的時候幫我準備蜜蘭諾和旺旺仙貝就是了…記得哦

託夢ing…

在澎湖水軍被施琅擊潰之後，鄭克塽已帶領全臺軍民向清投降

施琅力戰收復臺灣　克塽認輸向清投降

　　清軍福建水師提督（福建水師軍團司令）施琅在六月十六日，率領二萬餘兵士，分乘二百餘艘戰船，由銅山（福建境內）開抵澎湖，與實力相當的劉國軒部隊爆發激烈海戰。據隨軍記者表示，在海戰期間雙方砲火齊射，轟隆之聲不絕，煙硝之味漫天，整個澎湖海面都被火光、砲石及黑煙所遮蔽。而施琅右眼雖被火銃所傷，部將藍理也因遭受砲擊而腸流於外，但兩人都迅速裹傷後又上場奮勇指揮，完全不露懼色。到了二十二日，雙方一開始仍舊先發火砲互相轟擊，兩邊你來我往不分勝負。一直到上午九時出頭，海面上終於吹起了清軍期待已久的強勁南風，施琅便立刻下令火器船乘風縱發，以火桶火罐擲向敵艦。鄭軍的艦隊頓時陷入一片火海之中，士兵爭相跳海逃命，劉國軒所率領的這支鄭軍主力完全潰敗，戰船損失殆盡，軍官死亡者三百多人，而兵士則多達一萬二千餘人殞命、五千餘人投降，整個澎湖海面上飄滿了鄭軍浮屍，劉國軒則是搭乘小船亡命駛回臺灣。清軍在死傷二千餘人後，終於一舉攻占澎湖，準備乘勝再向臺灣發動攻擊。鄭氏集團經此大敗之後，元氣已傷，自知無法再與清軍抗衡，鄭克塽只好決定向施琅請降。八月十三日，施琅艦隊抵臺，由鹿耳門登陸，劉國軒、馮錫範等鄭氏主要官員夾道迎降。隨後施琅下令全臺兵民剃髮，並將已經歸降的鄭氏家族遷入內地之中。然後清廷於十月十九日，下達展界令，命福建、廣東、江蘇、浙江沿海展界，並將土地歸還之前因遷界禁海而被迫撤走的原地主，使百姓得以復耕。而沿海土地無從查考地主者，則由承耕之人世世享有永業。同時也放寬捕魚、煮鹽之禁令，沿海居民無不因此而歡呼慶祝。

黑龍江將軍到位 東北鐵三角成形

因羅剎（沙俄，俄羅斯）入侵者不斷在黑龍江沿岸焚殺各部百姓，讓清廷決定以武力固守邊疆。於是先調烏喇（吉林境內）、寧古塔（黑龍江境內）、達斡爾（黑龍江境內）兵共約千名，連同家口一併移戍前線。然後下令調盛京（瀋陽，遼寧境內）兵六百人協助於黑龍江（璦琿，黑龍江境內）建城，並備妥火砲戰具、兵船戰艦，同時設斥候於江邊的呼瑪爾（黑龍江境內）。為了能快速傳遞軍情及指令，又自黑龍江至烏喇沿途設置十個驛站，每一站配置驛夫各五十人。並利用新造好的運糧船，將糧食由水路運至黑龍江城屯儲，以備戰爭之需。原本被派駐該地的副都統（梅勒章京，旗副指揮官）建議由寧古塔的兵力輪番更戍，但康熙帝玄燁（清聖祖）考量到如此兵士禍過於勞苦，於是便提升薩布素為首任的黑龍江將軍（黑龍江指揮官），讓其所轄部隊直接駐守在黑龍江城中。當黑龍江城完工，部隊進駐之後，當地的反侵略氣勢便為之翻轉，沿江的奇勒爾、鄂倫春、飛牙克等部落居民，紛紛挺身而起擊殺入侵者。而大清帝國在將黑龍江的部隊及指揮權由寧古塔抽出獨立後，東北的軍力配制已經形成了由盛京將軍、寧古塔將軍、黑龍江將軍組成的鐵三角陣容。

蘇州知府買名自我行銷
康熙皇帝識破詭詐技倆

本報駐江蘇的記者回報，十二月中在蘇州（江蘇境內）城內，四處都被張貼了讚頌知府（府級行政長官）楊天祐勤政愛民的歌謠，在地方上形成熱烈的討論風潮，連各大電視台也爭相邀請楊天祐上談話節目，讓這位地方首長一時之間成了風雲人物。只是此事傳到康熙帝玄燁的耳邊後，這位年僅二十八歲的年輕皇帝便識破了其中的可疑之處，並對相關部會官員說：「一個地方官如果真能愛養人民，實實在在認

> 大人，市政滿意度一直下滑怎麼辦？

> 那就再多花些經費做好公關及形象廣告啊…

> 對，嘴角再往上揚一點…很好，再一張

真做事，聲譽自然會傳揚開來，哪用得上到處粘貼歌謠。而一般的市井閭閻小民，如何具有為詩為文的能力？況且我看了這張稱頌楊天祐德政的詩文，發現裡面所用的部分辭句根本就是大計（地方官員考核）時長官對他的考評之語，百姓如何能得知？所以這些在蘇州到處張貼的歌謠，一定是楊天祐自行花錢買名做行銷，或委託公關公司所刻意做出來的形象廣告，其中所言不可盡信，相關單位務必查明此事，以杜絕此等歪風。」經查後真的如康熙帝所言，刻意營造勤政愛民形象的楊天祐，結果是偷雞不著反蝕米，在這件事上栽了個大觔斗。

施琅上疏請守　臺灣棄留未決

在鄭氏集團歸降之後，清廷對於臺灣的棄守問題，展開了激烈的爭論。其中主張放棄的一派認為臺灣地處偏遠，與中國本土遠隔重洋，若要防守，只怕是徒然勞民傷財。不如空其地，任夷人居之而納款通貢，就算被荷蘭人占有也無所謂。康熙帝玄燁（清聖祖）聽了此說法也覺得甚有道理，連他都在會議時表示：「臺灣僅彈丸之地，得之無所加，不得無所損。」但是施琅則上疏舉出以下的理由，認為應當保留臺灣並派兵駐守：「其一、臺灣地方，北連吳會，南接粵嶠，延袤數千里，山川峻峭，港道迂迴，乃江、浙、閩、粵四省之左護。其二、野沃土膏，物產利薄，耕桑並耦，魚鹽滋生，滿山皆屬茂樹，遍處俱植修竹。硫磺、水藤、糖蔗、鹿皮，以及一切日用之需，無所不有。其三、今臺灣人居稠密，戶口繁息，農工商賈，各遂其生，一行徙棄，安土重遷，失業流離，殊費經營，實非長策。其四、若棄之則該地之深山窮谷，竄伏潛匿者，實繁有徒，和同土番，從而嘯聚，假以內地之逃軍閃民，急則走險，糾黨為崇，造船制器，剽掠濱海。其五、此地原為紅毛（荷蘭人）住處，無時不在涎貪，亦必乘隙以圖。一為紅毛所有，則彼性狡黠，所到之處，善能鼓惑人心。重以夾板船隻，精壯堅大，從來乃海外所不敵。未有土地可以托足，尚無伎倆；若以此既得數千里之膏腴復付依泊，必合黨夥竊窺邊場，迫近門庭。」由於施琅的說法也頗有見地，所以在新聞截稿之前，康熙帝仍未對臺灣的棄留做出任何裁示。不過本報將持續追蹤此一事件，並在下一季新聞中為您做出最新的報導。

把臺灣留下好好治理吧，不然島上的百姓都要流離失所了…

切！那麼小的一塊地，乾脆丟了還比較快，也省得麻煩…

喂！補要的話久送握好了

．．．．

康熙帝對於臺灣的棄留問題至今仍尚未做出最後決定

新聞標題索引

【後宮劇場】順治帝與董鄂妃

193　西元一六五七年

- 金簪竟變行刺證物　孫李即將兵戎相向
- 鄭芝龍籍沒家產徙寧古塔　國姓爺解除臺灣貿易封鎖
- 孫可望遭敗降清　北軍得南明虛實
- 榜單一出眾口譁然　丁酉科試爆弊案　南北兩場皆不公

196　西元一六五八年

- 皇帝寵宦觸法　死刑改判無罪
- 總督被霸凌自盡亡　順治帝輕放滿洲官
- 皇帝親為丁酉科複試　兩場革去廿二名舉人
- 數百名羅剎武裝部隊　入侵松花江遭擊斃
- 超強烈颱風忽來襲　鄭成功艦隊遭重創
- 大清重定官制　設殿閣大學士
- 災情特報
- 清軍三路入滇　定國信神被騙
- 外國傳教士任官一品　晉升湯若望光祿大夫

202　西元一六五九年

- 磨盤山兩軍大戰　清明兵俱受重創
- 福臨篤信佛教　皇帝法名行痴
- 入滇軍縱兵擾民　麻勒吉受命調查
- 鄭成功驕兵圍城　梁化鳳奇軍建功

205　西元一六六〇年

- 清軍擊廈門敗歸　何斌獻海圖攻臺
- 雲南縱兵掠民案調查報告　果然被踢爆內容偏頗不實
- 董鄂妃因病逝　順治帝鬧出家

207　西元一六六一年

- 皇帝出痘疹　全國禁炒豆
- 順治駕崩　康熙來了
- 耿繼茂移鎮福州　鎮南王猶如惡霸
- 名士殞落　哭廟奏銷兩案起　探花不值一文錢
- 東南四省遷界令　寸板不許入海中
- 翰林內閣盡撤　制度重回老路
- 鄭成功打紅毛鬼　臺灣島歸國姓爺
- 三桂緬甸執永曆　南明政權全告終

213　西元一六六二年

- 二大案江南激眾怒　朱國治快閃遭革職
- 永曆帝絞死昆明　延平王病逝臺灣
- 官員考核制度大轉彎　京察大計終止　五等考滿獨行
- 大將軍不敵瘴癘　李定國病死叢林
- 荷人捲土重來　艦隊騷擾臺海
- 叔姪相爭延平王位　鄭經回臺確保政權

217　西元一六六三年

- 清兵提督奮力追擊　大順餘部用計反撲
- 鄭經擴大調查叛變事件
- 訃聞　大清皇太后去世
- 節制督撫兵民　平西王大擴權
- 天災異變
- 明史案結　文字獄興　首告人升官發財　牽連者身首異處
- 鄭經釋出善ég熄內鬥　原是設計誘敵逮鄭泰
- 荷蘭再提聯軍　清方不予理會
- 大順殘部出犯巫山　四川總督強勢殲敵
- 施琅發水師三路　鄭氏失金廈二島